Malcolm Gladwell
David und Goliath

PIPER

Zu diesem Buch

»David und Goliath« erzählt von gewöhnlichen Menschen, die sich Riesen entgegenstellen. Gegen erdrückende Mächte können auch scheinbar unterlegene Gegner siegen. Ob listige Krieger, geschickte Sportler oder geniale Software-ingenieure: Gladwell zeigt mit einer Fülle von Beispielen und in dem von ihm gewohnten originell-argumentierenden wie sorgfältig begründeten Stil, dass Triumph keine Frage der Größe, sondern der inneren Haltung ist. Lehrreich und spannend!

Malcolm Gladwell wurde 1963 in England geboren und wuchs in Kanada auf. Er war lange Zeit bei der *Washington Post*, zunächst als Redakteur für Wirtschaft, Wissenschaft und Medizin, später als Bürochef in New York. Seit 1996 arbeitet er für den *New Yorker*. Er ist der bekannteste und erfolgreichste Sachbuchautor der USA und veröffentlichte die Bestseller »Tipping Point« und »Blink! Die Macht des Moments«. Malcolm Gladwell lebt und arbeitet in New York.

Malcolm Gladwell

DAVID UND GOLIATH

Die Kunst, Übermächtige zu bezwingen

Aus dem Englischen
von Jürgen Neubauer

PIPER

Mehr über unsere Autorinnen, Autoren und Bücher:
www.piper.de

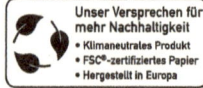

Ungekürzte Taschenbuchausgabe
ISBN 978-3-492-30571-6
1. Auflage Mai 2015
3. Auflage März 2022
Piper Verlag GmbH, München
© Malcolm Gladwell 2013
Die amerikanische Originalausgabe erschien 2013 unter dem Titel:
»David and Goliath: Underdogs, Misfits and the Art of Battling Giants«
bei Little, Brown and Company in New York
© der deutschsprachigen Ausgabe:
Campus Verlag GmbH, Frankfurt am Main 2013
Alle Rechte vorbehalten
Umschlaggestaltung: Rothfos & Gabler, Hamburg
Umschlagabbildung: getty images
Satz: Julia Walch, Bad Soden
Gesetzt aus der The Antiqua
Druck und Bindung: CPI books GmbH, Leck
Printed in the EU

Für A. L. und S. F., einen echten Underdog

Inhalt

Im Tal von Elah

Der Herr aber sagte zu Samuel:
Sieh nicht auf sein Aussehen und seine stattliche Gestalt,
denn ich habe ihn verworfen; Gott sieht nämlich nicht auf das,
worauf der Mensch sieht. Der Mensch sieht, was vor den Augen ist,
der Herr aber sieht das Herz.

I. Samuel 16,7

Bin ich denn ein Hund, dass du mit Stecken zu mir kommst?

Goliath[1]

Im Herzen des antiken Palästina liegt eine Region namens Schephela, eine Hügellandschaft, die die Judäische Berge im Osten mit der weiten Tiefebene der Mittelmeerküste verbindet. Es ist eine Gegend von atemberaubender Schönheit, in der Wein und Weizen angebaut werden und Maulbeer- und Terebinthenwälder wachsen. Außerdem sind sie von großer strategischer Bedeutung.

In den vergangenen Jahrtausenden wurde die Region immer wieder heftig umkämpft, denn durch die Täler der Schephela erhalten die Küstenbewohner Zugang zu den Städten Hebron, Bethlehem und Jerusalem in den Judäischen Bergen. Das wichtigste Tal ist Aijalon im Norden, doch das geschichtsträchtigste ist Elah. Hier stellte sich Saladin im 12.Jahrhundert den Kreuzfahrern entgegen, hier erhoben sich knapp anderthalb Jahrtausende zuvor die Makkabäer gegen die Seleukiden, und hier traf zu Zeiten des Alten Testaments das junge Königreich Israel auf das Heer der Philister.

Die Philister waren von Kreta gekommen. Sie waren ein Volk von Seefahrern, das sich an der Küste Palästinas niedergelassen hatte. Die Israeliten lebten in den Bergen unter der Herrschaft von König Saul. Irgendwann in der zweiten Hälfte des 11. Jahrhunderts vor unserer Zeitrechnung wandten sich die Philister nach Osten und zogen das gewundene Elah-Tal hinauf. Ihr Ziel war es, eine Hügelkette in der Nähe von Bethlehem einzunehmen und so einen Keil in Sauls Königreich zu treiben. Die Philister waren gefürchtete Krieger und kamen als erklärte Feinde der Israeliten. In Sorge rief König Saul seine Krieger zusammen und eilte von den Bergen herab, um sich den Eindringlingen entgegenzustellen.

Die Philister schlugen ihr Lager am Südhang des Elah-Tals auf, die Israeliten sammelten sich auf der Nordseite. Nun standen sich die Armeen nur durch den Fluss getrennt gegenüber und warteten. Ein Angriff hätte bedeutet, den Hang hinunter- und auf der anderen Talseite ohne jede Deckung den feindlichen Hang hinaufzustürmen. Keines der beiden Heere wagte den ersten Schritt – bis die Philister ihren stärksten Krieger ins Tal schickten, um die Israeliten herauszufordern und mit einem Zweikampf den Stillstand zu überwinden.

Der Mann war ein Riese. Er war über 2 Meter groß, trug einen bronzenen Helm und einen Schuppenpanzer und war mit einem Schwert, einem Spieß und einem Wurfspeer bewaffnet. Vor ihm ging ein Mann her, der seinen Schild trug. Der Hüne baute sich vor den Israeliten auf und rief: »Wählt euch doch einen Mann aus! Er soll zu mir herunterkommen. Wenn er mich im Kampf erschlagen kann, wollen wir eure Knechte sein. Wenn ich ihm aber überlegen bin und ihn erschlage, dann sollt ihr unsere Knechte sein und uns dienen.«

Die Israeliten erstarrten. Wer sollte diesen furchterregenden Gegner bezwingen? Schließlich trat ein Hirtenjunge vor, der aus Bethlehem gekommen war, um seinen Brüdern in Sauls Heer Proviant zu bringen. Saul stellte sich dem Jungen in den Weg: »Du kannst nicht zu diesem Philister hingehen, um mit ihm zu kämpfen; du bist zu jung, er aber ist ein Krieger seit seiner Jugend.« Doch der Hirtenjunge ließ sich nicht beirren. Er hatte schon gefährlichere Gegner bezwungen: »Wenn ein Löwe oder ein Bär kam und ein Lamm aus der Herde wegschleppte, lief ich hinter ihm her, schlug auf ihn ein und riss das Tier aus seinem Maul.« Saul blieb keine andere Wahl. Er gab nach, und der Hirtenjunge lief ins Tal hinunter, wo der Riese schon auf ihn wartete. Als der seinen Gegner kommen sah, rief er ihm entgegen: »Komm nur her zu mir, ich werde dein Fleisch den Vögeln des Himmels und den wilden Tieren zum Fraß geben.« Damit begann einer der berühmtesten Kämpfe der Geschichte. Der Riese hieß Goliath, der Hirtenjunge David.

2

In diesem Buch geht es um gewöhnliche Menschen, die sich Riesen entgegenstellen. Mit »Riesen« meine ich übermächtige Gegner jeder Art, von Armeen und furchteinflößenden Kriegern bis hin zu Behinderungen, Schicksalsschlägen und Unterdrückung. Jedes Kapitel erzählt die Geschichte von bekannten oder unbekannten, gewöhnlichen oder genialen Menschen, die vor einer übermächtigen Herausforderung standen und mit dieser umgehen mussten. Dabei mussten sie sich fragen: Soll ich mich an die Spielregeln halten? Oder soll ich meinem Bauchgefühl folgen? Soll ich ausharren oder aufgeben? Soll ich zurückschlagen?

In diesen Geschichten möchte ich zwei Gedanken nachgehen. Der erste ist, dass vieles von dem, was uns als Gesellschaft wertvoll ist, aus ähnlich einseitigen Auseinandersetzungen hervorgeht: Der Akt des Widerstands gegen unüberwindlich erscheinende Hindernisse bringt Größe und Schönheit hervor. Und der zweite Gedanke ist, dass wir diese Auseinandersetzungen ganz grundsätzlich falsch verstehen. Zum einen, weil Riesen nicht das sind, was sie scheinen, und sich hinter ihrer vermeintlichen Stärke in Wirklichkeit oft eine Schwäche verbirgt. Und zum anderen, weil uns das Gefühl, am kürzeren Hebel zu sitzen, in ungeahnter Weise verändern kann: Es öffnet Türen, schafft Freiräume, zeigt Wege auf und macht Dinge möglich, die andernfalls vielleicht unmöglich gewesen wären. Wir brauchen eine bessere Anleitung für unsere Kämpfe mit Riesen, und es gibt keinen besseren Ausgangspunkt für unsere Reise als das epische Duell, das David und Goliath vor 3000 Jahren im Tal von Elah austrugen.

Als Goliath die Israeliten herausforderte, verlangte er einen Zweikampf. Das war in der Antike gängige Praxis. Um Blutvergießen in einer offenen Feldschlacht zu vermeiden, wählten beide Seiten einen Krieger aus, der sie vertreten sollte. Der römische Historiker Quintus Claudius Quadrigus berichtet beispielsweise von einer Schlacht zwischen Römern und Galliern im vierten vorchristlichen Jahrhundert, in der ein gallischer Hüne seine römischen Gegner verhöhnte. »Dies empörte einen gewissen Titus Manlius, einen jungen Mann aus edelster

Familie«, schrieb Quadrigus. Titus forderte den Gallier zum Zweikampf heraus:

>> Er trat vor und wollte nicht zulassen, dass ein Gallier die Ehre der Römer in derart schändlicher Weise in den Dreck zog. Bewaffnet mit einem Legionärsschild und einem spanischen Schwert trat er auf den Gallier zu. Während die beiden Männer auf der Brücke über den Anio aufeinanderprallten, sahen die Soldaten an beiden Ufern des Flusses in großer Anspannung zu. Der Gallier lauerte hinter seinem Schild auf den Angriff, während sich Manlius weniger auf sein Geschick als auf seinen Mut verließ, mit seinem Schild auf den Schild des Galliers einschlug, dass dieser den Halt verlor. Während der Gallier versuchte, sein Gleichgewicht wiederzuerlangen, schlug Manlius ein weiteres Mal mit seinem Schild gegen den Schild des Galliers und zwang diesen zurückzuweichen. So schlüpfte er unter der Klinge des Galliers hindurch und stieß ihm sein spanisches Schwert in die Brust ... Nachdem Manlius ihn getötet hatte, schlug er dem Gallier den Kopf ab, riss ihm die Zunge heraus und legte sie sich, blutbeschmiert, wie sie war, um den Hals. <<

Genau das erwartete Goliath: einen ebenbürtigen Krieger, der sich ihm im Kampf Mann gegen Mann stellte. Es kam ihm gar nicht in den Sinn, dass der Kampf nicht nach den althergebrachten Regeln verlaufen könnte, weshalb er sich nur für den Nahkampf gerüstet hatte. Um seinen Körper vor Schlägen zu schützen, trug er einen Panzer aus Hunderten Bronzeplättchen, die sich wie Fischschuppen über Brust und Arme legten und hinunter bis zu den Knien reichte. Allein dieser Panzer muss mehr als 50 Kilogramm gewogen haben. Außerdem trug Goliath bronzene Beinschienen, die Schienbeine und Füße schützten, sowie einen schweren Helm aus demselben Metall. Er hatte drei Waffen, die speziell für den Nahkampf ausgelegt waren: In der einen Hand hielt er einen bronzenen Spieß, der jeden Schild und selbst eine Metallrüstung durchschlagen konnte. Am Gürtel trug er ein Schwert. Und als erste Wahl hatte er einen Wurfspeer mit einem »Schaft ... so dick wie ein Weberbaum«. Dank einem raffinierten, aus einem Strick und Gewichten bestehenden Mechanismus konnte Goliath diesen Speer mit großer Kraft und Präzision schleudern. Der Historiker Moshe Garsiel schreibt: »Die Israeliten fürchteten, dass der starke Goliath mit diesem außergewöhnlichen Speer mit seinem mächtigen Schaft und seiner langen und schweren Eisenspitze jeden Bronzeschild und jeden Bronzepanzer durchschlagen würde.«[2] Verstehen Sie jetzt, warum keiner der Israeliten den Mumm hatte, es mit Goliath aufzunehmen?

Bis David vortritt. Saul will ihm sein Schwert und seine Rüstung mitgeben, damit er wenigstens den Hauch einer Chance hat. Doch David lehnt dankend ab: »Ich kann in diesen Sachen nicht gehen, ich bin nicht daran gewöhnt.« Stattdessen bückt er sich, liest fünf glatte Flusskiesel vom Boden auf und steckt sie in seine Hirtentasche. Dann geht er mit seinem Hirtenstab hinunter ins Tal. Als Goliath den Jungen auf sich zukommen sieht, ist er beleidigt. Er hat erwartet, sich mit einem erfahrenen Kämpen zu messen. Stattdessen sieht er einen jungen Hirten, einen Mann aus dem niedersten aller Stände, der offenbar mit seinem Stab gegen Goliath antreten will. »Bin ich denn ein Hund, dass du mit Stecken zu mir kommst?«, ruft er dem Jungen entgegen.

Was dann passiert, ist Legende. David nimmt einen Stein aus der Tasche, schießt ihn mit seiner Schleuder ab und trifft den Riesen an der Stirn. Goliath sinkt betäubt zu Boden. David läuft zu ihm hin, nimmt das Schwert des Riesen und schlägt ihm den Kopf ab. »Als die Philister sahen, dass ihr starker Mann tot war, flohen sie«, heißt es in der Bibel. Wie durch ein Wunder und völlig wider Erwarten entscheidet der Schwächere den Kampf für sich. Mit dieser Moral wurde die Geschichte über die Jahrtausende hinweg immer wieder erzählt, und so gingen »David und Goliath« als Redewendung in unsere Sprache ein: Als Metapher für einen unmöglich geglaubten Sieg. Diese Interpretation hat jedoch einen Haken: Sie ist falsch.

3

Schon die Armeen der Antike kannten drei Waffengattungen: Die Kavallerie mit ihren berittenen Kriegern und Streitwagen; die Infanterie aus Fußsoldaten mit Schwertern, Schilden und Rüstungen; und schließlich die Waffengattung, die man heute als Artillerie bezeichnen würde und die damals aus Bogenschützen und vor allem Kriegern mit Steinschleudern bestand. Die Schleuder war oft ein Ledertäschchen, an dessen Seiten jeweils ein langer Strick befestigt war. Die Schleuderer legten einen Stein in das Täschchen, wirbelten die Schleuder immer schneller und in immer größeren Kreisen herum und ließen dann ein Ende los, woraufhin der Stein herausflog.

Schleudern erfordert großes Geschick und viel Erfahrung. In geübten Händen war die Schleuder eine tödliche Waffe. Bilder aus dem Mittelalter zeigen, wie Schützen mit ihrer Schleuder fliegende Vögel vom Himmel holen. Irische Schleuderer waren angeblich in der Lage, jede Münze, die sie sehen konnten, auch zu treffen. Und im »Buch der Richter« des Alten Testaments heißt es, Schleuderer konnten »einen Stein haargenau schleudern, ohne je das Ziel zu verfehlen«. Ein erfahrener Schütze konnte einen Menschen auf eine Entfernung von 200 Metern töten oder schwer verletzen.[3] Die Römer hatten spezielle Zangen, um die Steine aus dem Körper eines armen getroffenen Soldaten zu entfernen. Stellen Sie sich vor, ein Baseballprofi wirft Ihnen aus nächster Nähe und mit voller Wucht einen Ball an den Kopf – genau das drohte einem Soldaten im Angesicht eines Schleuderers. Mit dem kleinen Unterschied, dass es sich nicht um einen Ball aus Kork handelte, sondern um einen Stein.

Der Historiker Baruch Halpern behauptet, die Schleuder sei in der antiken Kriegsführung derart wichtig gewesen, dass sich die drei Waffengattungen die Waage hielten – ähnlich wie im Spiel Schere, Stein, Papier. Mit ihren langen Spießen und ihrer Rüstung konnten es die Infanteristen mit der Kavallerie aufnehmen. Diese wiederum war der Artillerie überlegen, da die Reiter aufgrund ihrer Schnelligkeit ein schlechtes Ziel boten. Und die Schleuderer waren wiederum eine tödliche Gefahr für die Fußsoldaten, denn ein großer, unbeholfener Soldat, der unter seiner Rüstung schwankte, war ein leichtes Ziel für die Schützen, die ihre Geschosse aus hundert Metern Entfernung abschossen. »Das war auch der Grund, weshalb während des Peloponnesischen Kriegs die Expedition der Athener in Sizilien scheiterte«[4], schreibt Halpern. »Thukydides schildert ausführlich, wie die schwere Infanterie der Athener in den Bergen von der leichten Infanterie der Einheimischen dezimiert wurde, die vor allem Schleudern einsetzten.«

Goliath gehört der schweren Infanterie an und erwartet einen Zweikampf mit einem ebenbürtigen Krieger. Wenn er ausruft: »Komm nur her zu mir, ich werde dein Fleisch den Vögeln des Himmels und den wilden Tieren zum Fraß geben«, dann ist der entscheidende Teil »komm nur her zu mir«. Er meint damit, komm her, damit wir einen Nahkampf austragen. Als Saul versucht, David seine schwere Rüstung anzulegen und ihm sein Schwert in die Hand zu drücken, geht er von derselben Annahme aus. Er erwartet, dass David gegen Goliath kämpft wie Titus Manlius gegen seinen gallischen Herausforderer.

David denkt jedoch gar nicht daran, sich dem Ritual des Zweikampfs zu unterwerfen. Als er Saul davon erzählt, wie er als Hirte Bären und Löwen tötet, geht es ihm nicht nur darum, seinen Mut zu belegen. Er will Saul klar machen, dass er Goliath mit denselben Mitteln bekämpfen will wie die wilden Tiere: aus der Ferne und mit Geschossen.

Er rennt auf Goliath zu, denn ohne Panzer ist er schnell und wendig. Er legt einen Stein in seine Schleuder, wirbelt sie herum, bis sie sechs oder sieben Umdrehungen pro Sekunde erreicht, und zielt auf Goliaths Stirn – die verwundbarste Stelle des Riesen. Eitan Hirsch, Ballistikexperte der Israelischen Streitkräfte, berechnete unlängst, dass ein normal großer Stein, der aus einer Entfernung von 35 Metern geschleudert wurde, mit einer Geschwindigkeit von 120 Stundenkilometern auf Goliaths Stirn aufgetroffen sein muss – genug, um ihn zu töten oder ihm zumindest das Bewusstsein zu rauben. Die Wucht des Aufpralls entspricht in etwa der einer Kugel, die aus einer modernen Handfeuerwaffe abgefeuert wird. »Der Stein legte die Entfernung in weniger als einer Sekunde zurück«[5], schreibt Hirsch. »In dieser Zeit konnte sich Goliath unmöglich schützen, und vom Fleck bewegen konnte er sich ohnehin nicht.«

Was sollte Goliath denn tun? Er trägt einen mehr als 50 Kilogramm schweren Panzer und hat sich auf einen Nahkampf eingestellt, bei dem er unbeweglich stehen bleiben, Schläge mit seiner Rüstung abwehren und mit seinem Spieß zustoßen kann. Als David auf ihn zuläuft, verspürt er vermutlich erst Verachtung und dann Verwunderung, ehe ihm ein Schrecken durch alle Glieder fährt und ihm klar wird, dass dieser Kampf einen unerwarteten Verlauf nehmen wird.

»Du kommst zu mir mit Schwert, Speer und Sichelschwert, ich aber komme zu dir im Namen des Herrn der Heere, des Gottes der Schlachtreihen Israels, den du verhöhnt hast«, verkündet David. »Heute wird dich der Herr mir ausliefern. Ich werde dich erschlagen und dir den Kopf abhauen. Auch alle, die hier versammelt sind, sollen erkennen, dass der Herr nicht durch Schwert und Speer Rettung verschafft; denn es ist ein Krieg des Herrn und er wird euch in unsere Gewalt geben.«

Zweimal erwähnt David das Schwert und den Speer Goliaths, als wolle er besonders betonen, dass er eine ganz andere Strategie verfolgt. Dann holt er einen Stein aus der Tasche, und in diesem Moment hält vermutlich keiner der Zuschauer zu beiden Seiten des Tals seinen Sieg für unwahrscheinlich. David ist ein Schleuderer, und Artillerie schlägt Infanterie.

»Mit seinem Schwert hatte Goliath ungefähr genauso gute Chancen gegen David wie gegen einen Gegner mit einer automatischen Pistole«, schreibt der Historiker Robert Dohrenwend.[6]

4

Warum werden die Ereignisses dieses Tages im Elah-Tal bis heute so gründlich missverstanden? Zum einen zeigt der Zweikampf, dass wir völlig falsche Vorstellungen davon haben, was Macht bedeutet. König Saul hält David für chancenlos, weil David klein ist und Goliath groß.

Für Saul ist Macht eine Frage der physischen Stärke. Er sieht nicht, dass Macht auch andere Formen annehmen kann, oder dass David gegen die Spielregeln verstoßen und Stärke durch Schnelligkeit oder ein Überraschungsmoment wettmachen könnte. Doch Saul ist nicht der einzige, der diesen Fehler macht. Auf den folgenden Seiten werden wir sehen, dass wir diesem Fehler bis heute erliegen, und dass dies Auswirkungen auf den verschiedensten Gebieten hat, angefangen von der Kindererziehung bis zur Verbrechensbekämpfung.

Daneben begehen wir jedoch einen zweiten Fehler. Saul und die Israeliten meinen zu wissen, wer Goliath ist. Sie sehen seine schiere physische Größe und schließen daraus auf seine Fähigkeiten. Aber in Wirklichkeit nehmen sie ihn gar nicht wahr. Bei genauerem Hinsehen verhält sich Goliath sonderbar. Er gilt als unbezwingbarer Krieger, doch irgendetwas scheint nicht mit ihm zu stimmen. Als er ins Tal kommt, trägt ein Diener seinen Schild vor ihm her. Im Altertum begleiteten die Schildknappen in der Regel nur die Bogenschützen in die Schlacht, denn während diese ihre Pfeile abschossen, hatten sie keine Hand frei, um ihren Schild selbst zu halten. Warum braucht Goliath, der einen Schwertkampf fordert, einen Diener, der ihm den Schild wie einem Bogenschützen trägt? Und warum fordert er David auf, zu ihm zu kommen? Warum kann er nicht selbst zu David gehen? Die biblische Erzählung betont, dass Goliath sich deutlich schwerfälliger bewegt als David – eine merkwürdige Beschreibung für einen vermeintlich unbezwingbaren Helden. Und warum reagiert er nicht viel eher, als er David ohne Schild und Rüstung den Hang herunterlaufen sieht? Er scheint gar nicht zu bemerken, was um ihn herum vorgeht. Und schließlich diese seltsame Bemerkung über den Hirtenstab: »Bin ich denn ein Hund, dass du mit Stecken zu mir kommst?« Wieso »mit Stecken?« David hat doch nur einen einzigen Stock!

Auf der Suche nach einer Erklärung für diese sonderbaren Verhaltensweisen haben Mediziner spekuliert, dass Goliath unter einer schweren Krankheit gelitten haben könnte: Er wirkt ganz wie jemand, der unter Akromegalie leidet.[7] Ursache dieser Erkrankung ist ein gutartiger Tumor an der Hirnanhangdrüse. Dieser Tumor ist keine Seltenheit und bewirkt eine Überproduktion des Wachstumshormons, was zu »Gigantismus« führen kann. Das würde zumindest Goliaths ungewöhnliche Größe erklären. (Robert Wadlow, der größte Mensch der Welt, litt übrigens ebenfalls unter Akromegalie. Bei seinem Tod maß er über 2,70 Meter und schien nicht mit dem Wachsen aufhören zu wollen.) Der Tumor an der Hirnanhangdrüse kann so groß werden, dass er auf den Sehnerv drückt. Daher leiden Menschen mit Akromegalie oft unter starken Sehbehinderungen oder sehen doppelt. Warum muss er von einem Begleiter ins Tal geführt werden? Weil er selbst kaum sehen kann. Warum bewegt er sich so schwerfällig? Weil er seine Umgebung nur verschwommen wahrnimmt. Warum braucht er so lange, um zu verstehen, dass sich David nicht an die Spielregeln hält? Weil er David gar nicht sieht, bis dieser schon fast vor ihm steht. »Komm nur her zu mir, ich werde dein Fleisch den Vögeln des Himmels und den wilden Tieren zum Fraß geben«, ruft er, und weist damit auf seine Verwundbarkeit hin: Du musst zu mir kommen, denn ich kann dich nicht sehen. Und dann der unerklärliche Ausruf: »Bin ich denn ein Hund, dass du mit Stecken zu mir kommst?« David hat nur einen Stab, doch Goliath sieht offenbar zwei.

Was die Israeliten von ihrem fernen Hügel aus sehen, ist ein furchteinflößender Hüne. Doch in Wirklichkeit ist Goliaths Größe ein Hinweis auf seine größte Schwäche. Das ist eine wichtige Lektion für unsere Kämpfe mit allen möglichen Riesen. Die Starken und Mächtigen sind oft nicht das, was sie zu sein scheinen.

Als David auf Goliath zustürmt, wird er von seinem Mut und seinem Glauben getragen. Ehe Goliath versteht, was passiert, liegt er auch schon am Boden – zu groß, zu langsam und zu kurzsichtig, um zu erkennen, wann sich das Blatt gewendet hat. Lange Zeit haben wir diese Geschichte falsch verstanden. Es wird Zeit, sie richtig zu erzählen.

TEIL I

Die Stärken der Schwachen
(und die Schwächen der Starken)

Mancher stellt sich reich und hat doch nichts,
ein anderer stellt sich arm und hat großen Besitz.

Sprüche 13,7

KAPITEL 1

Es war irgendwie total schräg. Mein Vater hatte noch nie im Leben Basketball gespielt.

Vivek Ranadivé[8]

1

Als Vivek Ranadivé beschloss, die Basketballmannschaft seiner Tochter Anjali zu trainieren, nahm er sich zwei Dinge vor. Erstens wollte er nie laut werden. Das Team bestand vor allem aus Mädchen im Alter von zwölf Jahren, und Zwölfjährige, das wusste er aus Erfahrung, mögen es überhaupt nicht, wenn man sie anschreit. Er würde sich am Spielfeldrand genauso verhalten wie in seiner Softwarefirma: Er würde ruhig und leise sprechen und die Mädchen von seinen Vorschlägen überzeugen, indem er an ihre Vernunft und ihren gesunden Menschenverstand appellierte.

Sein zweiter Vorsatz war nicht weniger wichtig. Ranadivé verstand nämlich nicht, wie Amerikaner Basketball spielten. Er kam aus Mumbai und war mit Fußball und Cricket groß geworden. Als er zum ersten Mal ein Basketballspiel sah, kam es ihm völlig hirnlos vor. Mannschaft A machte einen Punkt und lief sofort zurück in ihre Hälfte des Spielfelds. Dann warfen sich die Spieler von Mannschaft B den Ball zu und dribbelten gemächlich in die gegnerische Hälfte, wo Mannschaft A bereits geduldig wartete. So ging es hin und her.

Ein Basketballfeld ist 28 Meter lang. Die meiste Zeit verteidigte eine Mannschaft jedoch nur ein Viertel davon und überließ den ganzen Rest des Spielfelds dem Gegner. Hin und wieder wagte sie sich weiter vor, um den Gegner am Spielaufbau zu hindern, doch diese sogenannte Pressing-Phase war meist nach wenigen Minuten schon wieder vorüber. In der Welt des Basketball schien es eine unausgesprochene Abmachung zu geben, wie das Spiel zu spielen sei, doch diese Abmachung war nach Ansicht von Ranadivé daran schuld, dass der Abstand zwischen guten und schlechten Mannschaften immer größer wurde. Gute Mannschaften hatten große Spieler, die gut dribbeln und werfen und die sorgfältig aufgebauten Spielzüge in der gegnerischen Hälfte mit einem erfolgreichen Korbwurf abschließen konnten. Aber warum gaben ihnen die schlechteren Mannschaften den Platz, ihre Fähigkeiten auszuspielen?

Ranadivé sah sich die Mädchen in seinem Team an. Morgan und Julia waren gute Spielerinnen. Aber Nicky, Angela, Dani, Holly, Annika und seine Tochter Anjali hatten nie zuvor Basketball gespielt. Sie waren klein. Sie konnten nicht werfen. Sie waren keine Dribbelkünstlerinnen. Sie standen nicht jeden Abend auf dem Schulhof herum und warfen auf Körbe. Die meisten waren, wie Ranadivé sagt, »kleine blonde Mädchen« aus Menlo Park und Redwood City, dem Herzen von Silicon Valley. Sie waren die Töchter von Stubenhockern und Programmierern. Sie arbeiteten an naturwissenschaftlichen Unterrichtsprojekten, lasen dicke und komplizierte Bücher und träumten davon, später einmal Meeresbiologinnen zu werden. Ranadivé war klar, wenn diese Mädchen auf konventionelle Art und Weise spielen würden und widerstandslos zusahen, wie ihre Gegnerinnen unter ihren Korb dribbelten, dann hatten sie nicht die geringste Chance gegen Mädchen, für die Basketball eine echte Leidenschaft war. Ranadivé war im Alter von 17 Jahren und mit 50 Dollar in der Tasche in die Vereinigten Staaten gekommen. Er war ein Mann, der nicht gern verlor. Sein zweiter Vorsatz war daher, dass seine Mannschaft in jedem Spiel und über die gesamte Spielzeit hinweg Pressing spielen würde. Sein Team wurde so erfolgreich, dass sie sich für die Endrunde der Landesmeisterschaften qualifizierte. »Es war irgendwie total schräg«, sagt seine Tochter Anjali Ranadivé. »Mein Vater hatte noch nie im Leben Basketball gespielt.«

2

Stellen Sie sich vor, wir addieren alle Kriege, die in den vergangenen zwei Jahrhunderten zwischen sehr großen und sehr kleinen Ländern geführt wurden. Nehmen wir an, dass eine Seite mindestens zehnmal so viele Einwohner und Waffen haben muss wie die andere. Was meinen Sie: Wie oft gewinnt die zahlenmäßig überlegene Seite? Die meisten von uns würden vermutlich auf fast 100 Prozent tippen. Die tatsächliche Zahl wird Sie vielleicht überraschen: Als der Politikwissenschaftler Ivan Arreguín-Toft nachrechnete, stellte er fest, dass es nur 71,5 Prozent waren.[9] In knapp einem Drittel der Fälle behält das schwächere Land die Oberhand.

Arreguín-Toft stellte die Frage ein wenig anders. Was passiert in Kriegen zwischen starken und schwachen Ländern, in denen sich die schwache Seite auf Davids Strategie beruft und sich weigert, den Krieg nach den Regeln der stärkeren Seite zu kämpfen, sondern mit einer unkonventionellen Guerillataktik? In diesem Fall steigt der Anteil von einem auf fast zwei Drittel. Oder um es konkreter zu machen: Die Vereinigten Staaten sind zehnmal so groß wie Kanada. Wenn die Vereinigten Staaten und Kanada Krieg führen würden und Kanada sich für eine unkonventionellen Strategie entscheiden würde, dann sollten Sie auf Kanada wetten.

Der Sieg eines Underdogs erscheint uns ausgesprochen unwahrscheinlich. Genau deshalb hat die Geschichte von David und Goliath die Menschen über Jahrtausende hinweg bewegt. Doch der Politikwissenschaftler Ivan Arreguín-Toft betont, dass Underdogs immer wieder als Sieger vom Feld gehen. Warum sind wir dann jedesmal so erstaunt, wenn ein David einen Goliath besiegt? Warum nehmen wir automatisch an, dass kleinere, ärmere oder weniger gebildete Menschen automatisch im Nachteil sind?

Einer der siegreichen Underdogs, mit denen sich Arreguín-Loft beschäftigte, war Thomas Edward Lawrence, besser bekannte unter dem Namen »Lawrence von Arabien«. T. E. Lawrence war einer der Anführer der arabischen Revolte gegen die Armee des Osmanischen Reichs, die gegen Ende des Ersten Weltkriegs die arabische Halbinsel besetzte.

Die Briten unterstützten den arabischen Aufstand, und der erste Brennpunkt war die Stadt Medina, Endstation einer langen Eisenbahnlinie, die die Türken von Damaskus durch die Wüste Hedschas hatten bauen lassen.

Doch Lawrence musste nur einen einzigen Blick auf seinen zusammengewürfelten Haufen von Beduinenkriegern werfen, um zu wissen, dass ein Angriff auf Medina von vornherein zum Scheitern verurteilt war. Aber warum sollte er die Stadt überhaupt einnehmen? Die Türken saßen in Medina fest, »in der Defensive und unbeweglich«. Es waren so viele, und sie benötigten so viel Lebensmittel, Wasser und Benzin, dass sie kaum zu einer größeren Operation in der Wüste in der Lage waren. Statt die Türken da anzugreifen, wo sie am stärksten waren, wollte Lawrence sie also da packen, wo sie Schwächen hatten: entlang der ungeschützten Bahnstrecke, die ihre Nabelschnur nach Damaskus war. Statt sich also auf Medina zu konzentrieren, wollte er den Krieg über ein möglichst großes Gebiet ausdehnen.

Es war eine schwere Aufgabe. Die Türken hatten ein modernes Heer aufgeboten. Die Beduinen unter dem Befehl von Lawrence waren dagegen keine Soldaten. Sie waren Nomaden. Sir Reginald Wingate, einer der britischen Befehlshaber der Region, beschrieb sie als »wüsten Haufen, von denen die meisten noch nie auch nur ein Gewehr in der Hand gehalten haben«. Doch die Männer waren zäh und beweglich. Ein typischer Beduinenkrieger hatte ein Gewehr, hundert Schuss Munition, zwanzig Kilogramm Mehl und einen halben Liter Trinkwasser, und weil sie wussten, wie sie unterwegs Wasser finden konnten, legten sie damit selbst im Sommer pro Tag 175 Kilometer in der Wüste zurück. »Unsere Trümpfe waren Schnelligkeit und Zeit, nicht Schlagkraft«, erinnerte sich Lawrence. »Unsere wichtigste Ressource waren Stammesangehörige, die nichts von formaler Kriegsführung verstanden und deren Stärken Beweglichkeit, Ausdauer, Intelligenz, Landeskenntnis und Mut waren.« Moritz von Sachsen, ein General des 18. Jahrhunderts, tat den bekannten Ausspruch, die Kriegskunst brauche keine Arme, sondern Beine. Lawrence' Truppen bestanden nur aus Beinen. Am 24. März 1917 sprengten seine Soldaten beispielsweise die

Eisenbahnlinie an 60 Stellen und zerschnitten die Telegrafenleitung bei Buair. Am Tag darauf sabotierten sie bei Abu al-Naam eine Lokomotive und sprengten die Linie an 25 Stellen. Am 27. März sprengten sie die Strecke an 15 Stellen und zerschnitten die Telegrafenleitung bei Istabl Antar. Zwei Tage später überfielen sie eine kleine türkische Garnison und brachten einen Zug zum Entgleisen. Am 31. März kehrten sie nach Buair zurück, um dort die Eisenbahnlinie zu sabotieren. Am 3. April sprengten sie die Strecke bei Hedscha an elf Stellen. Am 4. und 5. April überfielen sie in der Nähe von Wadi Daidschi einen Zug und am 6. April führten sie zwei Überfälle durch.

Lawrence' Meisterstück war jedoch der Angriff auf die Hafenstadt Akaba im heutigen Jordanien. Die Türken erwarteten einen Angriff von den britischen Schiffen, die im westlich gelegenen Golf von Akaba patrouillierten. Stattdessen beschloss Lawrence, die Stadt von Osten, von der Wüste her, anzugreifen, da sie auf dieser Seite ungeschützt war. Dazu führte er seine Männer auf einen verwegenen, 1000 Kilometer langen Ritt von Hedscha nach Norden in die Wüste von Syrien und von dort zurück nach Akaba. Es war Sommer, die Region gehört zu den unwirtlichsten des Nahen Ostens, und Lawrence unternahm unterwegs einen Abstecher nach Damaskus, um die Türken auf eine falsche Fährte zu führen. In *Die Sieben Säulen der Weisheit* schreibt Lawrence:

» In diesem Jahr wimmelte es im Tal nur so vor Hornvipern, Puffottern, Kobras und schwarzen Schlangen. Wir konnten nach Einbruch der Dunkelheit nur unter Mühen Wasser schöpfen, da sich die Schlangen, die in den Tümpeln schwammen, in dichten Trauben an den Ufern scharten. Zweimal schlängelten sich Puffottern in den aufmerksamen Ring unseres Debattier- und Kaffeekreises. Drei Männer starben an den Folgen von Schlangenbissen, vier überlebten nach großen Schmerzen, Angst und starken Schwellungen. Die Behandlungsmethode der Howeitat bestand darin, das gebissene Körperteil mit Schlangenhaut abzubinden und dem Leidenden aus dem Koran vorzulesen, bis er starb. «[10]

Als sie endlich in Akaba ankamen, töteten die wenigen Hundert Männer in einem Angriff rund 1200 Türken, während sie selbst nur zwei Opfer zu beklagen hatten. Die Türken waren einfach davon ausgegangen, dass niemand verrückt genug war, von der Wüste her anzugreifen.

Sir Reginald Wingate bezeichnete Lawrence' Männer als »wüsten Haufen«. In seinen Augen waren die Türken in jeder Hinsicht im Vorteil. Natürlich ist es eine Stärke, über viele Soldaten, Waffen und Ressourcen zu verfügen. Doch es macht unbeweglich und zwingt zur Defensive. Beweglichkeit, Ausdauer, Intelligenz, Landeskenntnis und Mut, wie sie Lawrence' Männer mitbrachten, machten jedoch das Unmögliche möglich – eine Strategie, die so gewagt war, dass die Türken sie von vornherein ausgeschlossen hatten. Natürlich hat es seine Vorteile, über materielle Ressourcen zu verfügen, doch es hat andere Vorteile, nicht über sie zu verfügen. Und wenn Underdogs so häufig die Oberhand behalten, dann liegt das daran, dass ihre Stärken denen der vermeintlich Mächtigen in jeder Hinsicht ebenbürtig sind. Lawrence von Arabien hatte das erkannt – genau wie Vivek Ranadivé mit seinem bunten Haufen von Mädchen aus Silicon Valley.

Aus unerfindlichen Gründen fällt es uns schwer, diese Lektion zu schlucken. Wir haben sehr eingeschränkte Vorstellungen davon, was Stärken sind und was nicht; wir halten Eigenschaften für Stärken, die gar keine sind, und übersehen auf der anderen Seite tatsächliche Stärken. Im ersten Teil dieses Buchs sehen wir uns daher an, welche Folgen dieses Missverständnis hat. Warum nehmen wir beim Anblick eines Riesen automatisch an, dass er die Schlacht gewinnen wird? Was müssen wir tun, um zu erkennen, dass diese herkömmliche Sicht falsch sein könnte – wie David, Lawrence von Arabien, oder Vivek Randivé mit seinen Streberinnen aus Silicon Valley?

3

Vivek Ranadivés Basketballmannschaft spielte für Redwood City in der Liga der Siebt- und Achtklässler. Die Mädchen trainierten in Paye's Place, einer Halle im nahe gelegenen San Carlos. Da Ranadivé noch nie Basketball gespielt hatte, holte er sich ein paar Experten zur Unterstützung. Der erste war Roger Craig, ein ehemaliger Footballspieler, der in Ranadivés Softwarefirma angestellt war." Dieser wiederum holte seine Tochter Rometra, die in der Basketballmannschaft ihrer Universität gespielt hatte. Rometra war eine hervorragende Manndeckerin, deren Aufgabe es gewesen war, die Spitzenstürmerinnen der gegnerischen Mannschaft auszuschalten. Die Mädchen liebten Rometra. »Sie war immer so etwas wie meine große Schwester«, erinnert sich Anjali Ranadivé. »Es war toll, sie dabei zu haben.«

Die Strategie von Redwood City basierte auf zwei Zeitlimits, die jede Mannschaft beachten muss, um einen Angriff auszuführen. Das erste betrifft den Einwurf. Wenn eine Mannschaft einen Punkt erzielt, wirft eine Spielerin der anderen Mannschaft den Ball von der Grundlinie unter dem eigenen Korb ein und hat fünf Sekunden Zeit, ihn zu einer Mitspielerin zu passen. Braucht sie länger, bekommt die andere Mannschaft den Ball. In der Regel ist das kein Problem, denn die gegnerische Mannschaft stört die andere nicht beim Einwurf, sondern läuft nach einem Punktgewinn unter ihren Korb zurück und formiert dort die Deckung. Anders Redwood City. Jede Spielerin deckte ihre Gegenspielerin aggressiv. Beim Pressing stellen sich die Verteidiger normalerweise hinter die Angreifer, um sie zu stören, sobald sie einen Pass angenommen haben. Doch die Mädchen aus Redwood spielten eine aggressivere und riskantere Strategie. Sie stellen sich vor ihre Gegnerinnen, um den Pass abzufangen. Die Einwerferin deckten sie dagegen nicht. Warum auch? Damit hatte die Mannschaft immer eine Spielerin frei, die als zweite Verteidigerin die gefährlichste Angreiferin des Gegners decken konnte.

»Denken Sie an Football«, sagt Ranadivé. »Der Quarterback kann mit dem Ball laufen. Er hat das gesamte Feld, aber es ist trotzdem verdammt schwierig, einen Pass an den Mann zu bringen.« Beim Basketball ist das noch schwieriger. Das Spielfeld ist kleiner, die Mannschaften spielen gegen das Fünf-Sekunden-Limit und der Ball ist größer und schwerer. Redwoods Gegnerinnen schafften es oft nicht, den Einwurf innerhalb von fünf Sekunden abzuschließen. Oder die Einwerferin verlor die Nerven, weil ihr die Zeit davonlief, und warf den Ball einfach ins Feld. Oder ihr Pass wurde von den Spielerinnen von Redwood abgefangen. Ranadivés Mädchen waren überall.

Das zweite Zeitlimit verlangt, dass die angreifende Mannschaft den Ball innerhalb von zehn Sekunden in die gegnerische Hälfte bringt. Wenn es ihren Gegnerinnen gelang, die Hürde des ersten Zeitlimits zu nehmen und den Einwurf rechtzeitig abzuschließen, versuchten die Mädchen von Redwood City, sie zur Überschreitung des zweiten Zeitlimits zu zwingen. Sie stürzten sich auf das Mädchen, das den Einwurf angenommen hatte, und störten es. Dafür war Anjali zuständig. Sie rannte auf das ballführende Mädchen zu und breitete die Arme aus. Manchmal gelang es ihr, den Ball zu erbeuten. Manchmal spielte die Gegnerin überhastet ab, oder sie konnte überhaupt nicht passen, die Zeit lief ab und der Pfiff ertönte.

»Am Anfang hatte niemand eine Ahnung, wie man verteidigt«, erzählt Anjali. »Deswegen hat uns mein Papa das ganze Spiel über immer wieder gesagt: ›deine Aufgabe ist es, dieses Mädchen zu decken und aufzupassen, dass sie beim Einwurf den Ball nicht bekommt.‹ Es ist das Genialste überhaupt, wenn du jemandem den Ball wegschnappst. Wir haben aggressiv gedeckt und viele Bälle gewonnen. Das hat die anderen nervös gemacht. Viele Mannschaften waren viel besser als wir, sie haben schon lange zusammengespielt, aber wir haben gegen sie gewonnen.«

Die Mädchen von Redwood City führten 4:0, 6:0, 8:0 oder 12:0. Einmal führten sie sogar 25:0. Weil sie den Ball unter dem Korb der Gegner erbeuteten, waren sie selten auf Distanzwürfe angewiesen, die viel Übung erfordern. Sie punkteten mit Korblegern. Zu einem der wenigen Spiele, die Redwood City in dieser Saison verlor, erschienen nur vier Spielerinnen. Sie spielten trotzdem Pressing. Warum auch nicht? Am Ende verloren sie mit drei Punkten Rückstand.

»Mit dieser Defensive konnten wir unsere Schwächen wettmachen«, erinnert sich Rometra Craig. »Das war der Ausgleich dafür, dass wir keine guten Distanzwerferinnen hatten und dass wir nicht die größten Spielerinnen hatten, denn mit der aggressiven Verteidigung haben wir Pässe abgefangen und mit Korblegern gepunktet. Ich habe den Mädchen nichts vorgemacht und ihnen gesagt: ›Wir sind nicht die beste Mannschaft.‹ Aber sie haben ihre Aufgabe verstanden.« Für Rometra rissen sich die Mädchen die Beine aus. »Sie waren super«, sagt sie.

Lawrence von Arabien griff die Osmanische Armee da an, wo sie verwundbar war – an den entlegenen Außenposten entlang der Eisenbahnlinie – und nicht da, wo sie stark war, in Medina. Redwood City griff beim Einwurf an, dem Punkt des Spiels, an dem eine starke Mannschaft genauso verwundbar ist wie eine schwache. David ließ sich nicht auf einen Nahkampf mit Goliath ein, den er sicher verloren hätte, sondern hielt Abstand und nutzte das gesamte Tal als Schlachtfeld. Genau wie die Mädchen von Redwood City: Sie verteidigten die gesamten 28 Meter des Spielfelds. Beim Pressing geht es nicht um Arme, sondern um Beine, und die fehlende Technik wird durch Einsatz wettgemacht. Es ist Basketball für Spielerinnen, »die nichts von formaler Kriegsführung verstanden und deren Stärken Beweglichkeit, Ausdauer, Intelligenz, Landeskenntnis und Mut waren«.

»Diese Strategie ist verdammt anstrengend«, meint Roger Craig. Er und Ranadivé sitzen im Konferenzzimmer von Ranadivés Softwarefirma und erinnern sich an ihre Traumsaison. Ranadivé steht an der Tafel und zeichnet ein Diagramm des Pressings seiner Mannschaft. Craig sitzt am Tisch.

»Meine Mädchen mussten ausdauernder sein als die anderen«, erzählt Ranadivé.

»Wir mussten sie dazu bringen, das ganze Spiel über zu laufen«, nickt Craig.

»Wir haben unsere Strategie vom Fußball übernommen«, erklärt Ranadivé. »Wir haben Lauftraining gemacht. In dieser kurzen Zeit konnte ich ihnen keine Technik antrainieren, deswegen mussten wir dafür sorgen, dass sie fit waren und das Spiel in groben Zügen verstanden haben. Deswegen war die richtige Einstellung so wichtig, denn irgendwann wird man müde.«

Ranadivé spricht das Wort »müde« mit Anerkennung in der Stimme aus. Sein Vater war Pilot, der von der indischen Regierung eingesperrt wurde, weil er hartnäckig auf die Sicherheitsmängel der indischen Verkehrsflugzeuge hinwies. Ranadivé studierte am Massachusetts Institute of Technology, nachdem er einen Dokumentarfilm über die Eliteuniversität gesehen hatte und zu dem Schluss gekommen war, dass das genau die richtige Hochschule für ihn war. Das war in den 1970er Jahren, als indische Auslandsstudenten nur mit Genehmigung Devisen tauschen durften. Also kampierte Ranadivé vor dem Büro des Präsidenten der indischen Zentralbank, bis er die Genehmigung hatte. Ranadivé ist ein schlanker und feingliedriger Mann, der mit seinen gelassenen Bewegungen den Eindruck erweckt, als könnte ihn nichts aus der Ruhe bringen. Doch man sollte dies nicht mit Lässigkeit verwechseln: Die Ranadivés sind unermüdlich.

Er wendet sich Craig zu. »Was war noch mal unser Schlachtruf?«

Die beiden Männer denken einen Moment lang nach, dann rufen sie fröhlich und einstimmig: »One, two, three, ATTITUDE!«

Auf die Einstellung kam es an. Die Philosophie der Mannschaft bestand in der Bereitschaft, mehr zu tun als alle anderen.

»Als ein paar neue Mädchen dazugekommen sind, habe ich ihnen beim ersten Training gezeigt, was wir machen. Und ich habe ihnen gesagt: ›Es ist alles eine Frage der Einstellung.‹ Bei einer hatte ich mir ein bisschen Sorgen gemacht, dass sie die Sache mit der Einstellung vielleicht nicht versteht. Dann haben wir unseren Schlachtruf geübt, und sie hat gesagt: ›Es heißt nicht One, two, three, ATTITUDE!, Es heißt One, two, three, attitude, HA!‹«

Ranadivé und Craig lachen laut.

4

Im Januar 1971 traten die Rams, die Basketballmannschaft der Fordham University, gegen die Minutemen der University of Massachusetts an. Das Spiel fand im berüchtigten »Cage«, der Halle der University of Massachusetts, statt, in der die Minutemen seit Dezember 1969
kein einziges Spiel mehr verloren hatten. Der Star der Minutemen war
kein Geringerer als Julius Erving, der legendäre Dr. J., der als einer der
besten Basketballspieler aller Zeiten in die Geschichte eingehen sollte.
Die Minutemen waren eine Ausnahmemannschaft. Die Rams waren
dagegen ein zusammengewürfelter Haufen von Jungs aus Brooklyn
und der Bronx. Ihr Center hatte sich in der ersten Woche der Saison
eine Knieverletzung zugezogen, und ihr größter Spieler kam auf
1,95 Meter. Ihr wichtigster Stürmer war Charlie Yelverton mit 1,88 Meter. Doch vom Anpfiff weg begannen die Rams mit aggressivem Pressing und ließen keinen Moment lang nach. »Nachdem wir mit 13:6 in
Führung gegangen waren, war Krieg«, erinnerte sich der damalige
Rams-Trainer Digger Phelps. »Das waren zähe Jungs aus der Stadt. Wir
haben über die gesamte Länge des Spielfelds gespielt. Wir haben gewusst, dass die anderen früher oder später einknicken würden.«
Phelps schickte einen unermüdlichen irischen oder italienischen Knaben aus der Bronx nach dem anderen aufs Feld, um Erving zu decken,
und einer nach dem anderen wurden diese Jungs nach Fouls vom
Platz gestellt. Keiner konnte Erving das Wasser reichen. Aber das
machte nichts. Die Rams gewannen mit 87:79.
Im Basketball gibt es unzählige legendäre Spiele, in denen ein David
mit Pressing einen Goliath niederrang. Trotzdem hat sich diese Taktik
nie durchgesetzt. Was tat Digger Phelps nach seinem legendären Sieg
über die Minutemen? Er ließ nie mehr so konsequent decken wie in
diesem Spiel. Minutemen-Trainer Jack Leaman war in seiner eigenen
Halle von einer Bande Straßenjungs gedemütigt worden – lernte er
aus dieser Niederlage und wandte die Taktik an, als er das nächste Mal
eine Underdog-Mannschaft aufs Feld schickte? Natürlich nicht. Ergebnisse wie der Sieg der Rams über die Minutemen werden gern als
glückliche Siege abgetan. Basketballkenner warnen, dass das Pressing

von einer gut eingespielten Mannschaft mit geschickten Technikern und Pass-Spielern leicht ausgehebelt werden kann – das stimmt zwar, doch darum geht es nicht. Wer unkonventionell spielt, geht natürlich nicht automatisch als Sieger vom Platz. Ranadivé gab zu, dass die Gegner nur konsequentes Gegenpressing spielen mussten, um zu gewinnen: Seine Mädchen waren nicht gut genug, um ihre eigene Medizin zu verkraften. Aber einem Underdog bleibt gar nichts anderes übrig, wenn er gegen Goliath gewinnen will. Wenn die Rams mit einer konventionellen Taktik gegen die Minutemen gespielt hätten, dann hätten sie eine ordentliche Tracht Prügel bezogen. Man sollte meinen, dass unter diesen Umständen jede Mannschaft, die als Underdog aufs Feld geht, konsequent über das ganze Feld verteidigt. Warum tun sie es dann nicht einfach?

Arreguín-Toft beobachtete dasselbe unerklärliche Phänomen. Wenn ein Underdog wie David kämpft, gewinnt er in den meisten Fällen. Doch die wenigsten Underdogs kämpfen wie David. Von den 202 ungleichen Kriegen, die Arreguín-Toft auswertete, ließen sich die Underdogs in 152 Fällen auf die Regeln Goliaths ein und verloren prompt 119 Mal. Im Jahr 1809 kämpften die Peruaner mit konventionellen Mitteln gegen die Spanier und verloren. Im Jahr 1816 kämpften die Georgier mit konventionellen Mitteln gegen die Russen und verloren. Im Jahr 1817 kämpften die Pindaris mit konventionellen Mitteln gegen die Briten und verloren. In der Kandyan-Rebellion von 1817 kämpften die Sri Lanker mit konventionellen Mitteln gegen die Briten und verloren. Im Jahr 1823 kämpften die Burmesen mit konventionellen Mitteln gegen die Briten und verloren. Die Liste der Niederlagen ist endlos. In den 1940er Jahren machten die kommunistischen Rebellen in Vietnam den Franzosen das Leben zur Hölle, bis sich der Viet-Minh-Stratege Vo Nguyen Giap im Jahr 1951 für eine konventionelle Strategie entschied und prompt eine Reihe von Niederlagen einsteckte. Auch George Washington gab im Amerikanischen Unabhängigkeitskrieg die Guerillataktik auf, die den Siedlern zu Beginn der Rebellion so gute Dienste geleistet hatte. In seinem Buch *Violent Politics*, einer Geschichte der unkonventionellen Kriegsführung, schrieb William Polk: »So schnell wie möglich machte sich Washington an den Aufbau einer Armee nach britischem Vorbild. In der Folge musste er eine Niederlage nach der anderen hinnehmen und hätte den Krieg fast noch verloren.«

Das scheint völlig sinnlos, bis man sich an den qualvollen Wüstenritt von T. E. Lawrence nach Akaba erinnert. Es ist einfacher, Soldaten in bunte Uniformen zu stecken und sie zu Pfeifen und Trommeln auf und ab marschieren zu lassen, als auf dem Rücken eines Kamels 1000 Kilometer durch eine schlangenverseuchte Wüste zu reiten. Und es ist einfacher, wunderbar choreografierte Spielzüge durchzuspielen, sich nach jedem Punktgewinn unter den eigenen Korb zurückzuziehen und durchzuschnaufen, als die ganze Zeit mit rudernden Armen über das Feld zu rennen und um jeden Zentimeter des Spielfeldes zu kämpfen. Die Strategien der Underdogs sind extrem kraftraubend.

Der Einzige, der seine Lektion aus dem legendären Spiel zwischen den Rams und den Minutemen lernte, war ein schlaksiger Minutemen-Verteidiger namens Rick Pitino. Er saß an diesem Tag nur auf der Bank und sah mit großen Augen zu. Noch heute, vier Jahrzehnte später, erinnert er sich an die Namen der meisten Rams-Spieler: Yelverton, Sullivan, Mainor, Charles, Zambetti. »Die haben das unglaublichste Pressing gespielt, das ich je gesehen habe«, erzählt er. »Fünf Jungs zwischen eins-achtzig und eins-fünfundneunzig. Unglaublich, wie die den Raum dicht gemacht haben. Ich hab's mir angeschaut. Eigentlich hatten die keine Chance gegen uns. Im Cage waren wir unschlagbar.«

Im Jahr 1978, im Alter von nur 25 Jahren, wurde Pitino Cheftrainer an der Boston University. Mit dem Pressing führte er seine Mannschaft zur ersten nationalen Endrundenteilnahme seit 24 Jahren. Seine nächste Trainer-Station war Providence College, dessen Mannschaft im Vorjahr 20 von 31 Spielen verloren hatte. Die Spieler waren klein, hatten kaum Talent und waren damit eine Kopie der Rams. Mit ihrem aggressiven Pressing hätten sie es fast in die nationale Endrunde geschafft. Wieder und wieder vollbrachte Pitino ungewöhnliche Leistungen mit Mannschaften, die ihren Gegnern technisch weit unterlegen waren.

»Jedes Jahr kommen viele Trainer zu mir, um das Pressing zu lernen«, berichtet Pitino. Seit er die Basketballmannschaft der University of Louisville trainiert, ist Louisville das Mekka aller Davids, die lernen wollen, Goliaths zu schlagen. »Sie schreiben mir E-Mails und sagen mir, sie können es einfach nicht. Sie wissen nicht, ob ihre Spieler das durchhalten.« Pitino schüttelt den Kopf. »Wir trainieren jeden Tag zwei Stunden. Die Spieler sind 98 Prozent des Trainings in Bewegung. Wir verwenden kaum Zeit auf unsere Besprechungen. Wenn wir korrigieren« – das heißt, wenn Pitino oder seine Assistenten das Spiel unterbrechen, um Anweisungen zu geben –, »dann nehmen wir uns sieben Sekunden, damit das Herz nicht zur Ruhe kommt. Wir arbeiten ununterbrochen.« Sieben Sekunden! Die Trainer, die nach Louisville kommen, stehen auf der Bühne, sehen der rastlosen Aktivität zu und verlieren den Mut. Wer nach Davids Regeln spielt, muss schon sehr verzweifelt sein. Er muss so unterlegen sein, dass ihm keine andere Wahl bleibt. Die Mannschaften dieser Trainer sind wahrscheinlich gut genug, um zu wissen, dass die Strategie in ihrem Fall nicht funktionieren würde. Die Spieler würden nicht mitziehen. Sie sind einfach nicht verzweifelt genug. Und Ranadivé? Der war in der Tat verzweifelt. Wenn man sich seine Mädchen ansah, würde man meinen, dass ihre technischen Schwächen beim Passen, Dribbeln und Werfen ein unüberwindbares Hindernis waren. Aber am Ende waren sie das nicht. Denn erst sie ermöglichten ihre radikale und erfolgreiche Strategie.

5

Sobald die Mädchen aus Redwood ihre ersten Spiele gewannen, tobten die Trainer der gegnerischen Mannschaften. Sie hatten das Gefühl, dass Redwood nicht fair spielte und dass es nicht richtig war, das Pressing gegen zwölfjährige Mädchen einzusetzen, die das Spiel gerade erst lernten. In diesem Alter gehe es doch gerade darum, Techniken zu lernen, so die Kritiker. Ranadivés Mädchen spielten kein Basketball, sagten sie. Allerdings könnte man dagegenhalten, dass die zwölfjährigen Mädchen etwas sehr viel Wertvolleres lernten: dass sich Können durch Einsatz aufwiegen lässt, und dass Gewohnheiten dazu da sind, hinterfragt zu werden. Die Trainer, deren Mannschaften das ungleiche Spiel verloren, sahen das allerdings weniger philosophisch.

»Ein Typ wollte mich auf dem Parkplatz verprügeln«, erzählt Ranadivé. »Es war ein Riesenkerl. Er hatte offenbar selbst Football und Basketball gespielt, und dann musste er zuschauen, wie ihn dieser dürre Ausländer bei seinem Spiel schlägt. Der wollte mir eine Tracht Prügel verpassen.«

Roger Craig erinnert sich, er habe sich manchmal sehr gewundert über das, was er sah. »Die anderen Trainer haben ihre Mädchen angebrüllt, sie haben sie beleidigt und zur Schnecke gemacht. Sie haben die Schiedsrichter angeschrien: ›Foul! Das war ein Foul!‹ Aber wir haben gar nicht gefoult. Wir haben einfach aggressiv verteidigt.«

»Einmal haben wir gegen eine Mannschaft aus East San José gespielt«, erzählt Ranadivé. »Die haben seit Jahren zusammengespielt. Die Mädchen sind schon mit dem Basketball in der Wiege auf die Welt gekommen. Wir haben sie auseinandergenommen. Wir haben 20:0 geführt. Die haben einfach keinen Einwurf reinbekommen, und der Trainer ist so wild geworden, dass er mit einem Stuhl geworfen hat. Er hat die Mädchen angebrüllt, und je mehr man Mädchen in diesem Alter anbrüllt, umso nervöser werden sie.« Ranadivé schüttelt den Kopf: Er hat nie geschrien. »Am Ende hat ihn der Schiedsrichter aus der Halle geworfen. Ich hatte Angst. Er hat es einfach nicht ertragen, dass diese blonden Mädchen, die ganz offensichtlich technisch schlechter waren, seine Mannschaft plattgemacht haben.«

Idealerweise zeichnen sich Basketballer durch ihre Technik und Präzision aus. Wenn Einsatz über Technik gestellt wird, dann ist das Spiel nicht wiederzuerkennen – das Ergebnis ist eine wenig ansehnliche Mischung aus gestörten Spielzügen, rudernden Armen und technisch versierten Spielerinnen, die in Panik den Ball ins Aus werfen. Man muss schon ein Außenseiter sein – zum Beispiel ein Ausländer, der nicht mit Basketball groß geworden ist, oder ein dürrer Junge aus der Bronx auf der Ersatzbank –, um den Mut aufzubringen, so zu spielen.

T. E. Lawrence konnte sich das leisten, weil er das Gegenteil eines korrekten britischen Offiziers war. Er hatte nicht an einer vornehmen Militärakademie studiert. Er war Archäologe und nebenbei ein verträumter Dichter. Wenn er seine vorgesetzten Offiziere traf, kam er in Sandalen und dem Burnus der Beduinen. Er sprach Arabisch wie ein Einheimischer und konnte ein Kamel reiten, als hätte er sein Leben lang nichts anderes getan. Es konnte ihm völlig egal sein, was die Angehörigen des militärischen Establishments von seinem »Haufen« hielten, denn er hatte kein Interesse daran, zum militärischen Establishment zu gehören. Und natürlich David. Er muss gewusst haben, dass ein Zweikampf nach formellen Regeln abzulaufen hat und mit dem Kreuzen der Schwerter beginnt. Aber er war ein Hirte, und im Altertum war dies der niedrigste aller Stände. Ihm konnte die militärische Etikette gleichgültig sein.

Wir glauben oft, dass es uns besser ginge, wenn wir mehr Ansehen und Mittel hätten oder wenn wir einem elitären Club angehören würden. Viel zu selten denken wir darüber nach, dass diese materiellen Vorteile unsere Handlungsspielräume einschränken könnten. Vivek Ranadivé stand an der Seitenlinie, während ihn die Eltern und Trainer der gegnerischen Mannschaften mit Beleidigungen überhäuften. Die meisten wären angesichts dieser massiven Attacken eingeknickt. Nicht so Ranadivé. *Es war irgendwie total schräg. Mein Vater hatte noch nie im Leben Basketball gespielt.* Warum sollte er sich dafür interessieren, was die Basketballwelt von ihm hielt? Ranadivé trainierte eine Mannschaft von Mädchen, die kein Talent für einen Sport hatten, von dem er keine Ahnung hatte. Und das alles erwies sich am Ende als Vorteil.

6

In der nationalen Endrunde gewannen die Mädchen aus Redwood ihre ersten beiden Spiele. In der dritten Runde trafen sie auf eine Mannschaft aus Orange County. Redwood City musste in Orange County antreten, und die Heimmannschaft stellte sogar den Schiedsrichter. Das Spiel war für 8 Uhr morgens angesetzt. Die Spielerinnen verließen das Hotel um 6 Uhr, um nicht in den Berufsverkehr zu geraten. Von da an ging es bergab. Der Schiedsrichter hatte etwas gegen »One, two, three, attitude, HA!«. Und er schien zu glauben, dass aggressives Pressing nichts mit Basketball zu tun hat. Er pfiff ein Foul nach dem anderen.

»Er hat bei kleinsten Berührungen abgepfiffen«, sagt Craig. Die Erinnerung schmerzt.

»Meine Mädchen haben das nicht verstanden«, erzählt Ranadivé. »Der Schiedsrichter hat viermal so viele Fouls gegen uns gepfiffen wie gegen die andere Mannschaft.«

»Die Zuschauer haben gebuht«, fügt Craig hinzu. »Es war schlimm.«

»Doppelt so viele Fouls, das verstehe ich ja noch. Aber viermal so viele?« Ranadivé schüttelt den Kopf.

»Ein Mädchen musste vom Platz.«

»Wir sind nicht plattgemacht worden, wir hatten immer noch eine Chance. Aber ...«

Ranadivé blies das Pressing ab. Ihm blieb nichts anderes übrig. Die Spielerinnen aus Redwood zogen sich in ihre Hälfte zurück und schauten zu, wie die Gegnerinnen auf sie zukamen. Sie rannten nicht mehr. Sie machten Pausen und dachten bei jedem Ballbesitz gründlich nach. Sie spielten Basketball so, wie es sich gehört, und am Ende gingen sie als Verlierer vom Platz. Aber sie hatten sich und dem Rest der Welt etwas bewiesen. Goliath ist nicht der Riese, für den er sich hält.

KAPITEL 2

In meiner größten Klasse saßen 29 Kinder.
Wir hatten eine Menge Spaß.

Teresa DeBrito

I

Die Middle School von Spepaug Valley wurde auf dem Höhepunkt des Babybooms gebaut. Damals strömten jeden Morgen dreihundert Kinder aus den Schulbussen durch die zahlreichen Eingangstüren, und die Gänge waren so breit wie Autobahnen, um das Gedränge zu bewältigen.

Das ist lange her. Der Babyboom ist längst vorüber. Shepaug Valley liegt in einer idyllischen Ecke von Connecticut, mit charmanten Dörfchen aus der Kolonialzeit und kurvenreichen Landsträßchen. Vor einiger Zeit entdeckten wohlhabende Ehepaare aus New York City die Gegend, und die Immobilienpreise stiegen. Junge Familien konnten sich die Gegend nicht mehr leisten. Die Zahl der Schüler ging erst auf 245, dann auf 200 zurück. Heute besuchen 80 Kinder die sechste Klasse, doch wenn man sich die Neuanmeldungen der Grundschule ansieht, könnte sich diese Zahl in naher Zukunft halbieren. Damit läge die durchschnittliche Klassengröße der Schule bald weit unter dem landesweiten Durchschnitt. Aus einer großen, überfüllten ist eine kleine, familiäre Schule geworden.

Würden Sie Ihre Kinder auf die Shepaug Valley Middle School schicken wollen?

2

Die Geschichte von Vivek Ranadivé und der Basketballmannschaft aus Redwood lässt vermuten, dass wir gelegentlich Stärken und Schwächen verwechseln. In diesem und dem nächsten Kapitel wollen wir uns ansehen, ob dies auch auf vermeintlich einfache Fragen der Bildung zutrifft. »Vermeintlich« deshalb, weil sie nur auf den ersten Blick einfach sind. Wie wir gleich sehen werden, sind sie das nämlich ganz und gar nicht.

Der Fall der Shepaug Valley Middle School wirft die erste von zwei einfachen Fragen auf. Vermutlich würden Sie sich freuen, wenn Ihr Kind in einer so familiären Klassengemeinschaft wie an dieser Schule unterrichtet werden könnte. In aller Welt scheinen die meisten Eltern und Politiker anzunehmen, dass kleinere Klassen besser sind. In den vergangenen Jahren haben die Regierungen in den Vereinigten Staaten, Großbritannien, den Niederlanden, Deutschland, Kanada, Hongkong, Singapur, Korea und China (um nur einige Beispiele zu nennen) weitreichende Maßnahmen ergriffen, um die Klassengröße zu reduzieren.[12] Als der Gouverneur von Kalifornien vor einigen Jahren ein großangelegtes Programm zur Reduzierung der Klassenstärken ankündigte, verbesserten sich seine Umfragewerte innerhalb von drei Wochen um 100 Prozent. Im Laufe des folgenden Monats kündigten zwanzig Gouverneure ähnliche Pläne an, und anderthalb Monate später versprach das Weiße Haus, eigene Programme zur Verkleinerung der Schulklassen auflegen zu wollen. Bis heute glauben 77 Prozent aller Amerikaner, es sei besser, Steuergelder für die Verringerung von Klassenstärken auszugeben als für die Anhebung von Lehrergehältern. Es gibt nicht viel, worauf sich 77 Prozent aller Amerikaner einigen können.[13]

Zu Boomzeiten saßen bis zu 25 Kindern in den Klassenzimmern der Shepaug Valley Middle School. Heute sind es manchmal nur noch 15. Das heißt, die Lehrer können sich besser um jedes einzelne Kind kümmern, und der gesunde Menschenverstand geht davon aus, dass ein Kind umso mehr lernt, je mehr Zeit sich seine Lehrer für es nehmen können. Wenn das stimmt, dann müssten die Kinder heute an der kleinen Mittelschule mehr lernen als früher an der überfüllten Schule. Oder doch nicht?

Diese Annahme lässt sich ganz einfach überprüfen. In Connecticut gibt es eine ganze Reihe von Schulen wie die von Shepaug Valley. Der Bundesstaat besteht überwiegend aus kleinen Ortschaften mit kleinen Grundschulen, und diese reagieren sensibler auf die Schwankungen von Geburtenzahlen und Immobilienpreisen als größere Ortschaften mit größeren Schulen. Es kann also durchaus passieren, dass in einem Jahr nur eine Handvoll Kinder eingeschult wird und im Jahr darauf wieder vergleichsweise viele. In einer anderen Mittelschule in demselben Bundesstaat entwickelte sich die Zahl der Fünftklässler so:

1993	18
1994	11
1995	17
1996	14
1997	13
1998	16
1999	15
2000	21
2001	23
2002	10
2003	18
2004	21
2005	18

Im Jahr 2001 hatte die Schule also 23 Fünftklässler, und im Jahr darauf waren es nur zehn! Ansonsten waren alle Bedingungen dieselben, die Kinder hatten dieselben Lehrer und dieselbe Direktorin, sie benutzten dieselben Schulbücher und saßen in denselben Schulräumen. Das einzige, was sich veränderte, war die Zahl der Schüler in der fünften Klasse. Wenn die Kinder in der kleineren Klasse bessere Noten bekommen hätten als die Kinder in den größeren Klassen, dann hätten wir mit einiger Sicherheit sagen können, dass die Klassengröße der entscheidende Faktor war.

Das nennt man ein »natürliches Experiment«. Meist erfinden Wissenschaftler eigene Experimente, um ihre Annahmen zu überprüfen. Aber in seltenen Fällen bieten sich in der wirklichen Welt Möglichkeiten, dieselbe Theorie zu überprüfen – und diese natürlichen Experimente sind den künstlichen in vieler Hinsicht überlegen. Was passiert also, wenn man die Leistungen von großen und kleinen Jahrgängen anhand dieses natürlichen Experiments vergleicht?

Genau das hat die Wirtschaftswissenschaftlerin Caroline Hoxby getan und sich jede einzelne Grundschule in Connecticut angesehen. Und gefunden hat sie – gar nichts. »Viele Untersuchungen kommen zu dem Schluss, dass eine Reduzierung der Klassenstärken keine statistisch signifikanten Veränderungen bewirkt«, erklärt sie. »Was nicht heißt, dass sie gar nichts bewirkt, sondern nur, dass diese Veränderungen sich nicht in den Daten niederschlagen. In einigen Schätzungen liegen die Veränderungen mehr oder weniger bei null, bei mir lagen sie sogar exakt bei null. Eine Reduzierung der Klassenstärken bewirkt also rein gar nichts.«[14]

Hoxbys Untersuchung ist natürlich nur eine von vielen. Doch das Ergebnis zieht sich wie ein roter Faden durch alle Studien, die sich mit dem Zusammenhang zwischen Klassengröße und schulischen Leistungen beschäftigen – und davon wurden in den vergangenen Jahrzehnten Hunderte durchgeführt. Etwa 15 Prozent aller Untersuchungen finden statistisch signifikante Beweise, dass Kinder in kleinen Klassen besser abschneiden, und ungefähr genauso viele Untersuchungen wollen herausgefunden haben, dass sie schlechter abschneiden. Etwa 20 Prozent kommen zu demselben Schluss wie Hoxby: Die Auswirkung der Klassenstärke ist gleich null. Der Rest findet Beweise für beide Hypothesen, die jedoch nicht ausreichen, um daraus statistisch relevante Schlüsse zu ziehen.[15] Die meisten Untersuchungen enden mit einer Schlussfolgerung, die sich ungefähr so liest:

» In vier Ländern – Australien, Hongkong, Schottland und den Vereinigten Staaten – kamen wir nur zu sehr ungenauen Schätzungen, die keinerlei Rückschlüsse auf die Auswirkungen der Klassenstärke zulassen.[16] In zwei Ländern – Griechenland und Island – gibt es Hinweise auf nicht triviale positive Auswirkungen einer Reduzierung der Klassenstärke. Nur in Frankreich gibt es Hinweise auf einen signifikanten Unterschied zwischen Mathematik und naturwissenschaftlichen Fächern: Im Mathematikunterricht hat die Klassenstärke statistisch signifikante und erhebliche Auswirkungen auf die schulischen Leistungen der Kinder, in den Naturwissenschaften kann eine vergleichbare Auswirkung der Klassenstärke ausgeschlossen werden. In folgenden Ländern konnten sowohl in Mathematik als auch in naturwissenschaftlichen Fächern größere Auswirkungen der Klassenstärke auf die schulischen Leistungen ausgeschlossen werden: Belgien, Kanada, Tschechien, Korea, Portugal, Rumänien, Slowenien und Spanien. In zwei weiteren Ländern, Japan und Singapur, konnten Auswirkungen der Klassenstärke auf die schulischen Leistungen ganz ausgeschlossen werden. «

Lassen Sie das einen Moment lang auf sich wirken: Nach der Auswertung von Tausenden Statistiken über die schulischen Leistungen von Kindern aus 18 Ländern finden diese Wirtschaftswissenschaftler nur in zwei Ländern, nämlich in Griechenland und Island, »Hinweise auf nicht triviale positive Auswirkungen einer Reduzierung der Klassenstärke«. Griechenland und Island? In den Vereinigten Staaten wurden im Rahmen des politischen Vorstoßes zur Verringerung der Klassenstärken zwischen 1996 und 2004 ungefähr eine Viertelmillion neuer Lehrkräfte eingestellt. Das ist eine gewaltige Zahl. Im selben Zeitraum stiegen die Ausgaben pro Schüler und Jahr in den Vereinigten Staaten um 21 Prozent – der größte Teil der zig Milliarden Dollar an Mehraufwendungen wurde für diese Neueinstellungen ausgegeben. Keine Branche hat in den vergangenen zwei Jahrzehnten weltweit einen derartigen Aufschwung erlebt wie die Lehrerschaft. Ein Land nach dem anderen hat gewaltige Summen ausgegeben, weil wir uns am

Vorbild von Schulen wie der Middle School von Shepaug Valley orientieren, in der Lehrer ein persönlicheres Verhältnis zu ihren Schülern entwickeln können, und wir meinen: »Auf so eine Schule will ich meine Kinder schicken.« Doch vieles deutet darauf hin, dass die vermeintliche Stärke dieser Schulen gar keine ist.[17]

3

Vor Kurzem traf ich mich mit einem der einflussreichsten Männer Hollywoods. Er erzählte mir von seiner Kindheit in Minneapolis im Bundesstaat Minnesota.[18] Vor Einbruch des Winters ging er durch die Straßen seines Viertels, um Kunden für seinen Schneeräumdienst zu finden. Dann verteilte er die Aufträge unter den Kindern aus der Nachbarschaft. Er zahlte seine Schneeräumer unmittelbar nach getaner Arbeit, auch wenn er erst später bei seinen Kunden abkassierte, weil er aus Erfahrung wusste, dass sich die anderen Kinder nur so zur Arbeit motivieren ließen. Manchmal arbeiteten acht oder neun Kinder für ihn. Im Herbst ließ er sie in den Gärten seiner Kunden Blätter zusammenrechen.

»Ich habe ihre Arbeit kontrolliert, damit ich meinen Kunden sagen konnte, dass ihre Auffahrt so geräumt wurde, wie sie es wollten«, erinnert er sich. »Natürlich waren immer ein oder zwei Kinder dabei, die ihre Arbeit nicht gut gemacht haben, und die habe ich dann rausgeworfen.« Damals war er zehn Jahre alt. Im Alter von 11 Jahren hatte er 600 Dollar auf seinem Sparbuch, die er sich selbst verdient hatte. Das war in den 1950er Jahren, heute wären das vermutlich etwa 5000 Dollar. »Ich hatte nicht das Geld, um meine Ziele zu erreichen«, sagte er schulterzuckend, so, als wäre es völlig selbstverständlich, dass man als Elfjähriger schon seine Ziele hat. »Geld ausgeben kann jeder. Aber wenn man sein Geld verdient, es spart und Belohnungen aufschiebt, bekommt man ein ganz anderes Verhältnis dazu.«

Seine Familie stammte aus einem »gemischten Viertel«, wie man es damals euphemistisch nannte. Er besuchte eine staatliche Schule und trug die Kleider seiner älteren Geschwister auf. Sein Vater war ein Kind der Weltwirtschaftskrise und hatte klare Ansichten zum Thema Geld. Wenn unser Mann aus Hollywood etwas wollte – ein Paar Turnschuhe oder ein Fahrrad –, dann verlangte sein Vater, dass er die Hälfte beisteuerte. Wenn er das Licht anließ, hielt ihm sein Vater die Stromrechnung unter die Nase. »Er hat zu mir gesagt: ›Schau, so viel kostet uns der Strom. Du bist nur zu faul, das Licht auszuschalten. Wir zahlen für deine Faulheit. Aber wenn du das Licht zum Arbeiten brauchst, dann kannst du es 24 Stunden brennen lassen, kein Problem.‹«

Mit 16 arbeitete er den ganzen Sommer über im Altmetallhandel seines Vaters. Es war schwere körperliche Arbeit. Er wurde behandelt wie jeder andere Mitarbeiter. »Danach wollte ich nur noch weg aus Minneapolis«, erzählt er. »Ich wollte nie mehr für meinen Vater arbeiten müssen. Die Arbeit war furchtbar, schmutzig, hart und langweilig. Ich habe Alteisen in Fässer geladen, vom ersten bis zum letzten Ferientag. Am Ende habe ich mich nicht mehr sauber bekommen. Heute glaube ich, mein Vater hat mir diese Arbeit gegeben, weil er gewusst hat, dass ich dann aus Minneapolis weg wollte. Das sollte mich motivieren, mir etwas Besseres zu suchen.«

Während des Studiums zog er einen Wäschedienst auf, das heißt, er sammelte die Wäsche seiner wohlhabenden Kommilitonen ein, brachte sie in die Wäscherei und holte sie wieder ab. Er organisierte Europareisen für Studierende. Wenn er denn einmal mit seinen Freunden Basketballspiele besuchte, dann saß er auf den schlechtesten Plätzen, hinter Säulen, und fragte sich, wie es wohl sein mochte, in der VIP-Loge zu sitzen. Er studierte Wirtschaft und Jura in New York City und lebte in einem Problemviertel von Brooklyn, um Geld zu sparen. Nach seinem Abschluss bekam er einen Job in Hollywood, der zu einem besseren Job führte, und der wiederum zu einem neuen, noch besseren, zu neuen Geschäften, Preisen und einer Reihe außergewöhnlicher Erfolge. Heute hat er in Beverly Hills eine Villa von der Größe eines kleinen Schlosses, seinen eigenen Privatjet, in der Garage steht ein Ferrari, und das Tor seiner schier endlosen Zufahrt sieht aus, als hätte er es in Europa in einer Burg abmontiert. Er weiß, was Geld bedeutet. Und der Grund ist, dass er in seiner Kindheit in den Straßen von Minneapolis gelernt hat, seinen Wert zu schätzen.

»Ich wollte frei sein, ich wollte Dinge besitzen. Geld war ein Instrument für meine Hoffnungen, meine Wünsche und meinen Antrieb«, sagte er. »Das hat mir niemand beigebracht. Ich habe es selbst gelernt. Ich habe viel ausprobiert und eine Menge Fehler gemacht. Aber es hat mir gefallen. Es hat mir Selbstbewusstsein gegeben. Ich hatte mehr Kontrolle über mein Leben.«

Während er das sagt, sitzt er zu Hause in seinem Büro – einem Raum, der größer ist als so manche Wohnung. Er hat Kinder, die er heiß und innig liebt. Wie alle Väter möchte er natürlich für sie sorgen und ihnen mehr geben, als er selbst hatte. Doch ihm ist klar, dass dies ein riesiger Widerspruch ist. Er wurde erfolgreich, weil er auf die harte Tour lernte, was Geld und Arbeit bedeuten, und weil er aus eigener Erfahrung wusste, dass es Glück und Erfüllung bringt, den eigenen Weg zu gehen. Doch gerade wegen dieses Erfolgs wird es seinen Kindern schwerfallen, dieselbe Lektion zu lernen. Die Kinder von Hollywood-Multis fragen ihre Nachbarn in Beverly Hills nicht, ob sie ihren Rasen mähen dürfen. Ihre Väter halten ihnen nicht zornig die Stromrechnung unter die Nase, wenn sie das Licht brennen lassen. Und sie sitzen nicht hinter einer Säule in einer Basketball-Arena und fragen sich, wie es sich wohl anfühlt, in der VIP-Loge zu sitzen. Sie leben in der VIP-Loge.

»Ich glaube, es ist sehr viel schwerer, Kinder in einer reichen Umgebung aufzuziehen, als die meisten Menschen meinen«, sagt er. »Armut kann einen Menschen kaputtmachen. Aber Reichtum auch, denn der Reichtum nimmt ihnen den Ehrgeiz, den Stolz und das Selbstwertgefühl. Das Leben ist an beiden Extremen schwierig. Am besten ist vermutlich ein Punkt irgendwo dazwischen.«

Vermutlich fällt es Ihnen nicht ganz leicht, Mitgefühl für einen Multimillionär aufzubringen, der über die Zukunft seiner Kinder jammert. Seine Sprösslinge werden immer in den vornehmsten Häusern leben und immer Erster Klasse reisen. Aber es geht ihm gar nicht um den materiellen Wohlstand. Er ist ein Mann, der sich seinen Namen hart erarbeitet hat. Einer seiner Brüder hat den Altmetallhandel des Vaters übernommen und ist reich geworden. Ein anderer ist heute Arzt und hat eine gut gehende Praxis. Sein Vater hat drei Söhne großgezogen, die die Motivation hatten, ein erfülltes Leben zu suchen und es in der Welt zu etwas zu bringen. Für ihn als Multimillionär wird es deutlich schwerer, seine Kinder mit demselben Erfolg zu erziehen, wie sein Vater ihn und seine Brüder erzogen hatte, damals, im gemischten Viertel von Minneapolis.

4

Unser Mann aus Hollywood ist natürlich nicht der Erste, der diese Erkenntnis hat. Vermutlich wissen Sie, wovon er spricht: Wenn es um Erziehung geht, ist mehr Geld nicht unbedingt besser.

Natürlich ist es schwierig, Kinder zu erziehen, wenn man kein Geld hat – gar keine Frage. Armut ist anstrengend und belastend. Wer zwei Jobs braucht, um über die Runden zu kommen, hat abends nicht mehr die Kraft, den Kindern vor dem Zubettgehen noch eine Gutenachtgeschichte vorzulesen. Für alleinerziehende Mütter oder Väter, die Miete zahlen, ihre Kinder ernähren und anziehen und jeden Tag eine lange Fahrt zu einer körperlich anstrengenden Arbeit auf sich nehmen müssen, ist es nicht einfach, ihren Kindern jeden Tag die liebevolle Zuwendung, Aufmerksamkeit und Disziplin zu schenken, die ein gesundes Zuhause ausmachen.

Aber niemand würde behaupten, dass Sie mit mehr Geld automatisch zu besseren Eltern werden. Wenn Sie eine Grafik zeichnen sollten, auf der Sie den Zusammenhang zwischen Erziehung und Geld darstellen, dann würde die nicht so aussehen:

Geld erleichtert die Erziehung nur bis zu einem gewissen Punkt, darüber hinaus bewirkt es kaum noch etwas. Aber wo genau liegt dieser Punkt? Glücksforscher gehen davon aus, dass Geld ab einem Familien-

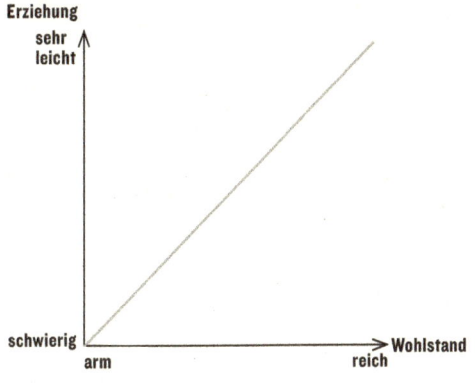

einkommen von 75 000 Dollar pro Jahr nicht mehr glücklicher macht.[19] Danach greift das »Gesetz des abnehmenden Ertragszuwachses«, wie Wirtschaftswissenschaftler es nennen, und die Vorzüge sind immer weniger spürbar. Wenn Ihre Familie 75 000 Dollar pro Jahr verdient und Ihre Nachbarn 100 000, dann können diese sich mit den zusätzlichen 25 000 Dollar vielleicht ein größeres Auto leisten und öfter essen gehen. Aber deshalb sind Ihre Nachbarn weder glücklicher noch besser in der Lage, die vielen großen und kleinen Dinge zu tun, die gute Eltern ausmachen. Der Zusammenhang zwischen Erziehung und Geld sieht also eher so aus:

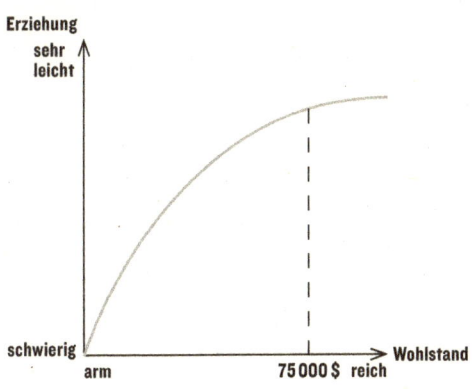

Doch auch diese Kurve erzählt noch nicht die ganze Geschichte. Denn wenn das Einkommen weiter steigt, wird die Erziehung plötzlich wieder schwieriger. Die meisten Menschen erziehen ihre Kinder in einer Welt, in der noch dieselben Werte gelten wie in der Welt, in der sie selbst groß geworden sind. Auf Menschen, die sehr reich geworden sind, trifft dies jedoch nicht zu. Der Psychologe James Grubman bezeichnet Millionäre der ersten Generation daher als »Einwanderer in der Welt der Reichen« – diese Metapher deutet an, dass sie vor denselben Problemen stehen wie Einwanderer in einem neuen Land. Ein Mann wie unser Hollywoodmogul wuchs in der alten Welt der unteren Mittelschicht auf, in der Mangel ein wichtiger Motor und Lehrer war. Sein Vater brachte ihm den Wert des Geldes und die Tugenden der Unabhängigkeit und der Arbeit bei. Doch seine Kinder leben in der neuen Welt der Reichen, in der andere, verwirrende Regeln gelten. Wie soll er seinen Kindern beibringen, hart zu arbeiten, unabhängig zu sein und den Wert des Geldes zu schätzen? Kindern, die auf Schritt und Tritt erfahren, dass sie nie hart arbeiten, unabhängig sein und den Wert des Geldes schätzen müssen? Aus diesem Grund kennen viele Kulturen in aller Welt Sprichwörter, um die Schwierigkeit zu beschreiben, Kinder in einem reichen Umfeld zu erziehen. Die Amerikaner sagen: *shirt-sleeves to shirt-sleeves in three generations* (»von Hemdsärmeln zu Hemdsärmeln in drei Generationen«). In Italien heißt es: *dalle stalle alle stalle* (»von den Sternen zum Stall«), und in Spanien: *quien no lo tiene, lo hace; quien lo tiene, lo deshace* (»wer nicht hat, macht, und wer hat, macht kaputt«). Wohlstand trägt die Saat der eigenen Zerstörung.

»Eltern müssen ihren Kindern Grenzen aufzeigen«, sagt Grubman. »Aber den Einwanderern in der Welt der Reichen fällt das besonders schwer, denn sie wissen nicht, was sie sagen sollen, wenn die Entschuldigung, ›das können wir uns nicht leisten‹, wegfällt. Sie können ja schlecht sagen, ›das können wir uns nicht leisten‹, denn ihre Kinder werden antworten: ›Aber du hast einen Porsche und Mama einen Maserati.‹ Sie müssen lernen, von ›das können wir uns nicht leisten‹ umzuschalten auf ›das wollen wir uns nicht leisten‹.«

Aber »das wollen wir uns nicht leisten« ist natürlich viel schwerer. »Wir können nicht« ist einfach. Es reicht völlig aus, wenn Eltern das ein oder zwei Mal sagen. Ein Kind aus einer Familie der Mittelschicht lernt schnell, dass es sinnlos ist, sich ein Pony zu wünschen, denn es wird nie ein Pony bekommen.

»Wir wollen kein Pony« erfordert dagegen eine Diskussion, Ehrlichkeit und Geschick, denn nun müssen die Eltern erklären, dass das Mögliche nicht immer wünschenswert ist. »Wenn ich dieses Szenario mit reichen Eltern durchspreche, wissen sie oft nicht, was sie ihren Kindern antworten sollen«, berichtet Grubman. »Sie müssen lernen, zu sagen: ›Ja, das könnte ich dir kaufen. Aber ich werde es dir nicht kaufen. Es steht im Widerspruch zu meinen Werten.‹« Was natürlich voraussetzt, dass man Werte hat, sie in Worte fassen und dem Kind vermitteln kann. Das ist nie einfach, aber es wird nicht leichter, wenn man einen Ferrari, einen Privatjet und einen Palast in Beverley Hills hat.

Unser Mann aus Hollywood hat eindeutig zu viel Geld. Für ihn als Vater ist das ein Problem. Er hat den Punkt längst überschritten, an dem Geld eine bessere Erziehung ermöglicht und an dem Geld überhaupt noch eine Rolle spielt. Er war an einem Punkt angelangt, an dem Geld bei der Erziehung normaler und gut angepasster Kinder ein echtes Problem darstellt. Deshalb sieht der Zusammenhang zwischen Erziehung und Geld in Wirklichkeit eher so aus:

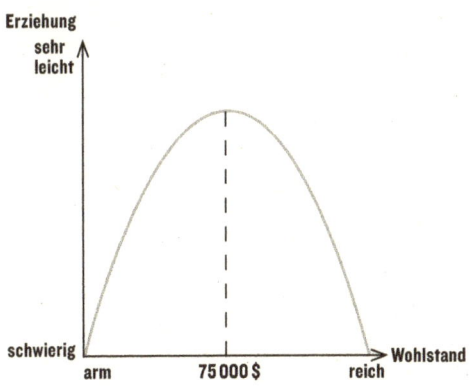

Das ist eine umgekehrte Parabel. Diese umgekehrten Parabeln sind schwer zu verstehen und stecken voller Überraschungen. Wenn es uns oft schwerfällt, die Vorteile des materiellen Wohlstands richtig einzuschätzen, dann liegt das daran, dass wir nicht immer erkennen, wann wir uns der Welt der umgekehrten Parabel befinden.[20]

Was uns wieder zur Frage der Klassenstärke zurückbringt. Was wäre, wenn das Verhältnis zwischen der Anzahl der Kinder in einer Klasse und der schulischen Leistung dieser Kinder nicht so aussieht:

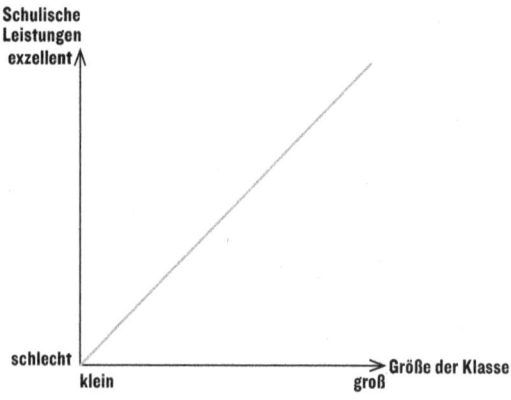

Und auch nicht so:

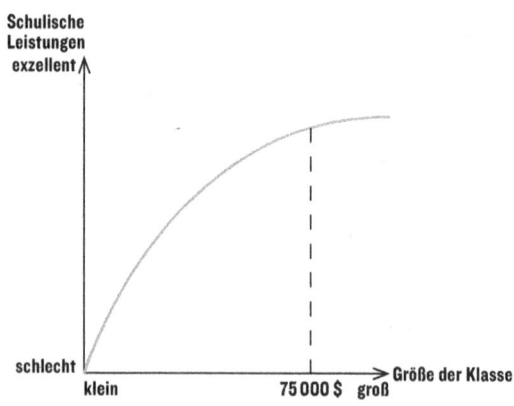

Sondern so?

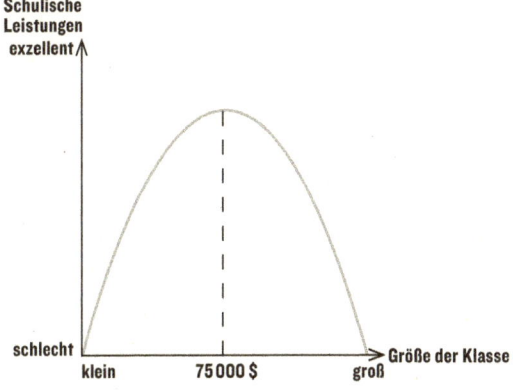

Teresa DeBrito ist die Direktorin der Shepaug Valley Middle School. In den fünf Jahren, seit sie die Schulleitung übernommen hat, ist die Zahl der Schüler Jahr für Jahr zurückgegangen. Die Eltern könnte das freuen. Doch DeBrito hat eher die dritte Kurve im Auge: »In ein paar Jahren werden pro Jahrgang weniger als 50 Kinder von der Grund- auf die Mittelschule wechseln. Wir werden zu kämpfen haben.«

5

Umgekehrte Parabeln durchlaufen drei Phasen, von denen jede ihrer eigenen Logik folgt.[21] Auf der linken Seite sorgen zusätzlicher Einsatz und zusätzliche Ressourcen für Verbesserungen. In der Mitte bringt weiterer Aufwand nicht viel mehr. Und auf der rechten Seite sorgen weiterer Einsatz und neue Ressourcen sogar für eine Verschlechterung.[22]

Aus dieser Sicht erscheint das Rätsel der Klassenstärke deutlich weniger rätselhaft. Die Zahl der Schüler in einer Klasse wirkt sich ungefähr so aus wie das Einkommen der Eltern: Es hängt ganz davon ab, an welchem Punkt der Kurve wir uns befinden. Das israelische Schulsystem ging in der Vergangenheit beispielsweise nach der »Maimonides-Regel« vor, benannt nach einem Rabbi des 12. Jahrhunderts, der erklärte, eine Klasse sollte nicht mehr als 40 Kinder haben. Das heißt umgekehrt, dass in israelischen Grundschulklassen oft deutlich mehr als 30 Kinder sitzen. Wenn man die schulische Leistung einer Klasse mit 35 Kindern mit einem Jahrgang von 42 Kindern vergleichen würde, der auf zwei Klassen von 21 Kindern aufgeteilt wurde, dann würde man feststellen, dass die zweite Gruppe bessere Leistungen bringt. Das ist nicht weiter schwer nachzuvollziehen: Eine Klasse mit 35 Kindern stellt jeden Lehrer vor eine echte Herausforderung. Israel befindet sich also auf der linken Seite der Ertragskurve.[23]

Blicken wir wieder nach Connecticut. In den von Hoxby untersuchten Schulen hatten die meisten Klassen zwischen 18 und 25 Kindern. Wenn Hoxby in ihrer Untersuchung schreibt, sie habe keinen Zusammenhang zwischen einer Reduzierung der Klassenstärken und der schulischen Leistung der Kinder feststellen können, dann heißt das, dass diese Maßnahme in diesem mittleren Bereich nicht mehr greift. Irgendwo zwischen Israel und Connecticut erreichen die Auswirkungen der Klassenstärke also die zweite Phase der Kurve und gehen in den flachen mittleren Abschnitt über, in dem sich zusätzliche Ressourcen nicht mehr in bessere schulische Leistungen übersetzen.

Warum gibt es keinen Unterschied zwischen einer Klasse mit 25 und einer mit 18 Kindern? Die kleinere Klasse ist zweifelsohne besser für die Lehrer: Sie müssen weniger Hausaufgaben korrigieren und sich auf weniger Kinder konzentrieren. Aber die kleinere Gruppe bringt nur dann bessere Leistungen, wenn die Lehrer angesichts der geringeren Arbeitsbelastung ihren Unterrichtsstil ändern. Es deutet jedoch alles darauf hin, dass Lehrer dies nicht tun, sondern einfach weniger arbeiten. Das ist nur allzu menschlich. Stellen Sie sich vor, Sie sind Arzt und erfahren plötzlich, dass Sie an einem Freitagnachmittag nicht 25, sondern nur 20 Patienten behandeln sollen und trotzdem dasselbe verdienen. Würden Sie sich jetzt mehr Zeit für jeden Patienten nehmen? Oder würden Sie lieber eine Stunde eher nach Hause gehen, um mit Ihren Kindern zu Abend zu essen?

Damit kommen wir zur entscheidenden Frage: Können Klassen auch zu klein werden, genau so wie Eltern zu viel Geld verdienen können? In einer Umfrage habe ich Lehrern in den Vereinigten Staaten und Kanada diese Frage gestellt, und fast alle stimmten zu. Dies war eine typische Antwort:

» Meine Lieblingsgröße ist 18. Bei 18 Kindern muss sich keins verwundbar fühlen, aber alle können das Gefühl haben, wichtig zu sein. 18 Kinder lassen sich wunderbar auf Zweier-, Dreier- oder Sechsergruppen aufteilen, in denen man verschiedene Grade der Intimität herstellen kann. Bei 18 Kindern kann ich mich auch um ein Kind allein kümmern, wenn das nötig wird. 24 ist auch nicht schlecht. Die zusätzlichen sechs Kinder machen es wahrscheinlicher, dass es ein oder zwei Rebellen gibt, die den Status quo hinterfragen. Der Nachteil ist, dass sich die Gruppendynamik abschwächt und die Kinder leicht vom Team zum Publikum werden. Mit sechs weiteren Kindern ist man dann bei 30, und die Gruppendynamik ist so schwach, dass es selbst charismatischen Lehrern schwerfällt, jedes Mal das Feuer zu entzünden. «

Aber wie sieht es in der Gegenrichtung aus? Wenn man von 18 Kindern 6 abzieht, ist man beim letzten Abendmahl angekommen. Und genau das ist das Problem: Zwölf Kinder passen um einen großen Esstisch herum, und das ist vielen zu intim, vor allem an Tagen, an denen sie ihre Autonomie wahren wollen. Diese Gruppen werden leicht von Großsprechern oder Rüpeln dominiert, und das könnte allzu oft auch die Lehrkraft selbst sein. Und wenn wir bei sechs Kindern angekommen sind, gibt es überhaupt keine Möglichkeit mehr, sich zu verstecken, und die bereichernde Vielfalt an Gedanken und Erfahrungen geht fast völlig verloren.

Eine kleine Klasse bringt für Lehrer also oft genauso große Schwierigkeiten mit sich wie eine große. Bei großen Klassen ist das Problem die Vielzahl der potenziellen Interaktionen, bei kleinen ist es deren Intensität. Oder wie mir eine andere Lehrerin schrieb: »Wenn eine Klasse zu klein wird, benehmen sich die Kinder wie Geschwister auf der Rück-bank des Autos. Es gibt einfach keine Möglichkeit, die Streithähne aus-einanderzuhalten.«

Ein anderer Lehrer, der kürzlich schlechte Erfahrungen mit einer 32-köpfigen Klasse gemacht hatte, schrieb: »Wenn ich vor einer derart großen Klasse stehe, denke ich spontan: ›Jedes Mal, wenn es etwas zu korrigieren gibt, sitze ich Stunden hier in der Schule herum und kann nicht zu Hause bei meinen Kindern sein.‹« Aber eine Gruppe von we-niger als 20 Kindern möchte er auch nicht unterrichten:

» Der Unterricht wird nur richtig lebendig durch die Diskussion, aber um die in Gang zu bringen, ist eine bestimmte kritische Masse nötig. Ich unterrichte zurzeit eine Klasse, die grundsätzlich nichts diskutie-ren will, und das kann ganz schön anstrengend sein. Wenn die Klassen zu klein sind, leidet die Diskussion. Das klingt paradox, denn man soll-te doch eigentlich meinen, dass stille Kinder, die sich nicht trauen, vor 32 Klassenkameraden den Mund aufzumachen, vor 16 Kindern weni-ger Hemmungen haben. Aber das hat sich zumindest in meiner Erfah-rung nicht bestätigt. Stille Kinder sind still, egal wie groß die Gruppe ist. Aber wenn die Gruppe zu klein wird, gibt es oft zu wenig unter-schiedliche Meinungen, um eine Diskussion in Gang zu bringen. Das hat mit der Dynamik zu tun, auch wenn das schwer zu beschreiben ist. Eine kleine Gruppe hat nicht die Dynamik, die aus der Reibung zwi-schen den Kindern entsteht. «

Und wie sieht es in wirklich kleinen Klassen aus? Sie werden staunen.

» In der zwölften Klasse hatte ich einen Französischkurs mit neun Schülern. Das klingt wie ein Traum, oder? Es war ein Alptraum! Man bekommt in der Zielsprache einfach kein Gespräch und keine Diskus-sion mehr in Gang. Vokabel- oder Grammatikspiele sind kaum mög-lich. Dazu fehlt einfach der Schwung. «

Der Wirtschaftswissenschaftler Jesse Levin hat faszinierende Untersuchungen mit niederländischen Schulkindern durchgeführt.[24] Er ermittelte für jedes Kind, wie viele seiner Klassenkameraden sich mehr oder weniger auf demselben Niveau befanden, und stellte dabei fest, dass es einen erstaunlichen Zusammenhang zwischen der Zahl dieser gleich leistungsstarken Kinder und der schulischen Leistung gab, vor allem bei Kindern am unteren Ende der Skala.[25] Das heißt, vor allem schlechte Schüler sind darauf angewiesen, dass andere Kinder mehr oder weniger dieselben Fragen stellen, sich mit denselben Schwierigkeiten herumschlagen und dieselben Sorgen haben, um sich nicht ausgeschlossen und dumm fühlen zu müssen.

Und genau hier liegt nach Ansicht von Levin das Problem sehr kleiner Klassen. Wenn die Klassen zu klein werden, ist die Wahrscheinlichkeit gering, dass die Kinder von einer kritischen Masse von Kindern mit denselben Bedürfnissen umgeben sind. Wird die Reduzierung der Klassenstärken zu weit getrieben, kann es passieren, »dass den schlechten Schülern die Klassenkameraden abhandenkommen, von denen sie lernen könnten«.

Verstehen Sie jetzt, warum Teresa DeBrito sich Sorgen um die Mittelschule von Shepaug Valley machte? In der Mittelschule befinden sich die Kinder in einem Alter, in dem sie den schwierigen Schritt vom Kind zum Jugendlichen machten. Sie sind unsicher, gehemmt und wollen auf keinen Fall aus der Masse hervorstechen. Diese Kinder zu einer Form des Mitmachens zu bewegen, die über eine bloße Frage- und-Antwort-Runde mit der Lehrkraft hinausgeht, »kann sein wie Zähneziehen«, meint DeBrito. Sie wünscht sich viele interessante und unterschiedliche Stimmen im Unterricht, und die Begeisterung, die entsteht, wenn eine kritische Masse von Kindern sich mit derselben Frage auseinandersetzt. Aber wie schafft man das in einem halb leeren Klassenzimmer? »Je mehr Schüler, umso vielfältiger die Diskussionen«, so DeBrito. »Wenn die Gruppe zu klein wird, dann bekommen Kinder in diesem Alter den Mund nicht auf.« Sie spricht es zwar nicht aus, doch man kann sie fast denken hören, dass sie nicht allzu traurig wäre, wenn auf die idyllische Wiese neben ihrer Schule ein riesiger Anbau gesetzt werden müsste.

»Ich habe an der Mittelschule von Meriden als Mathematiklehrerin angefangen«, erzählt DeBrito. In Meriden, das ebenfalls in Connecticut liegt, überwiegen Angehörige der Unter- und Mittelschicht. »In meiner größten Klasse hatte ich 29 Kinder.« Sie berichtet, wie schwer es war, so viele Kinder kennenzulernen und auf sie einzugehen. »Sie brauchen Augen im Hinterkopf. Sie müssen hören, was anderswo los ist, während sie mit einer Kleingruppe arbeiten. Bei so vielen Schülern müssen Sie absolut präsent sein, wenn Sie mitbekommen wollen, dass sich die Kinder in der hintersten Ecke über alles Mögliche unterhalten, nur nicht über die Aufgaben, die sie gerade machen sollen.«

Aber dann gesteht sie: Es war eine ihrer Lieblingsklassen. Für eine Lehrerin, die 12- und 13-jährigen Kindern Mathematik beibringen soll, besteht die größte Herausforderung darin, den Stoff spannend zu machen – und bei 29 Kindern war definitiv für Spannung gesorgt. »Es gab so viele Klassenkameraden, mit denen sie sich austauschen konnten. Sie mussten nicht immer mit derselben Gruppe zusammenarbeiten. Es gab mehr Möglichkeiten, unterschiedliche Erfahrungen zu machen. Und das ist genau das Thema: Was kann man tun, um den Unterricht aufzulockern und die Kinder einzubeziehen, damit sie nicht nur passiv dasitzen?«

Würde sie sich wünschen, dass jede Klasse der Mittelschule von Shepaug Valley 29 Schüler hätte? Das vielleicht nicht. DeBrito ist klar, dass sie mit ihrem Wunsch aus der Reihe fällt und dass sich die meisten Lehrer kleinere Klassen wünschen. Sie möchte nur darauf hinweisen, dass wir in unserer Diskussion um Klassenstärken nur noch darüber reden, was an kleinen Klassen gut ist, und darüber vergessen haben, was an großen Klassen besser ist. Ist es nicht eine sonderbare Bildungsphilosophie, wenn wir die Mitschüler unserer Kinder nur noch als Konkurrenten um die Aufmerksamkeit der Lehrer begreifen und nicht als Verbündete im Abenteuer des Lernens? Wenn sie an dieses Jahr in Meriden zurückdenkt, bekommt DeBrito leuchtende Augen. »Ich mag den Lärm. Ich höre es gern, wenn Kinder miteinander lernen. Es hat Spaß gemacht.«

6

Eine halbe Stunde von Shepaug Valley entfernt, in einer Ortschaft namens Lakeville, befindet sich eine Schule namens Hotchkiss. Die Schule gilt als eines der besten privaten Internate der Vereinigten Staaten. Die Eltern zahlen pro Jahr Schulgebühren in Höhe von 50 000 Dollar. Die Schule hat zwei Seen, zwei Eishockeyplätze, vier Teleskope, einen Golfplatz und zwölf Klaviere. Das sind nebenbei bemerkt natürlich nicht irgendwelche Klaviere, sondern Steinways, die zu den teuersten Klavieren der Welt zählen.[26] In Hotchkiss wird nicht an der Bildung der Kinder gespart. Die Klassen haben im Durchschnitt 12 Schüler. Das Lernumfeld, das DeBrito fürchtet, wird in Hotchkiss als größtes Plus verkauft. »Wir bieten ein intimes, interaktives und exklusives Lernumfeld«, erklärt die Schule stolz.

Aber warum bietet eine Schule wie Hotchkiss etwas, das den Schülern so offensichtlich schadet? Vielleicht liegt es daran, dass die Schule nicht an ihre Schüler denkt. Sie denkt an die Eltern, und für die sind der Golfplatz, die Steinways und die intimen Klassen der beste Beweis, dass sie ihre 50 000 Dollar gut angelegt haben. Vielleicht liegt es auch daran, dass die Philosophie von Hotchkiss überhaupt nichts mit Bildung zu tun hat. Grund ist vielmehr die Falle, in die reiche Menschen, reiche Einrichtungen und reiche Länder allzu oft tappen: Sie nehmen an, dass die Dinge, die sie sich als Reiche leisten können, automatisch einen Vorteil darstellen. Das stimmt natürlich nicht. Das ist die Lektion der umgekehrten Parabel: Es ist ein Vorteil, größer und stärker zu sein als der Gegner. Aber es ist kein Vorteil mehr, wenn man so groß und so stark ist, dass man leichte Beute für einen Stein wird, der mit 120 Kilometern pro Stunde geschleudert wird. Goliath verlor den Zweikampf, weil er zu groß war. Der Hollywoodmogul zweifelt an seinen Vaterqualitäten, weil er zu reich ist. Hotchkiss ist nicht die Schule, die sie sein will, weil ihre Klassen zu klein sind. Wir nehmen an, dass es in unserem Interesse ist, größer, stärker und reicher zu sein. Vivek Ranadivé, ein Hirtenjunge namens David und die Direktorin der Mittelschule von Shepaug Valley würden uns da entschieden widersprechen.

KAPITEL 3

Wenn ich mich für die Universität von Maryland entschieden hätte, dann wäre ich heute Naturwissenschaftlerin.

Caroline Sacks

I

Vor 150 Jahren war Paris der Nabel der Kunstwelt. Damals traf sich jeden Abend eine Gruppe von Künstlern im Café Guerbois im Quartier des Batignolles. Rädelsführer war ein gewisser Édouard Manet, einer der ältesten und etabliertesten der Gruppe – ein gut aussehender und geselliger Mittdreißiger, der sich nach der neuesten Mode kleidete und die Menschen in seiner Umgebung mit seiner Energie und seinem Humor einnahm. Manets bester Freund war Edgar Degas. Er war einer der wenigen, die es an Wortgewandtheit mit Manet aufnehmen konnten. Die beiden hatten ein feuriges Temperament, eine scharfe Zunge und gerieten sich gelegentlich in die Haare. Paul Cézanne, ein groß gewachsener und mürrischer Mann, brütete in seiner Ecke. Statt eines Gürtels trug er einen Strick um den Bauch. »Heute gebe ich dir lieber nicht die Hand«, sagte er einmal zu Manet. »Ich habe mich seit acht Tagen nicht gewaschen.« Claude Monet war ein egozentrischer Dickkopf, doch als Sohn eines Krämers konnte er mit den anderen in Sachen Bildung nicht mithalten. Sein bester Freund war Auguste Renoir, ein »lässiger Bursche«, der in den vielen Jahren ihrer Freundschaft ganze elf Porträts von Monet malte. Das Gewissen der Gruppe war Camille Pissarro, ein leidenschaftlich politischer, loyaler und prinzipientreuer Mann. Selbst der grantige Einzelgänger Cézanne mochte Pissarro und bezeichnet sich noch Jahre später als »Cézanne, Schüler von Pissarro«.[27]

Gemeinsam sollten diese außergewöhnlichen Maler als Begründer des Impressionismus und Erfinder der modernen Kunst in die Geschichte eingehen. Sie malten einander, sie malten miteinander, sie unterstützten einander emotional und finanziell, und heute hängen ihre Bilder in jedem wichtigen Kunstmuseum der Welt. Doch in den 1860er Jahren ging es ihnen schlecht. Monet war pleite. Renoir musste ihm einmal Brot bringen, damit er nicht verhungerte. Nicht dass es Renoir besser gegangen wäre – er hatte nicht einmal genug Geld, um Farben zu kaufen. Kaum ein Händler interessierte sich für ihre Bilder. Wenn einer aus der Schar der Kunstkritiker, die das Paris der 1860er Jahre bevölkerte, die Impressionisten überhaupt erwähnte, dann meist nur, um über sie herzuziehen. Manet und seine Freunde saßen im düsteren Café Guerbois mit seinen Marmortischchen und wackeligen Stühlen, tranken, aßen und diskutierten über Politik, Literatur, Kunst und vor allem über ihre Zukunft. Denn die Impressionisten rangen vor allem mit einer großen Frage: Was sollten sie nur mit dem Salon machen?

Im kulturellen Leben der damaligen Zeit spielte die bildende Kunst eine zentrale Rolle. Im Frankreich des 19. Jahrhunderts war die Malerei ein Beruf, genau wie Medizin oder Jura. Ein angehender Maler studierte an der Ecole des Beaux Arts, der Schule für die Schönen Künste in Paris, die dem Kultusministerium unterstand. Dort erhielt er eine strenge und formale Ausbildung, die mit dem Abzeichnen von großen Meistern begann und mit dem Malen von Aktmodellen endete. Nach jeder Ausbildungsstufe fanden Wettbewerbe statt, in denen die Schlechtesten aussortiert und die besten mit Preisen und Stipendien ausgezeichnet wurden. Der Höhepunkt des rigorosen Auswahlverfahrens war jedoch der Salon, die wichtigste Kunstausstellung in ganz Europa.

Jedes Jahr reichten die französischen Maler zwei oder drei ihrer besten Gemälde bei einer Jury ein. Abgabetermin war der 1. April. Künstler aus aller Welt karrten ihre Bilder in Handwagen über das Pflaster von Paris zum Palais de l'Industrie, einer Ausstellungshalle, die anlässlich der Pariser Weltausstellung des Jahres 1855 zwischen der Seine und dem Champs Élysées errichtet worden war. Im Laufe der kommenden Wochen fällten die Experten ihr Urteil über jedes einzelne Gemälde. Auf die Bilder, die als unannehmbar galten, wurde ein rotes R gestempelt: rejeté, abgelehnt. Die angenommenen Bilder wurden im Palais aufgehängt. In der sechswöchigen Ausstellung, die Anfang Mai begann, schoben sich bis zu einer Million Besucher durch die Räume, um sich vor den Werken der bekanntesten Künstler zu drängen und sich über die Bilder, die ihnen nicht gefielen, lustig zu machen. Die besten Gemälde wurden mit einer Medaille ausgezeichnet. Die Prämierten wurden hofiert, die Preise für ihre Gemälde explodierten. Die Übrigen schlichen sich nach Hause und machten sich wieder an die Arbeit.

»In ganz Paris gibt es keine 15 Kunstliebhaber, die ein Gemälde zu schätzen vermögen, das nicht das Siegel des Salons hat«, sagte Renoir einmal. »Aber es gibt 80 000, die nicht einmal eine Nase von einem Maler kaufen würden, der nicht im Salon gezeigt wurde.« Der Salon machte Renoir derart nervös, dass er eines Tages während des Auswahlverfahrens der Jury zum Industriepalast ging und draußen wartete, in der Hoffnung, einen Hinweis zu erhaschen, ob eines seiner Bilder angenommen worden war. Schließlich verließ ihn jedoch der Mut, und er stellte sich als »Freund von Renoir« vor. Frédéric Bazille, ebenfalls Stammgast im Café Guerbois, bekannte einmal: »Ich habe furchtbare Angst davor, abgelehnt zu werden.« Und als es Jules Holtzapffel im Jahr 1866 nicht gelang, in den Salon zu kommen, jagte er sich eine Kugel in den Kopf. »Die Mitglieder der Jury haben mich abgewiesen. Das heißt, dass ich kein Talent habe. Deshalb muss ich sterben«, schrieb er in seinem Abschiedsbrief. Für einen Maler im Frankreich des 19. Jahrhunderts war der Salon alles. Und genau deshalb war er ein solches Streitthema für die Impressionisten, deren Bilder wieder und wieder von der Jury abgelehnt wurden.

Der Salon war eine konservative Einrichtung. »Die Bilder mussten bis ins winzigste Detail ausgearbeitet und formal gerahmt sein, sie mussten perspektivisch gemalt sein und sich an die bekannten künstlerischen Konventionen halten«, schreibt die Kunsthistorikerin Sue Roe.[28] »Licht bedeutete Spannung, Dunkelheit Würde. In narrativen Gemälden musste die Szene außerdem eine moralisch genehme Botschaft vermitteln. Ein Nachmittag im Salon war wie ein Besuch in der Oper: Das Publikum erwartete Unterhaltung und Erbauung. Die meisten wussten, was ihnen gefiel, und wollten das sehen, was sie kannten.« Die prämierten Gemälde waren riesige, akribische Darstellungen von Szenen aus der französischen Geschichte oder der Mythologie, mit Pferden, Soldaten oder schönen Frauen und Titeln wie *Abschied eines Soldaten, Junge Frau, die über einem Brief weint* oder *Verlassene Unschuld.*

Die Impressionisten hatten eine ganz andere Vorstellung von Kunst. Sie zeigten den Alltag, malten mit grobem Pinselstrich und ließen ihre Figuren unscharf. In den Augen der Jury und der Massen, die durch die Ausstellung strömten, wirkten ihre Bilder stümperhaft und anstößig. Zur Überraschung aller akzeptierte der Salon im Jahr 1865 ein Gemälde von Manet, das eine Prostituierte namens Olympia zeigte. Das Bild versetzte ganz Paris in Aufruhr. Neben dem Bild mussten Wachen aufgestellt werden, um die Besucher an Ausschreitungen zu hindern. »Das Bild provozierte eine Mischung aus Hysterie und Angst«, schreibt der Historiker Ross King.[29] »Einige Besucher brachen mit Lachanfällen zusammen, während andere, vor allem Frauen, schockiert den Blick abwandten.« Im Jahr 1868 gelang es Renoir, Bazille und Monet, mit ihren Bildern in den Salon zu kommen. Nach der Hälfte der sechs Wochen wurde die Ausstellung allerdings umgebaut und ihre Bilder wurden in eine Nebengalerie verbannt, das sogenannte *dépotoir*, also die Müllhalde. Das war fast so schlimm, als wären ihre Bilder nie gezeigt worden.

Der Salon war die wichtigste Kunstausstellung der Welt, da waren sich die Maler im Café Guerbois einig. Doch die Impressionisten steckten in einer Zwickmühle, denn wenn sie am Salon teilnehmen wollten, mussten sie einen hohen Preis zahlen: Sie mussten Dinge malen, die ihnen bedeutungslos erschienen, und liefen Gefahr, in der Masse unterzugehen. War es das wirklich wert? Abend für Abend diskutierten sie darüber, ob sie weiter die Klinken des Salons putzen oder ob sie auf eigene Faust eine Ausstellung organisieren sollten. Was wollten sie lieber sein: ein kleiner Fisch in einem großen Teich des Salons oder ein großer Fisch in einem kleinen Teich, den sie sich selbst wählten?

Schließlich trafen die Impressionisten die richtige Entscheidung, und das ist einer der Gründe, warum ihre Bilder heute in allen großen Museen der Welt hängen. Vor dieser Zwickmühle stehen wir auch in unserem eigenen Leben immer wieder. Leider entscheiden wir uns nicht immer so weise wie die Impressionisten. Die umgekehrte Parabel erinnert uns daran, dass es einen Punkt gibt, ab dem mehr Geld und mehr Ressourcen keine Verbesserungen mehr bringen, sondern eine Verschlechterung bedeuten. Die Geschichte der Impressionisten erinnert uns an ein zweites, verwandtes Problem. Wir wollen das Beste und glauben, alles hänge davon ab, dass wir in die besten Einrichtungen kommen. Anders als die Impressionisten übersehen wir dabei oft, dass die vermeintlich besten Einrichtungen nicht unbedingt das Beste für uns sind. Dafür gibt es zahlreiche Beispiele, doch selten können die Auswirkungen so dramatisch sein wie bei der Wahl der richtigen Universität.

2

Caroline Sacks[30] wuchs am äußeren Rand des Stadtgebiets von Washington, DC, auf und ging dort auf eine staatliche Schule. Ihre Mutter ist Buchhalterin und ihr Vater Angestellter eines Technologieunternehmens. Als Kind sang sie im Kirchenchor und schrieb und malte gern. Aber was sie wirklich begeisterte, waren die Naturwissenschaften.

»Ich bin mit Lupe und Skizzenblock im Gras herumgekrochen, um Insekten zu verfolgen und sie zu zeichnen«, erzählt Sacks. Die intelligente und wortgewandte junge Frau ist erfrischend ehrlich und direkt. »Käfer waren mein Ding. Und Haie. Eine Zeit lang habe ich gedacht, ich werde Tierärztin oder Meeresbiologin. Mein großes Vorbild war Eugenie Clark, die erste Taucherin. Sie ist in New York in einer Einwandererfamilie groß geworden und war schließlich die Beste auf ihrem Gebiet, obwohl sie sich immer wieder anhören musste, ›Oh, du bist eine Frau, du kannst doch nicht im offenen Meer tauchen‹. Ich fand sie toll. Mein Vater hat sie kennengelernt und mir ein Foto mit Autogramm mitgebracht. Darüber habe ich mich riesig gefreut. Die Naturwissenschaften waren immer irgendwie ein Teil von mir.«

In der Schule hatte Sacks nie Probleme, sie war immer Klassenbeste. Noch während ihrer Schulzeit belegte sie an einem nahe gelegenen College einen Kurs in Politikwissenschaften und an einem Community College einen Kurs in Analysis. Beide Kurse schloss sie mit Bestnote ab, genau wie jedes ihrer Schulfächer. Auch aus ihren studienvorbereitenden Kursen brachte sie nur Einsen mit nach Hause.

Im Sommer vor ihrem Abschlussjahr an der High School unternahm sie mit ihrem Vater eine Blitztour durch einige der wichtigsten Universitäten der Ostküste. »In drei Tagen haben wir fünf Universitäten abgeklappert«, erinnert sie sich. »Wesleyan, Brown, Providence College, Boston College und Yale. Wesleyan war nett, aber klein. Yale war cool, aber dafür war ich definitiv nicht der Typ.« Aber sie verliebte sich in die Brown University in Providence, Rhode Island. Brown ist eine kleine, exklusive Universität, die auf einer kleinen Anhöhe mitten in einem Stadtteil mit Backsteinhäusern aus dem 19. Jahrhundert liegt. Es ist vielleicht der schönste Campus der ganzen Vereinigten Staaten. Sacks schickte eine Bewerbung an Brown und sicherheitshalber auch eine an die University of Maryland. Einen Monat später bekam sie einen Brief aus Providence: Sie hatte einen Studienplatz bekommen.

»Irgendwie hatte ich erwartet, dass an der Brown University alle reich und intelligent waren«, erinnert sie sich. »Aber als ich ankam, waren alle genauso wie ich – neugierig, nervös, aufgeregt und unsicher, ob sie Freunde finden würden. Das hat mir Mut gemacht.« Die Auswahl der Kurse fiel ihr nicht leicht, denn sie interessierte sich für alles. Schließlich belegte sie eine Einführung in die Chemie, Spanisch, Sprachgeschichte und einen Kurs mit dem Titel »Die botanischen Wurzeln der modernen Medizin«. Sie war im siebten Himmel.

3

Hat Caroline Sacks sich richtig entschieden? Die meisten würden das wohl vermuten. Bei ihrer Blitztour mit ihrem Vater stellte sie ihre persönliche Hitliste der Universitäten auf. Ganz oben stand die Brown University. Die University of Maryland war lediglich ihre zweite Wahl, denn sie hat nicht annähernd den Ruf von Brown. Schließlich gehört Brown zur Ivy League, sie hat mehr Ressourcen, bessere Studierende und bessere Lehrende. In den Rankings der amerikanischen Hochschulen, die jedes Jahr in der Zeitschrift *US News and World Report* veröffentlicht werden, rangiert Brown regelmäßig unter den besten zehn oder zwanzig Universitäten der Vereinigten Staaten. Die University of Maryland läuft irgendwo im Hauptfeld mit.

Aber betrachten wir die Entscheidung der jungen Frau einmal durch die Brille der Impressionisten, die über den Salon diskutierten. In ihren endlosen Debatten im Café Guerbois wurde den Malern klar, dass ihre Entscheidung zwischen dem Salon und einer eigenen Ausstellung keine Entscheidung zwischen der ersten und der zweiten Wahl war. Es handelte sich um zwei völlig unterschiedliche Optionen, von denen jede ihre Vor- und Nachteile hatte.

Der Salon hatte gewisse Ähnlichkeit mit einer Universität der Ivy League. An beiden kann man sich einen Ruf erwerben. Das Besondere sind die strengen Auswahlkriterien. Im Frankreich der 1860er Jahre gab es etwa 3000 Maler von »nationalem Rang«, von denen jeder seine zwei oder drei besten Arbeiten beim Salon einreichte, weshalb die Jury aus einem kleinen Berg von Gemälden auszuwählen hatte. Die meisten wurden abgelehnt, und wer es in die Ausstellung schaffte, konnte stolz sein. »Der Salon ist das wahre Schlachtfeld«, sagte Manet deshalb. »Daran muss man sich messen lassen.« Von allen Impressionisten war er derjenigen, der den Salon am höchsten bewertete. Der Kunstkritiker Théodore Duret, ebenfalls Stammgast im Café Guerbois, stimmt ihm zu: »Einen Schritt müssen Sie noch nehmen«, schrieb er 1874 an Pissarro. »Sie müssen der breiten Öffentlichkeit bekannt werden und von allen Kunsthändlern und -liebhabern akzeptiert werden. Ich rate ihnen sehr auszustellen; Sie müssen auf sich aufmerksam machen, der Kritik trotzen und sie für sich gewinnen, und sich einem großen Publikum stellen.«

Doch alles, was den Salon so attraktiv machte – seine strengen Auswahlkriterien und sein Renommee – machte ihn auch zu einem Problem. Der Industriepalast war nichts anderes als ein 300 Meter langer und zwei Stockwerke hoher Schuppen mit einem Glasdach. Jahr für Jahr wurden hier drei- bis viertausend Gemälde ausgestellt, die in vier Reihen vom Boden bis knapp unter die Decke hingen. Nur Bilder, die auf die einstimmige Zustimmung der Jury stießen, wurden in Augenhöhe aufgehängt. Die Bilder in der obersten Reihe waren kaum noch zu erkennen. (Renoir hing einmal sogar im *dépotoir* in der obersten Reihe.) Maler durften nicht mehr als drei Gemälde einreichen. Der Andrang war gewaltig. Der Salon war der große Teich, aber es war kaum möglich, hier mehr als ein kleiner Fisch zu sein.

Pissarro und Monet widersprachen Manet. Ihnen schien es sinnvoller, ein großer Fisch in einem kleinen Teich zu sein. Wenn sie eine eigene Ausstellung abhielten, mussten sie sich nicht in das Korsett des Salons zwängen, wo die *Olympia* als Skandal galt und Gemälde mit Soldaten und weinenden Frauen gefeiert wurden. Sie konnten malen, was sie wollten. Und sie gingen nicht in der Masse unter, denn es würde keine Massenveranstaltung werden. Im Jahr 1873 schlugen Pissarro und Monet ihren Kollegen die Gründung einer Künstlervereinigung mit dem Namen Société Anonyme Coopérative des Artistes Peintres, Sculpteurs, Graveurs vor. Es sollte keine Wettbewerbe, keine Jury und keine Preise geben. Alle Künstler sollten gleichberechtigt sein. Mit Ausnahme von Manet schlossen sich alle Impressionisten der Vereinigung an. Die Gruppe mietete für die Ausstellung das Atelier des Fotografen Nadar am Boulevard des Capucines, nicht mehr als ein paar kleine Zimmer mit rotbraunen Wänden. Die Ausstellung der Impressionisten wurde am 15. April 1874 eröffnet und dauerte einen Monat. Der Eintritt betrug einen Franc. Es wurden 165 Gemälde gezeigt, darunter drei von Cézanne, zehn von Degas, neun von Monet, fünf von Pissarro, sechs von Renoir und fünf von Alfred Sisley – ein Bruchteil dessen, was der Salon auf der anderen Seite der Stadt zeigte. Jeder konnte so viele

Gemälde zeigen, wie er wollte, und sie so aufhängen, dass die Besucher sie tatsächlich sehen konnten. »Selbst wenn die Impressionisten im Salon gezeigt wurden, gingen sie in der Masse unter«, schreiben die Kunsthistoriker Harrison und Cynthia White. »In einer unabhängigen Gruppenausstellung konnten sie die Aufmerksamkeit des Publikums gewinnen.«[31]

Insgesamt kamen 3500 Besucher. Allein am ersten Tag waren es 175, und das genügte, um die Aufmerksamkeit der Kritiker zu wecken. Allerdings fiel die Kritik nicht nur positiv aus: Der Witz machte die Runde, die Impressionisten würden eine Pistole mit Farbe laden und auf die Leinwand abfeuern. Der kleine Teich hat den Nachteil, dass er keine von allen anerkannte Einrichtung ist. Doch für seine Bewohner ist er ein anheimelnder Ort. Er bietet Gemeinschaft, Freundschaft und Unterstützung, hier werden Innovation und Individualität nicht misstrauisch beäugt. »Wir sind dabei, uns eine Nische zu schaffen«, schrieb Pissarro hoffnungsvoll an einen Freund. »Wir haben es geschafft, als Eindringlinge unsere kleine Fahne inmitten der Masse aufzustellen.« Für die Künstler bestand die Herausforderung nun darin, »weiterzumachen, ohne uns den Kopf über die Meinungen anderer zu zerbrechen«. Er hatte Recht. In ihrer kleinen Ausstellung fanden die Impressionisten eine neue Identität. Sie verspürten eine neue kreative Freiheit, und es dauerte nicht lange, bis der Rest der Kunstwelt von ihnen Notiz nahm. In der gesamten Geschichte der Kunst gibt es kaum eine wichtigere oder bekanntere Ausstellung. Wenn Sie heute die Gemälde kaufen wollten, die damals im Atelier am Boulevard des Capucines gezeigt wurden, müssten Sie mehr als eine Milliarde Dollar hinblättern.

Von den Impressionisten können wir lernen, dass es manchmal besser ist, ein großer Fisch in einem kleinen Teich zu sein als ein kleiner Fisch in einem großen Teich. Hier stellte sich heraus, dass der scheinbare Nachteil des Außenseiters gar keiner ist. Als Pissarro, Monet, Renoir und Cézanne Renommee gegen Sichtbarkeit und rigide Auswahlkriterien gegen Freiheit abwägten, kamen sie zu dem Schluss, dass der Preis des großen Teichs zu hoch war. Caroline Sacks stand vor derselben Wahl. Sie konnte ein großer Fisch an der University of Maryland werden oder ein kleiner Fisch an einer der angesehensten Universitäten der Welt. Sie entschied sich für den Salon und gegen die Dachwohnung am Boulevard des Capucines – und zahlte einen hohen Preis.

4

Die Probleme begannen im zweiten Semester, als Caroline Sacks einen Kurs in Chemie belegte. Es war ihre dritte Zwischenprüfung. Heute denkt sie, dass sie sich damals zu viele Kurse aufgebürdet hatte und nebenher zu viel unternahm. Als sie die Note sah, blieb ihr fast das Herz stehen. Sie ging zu ihrem Professor. »Er ging einige Aufgaben mit mir durch und sagte: ›Dir fehlen ein paar Grundlagen, und ich würde dir empfehlen, nicht an der Abschlussprüfung teilzunehmen und den Kurs im Herbst zu wiederholen.‹«

Das tat sie dann auch. Im dritten Semester schrieb sie sich wieder für den Kurs ein, doch das Ergebnis war kaum besser: Sie bekam eine Drei. Sie war erschüttert. »Ich hatte noch nie eine Drei bekommen«, sagt sie. »Und ich hatte den Kurs zum zweiten Mal belegt, und die meisten anderen Studierenden in dem Kurs waren im ersten Semester. Ich war ziemlich frustriert.«

Als sie sich an Brown beworben hatte, war ihr klar, dass die Universität etwas anderes war als die Schule. Sie würde nicht mehr die Klassenbeste sein, und das hatte sie auch akzeptiert. »Mir war völlig klar, egal wie viel ich lernen würde, es würde immer Leute geben, die Sachen wissen, von denen ich noch nie gehört habe. Da habe ich mir gar nichts vorgemacht.« Doch was sie in Chemie erlebte, übertraf ihre schlimmsten Vorstellungen. Die Kursteilnehmer konkurrierten miteinander. »Ich hatte echte Probleme, mit den Leuten in diesen Kursen auch nur ein Wort zu wechseln«, erzählt sie. »Sie wollten mir nicht verraten, wie sie lernten. Sie wollten mir nicht helfen, den Stoff zu verstehen, denn damit hätte ich ja einen Vorteil gehabt.«

Im vierten Semester belegte sie eine Einführung in die Organische Chemie, und es wurde alles nur noch schlimmer. Sie schaffte es einfach nicht: »Man lernt auswendig, wie ein Konzept funktioniert, und dann bekommt man ein Molekül, das man noch nie gesehen hat, und soll daraus ein anderes Molekül machen, das man auch nicht kennt. Einige Leute haben das drauf und schaffen es in fünf Minuten. Aber diese Leute sind die Ausnahme. Die haben sich das mit unglaublich viel Arbeit draufgeschafft. Ich habe so viel gelernt und es einfach nie kapiert.« Wenn der Kursleiter eine Frage stellte, gingen um sie herum die Hände hoch und sie hörte sich schweigend die genialen Antworten der anderen an. »Ich hatte das Gefühl, dass ich einfach nicht dort hingehöre.«

Eines Nachts lernte sie für eine Prüfung in Organischer Chemie. Sie fühlte sich elend und war wütend. Sie hatte keine Lust, um drei Uhr morgens zu pauken, zumal die ganze Mühe nichts zu bringen schien. »In dem Moment wusste ich, dass es sinnlos ist, weiterzumachen«, erinnert sie sich. Sie hatte genug.

Das Tragische ist nur, dass Sacks eine Leidenschaft für Naturwissenschaften hatte. Wenn sie von ihren leidvollen Erfahrungen mit der Organischen Chemie erzählt, trauert sie um all die Kurse, die sie nicht mehr belegen konnte: Physiologie, Infektionskrankheiten, Biologie, Mathematik. Im Sommer nach dem vierten Semester quälte sie sich mit ihrer Entscheidung herum: »Als Kind war ich so stolz, sagen zu können: ›Ich bin sieben Jahre alt und ich liebe Käfer! Ich studiere sie, ich informiere mich über sie, ich zeichne sie in mein Skizzenbuch, ich benenne die verschiedenen Körperteile und spreche darüber, wo sie leben und was sie tun.‹ Und später habe ich gedacht: ›Ich interessiere mich so für Menschen und den menschlichen Körper, ist das nicht toll?‹ Ich war stolz darauf, dass ich mich als Mädchen für Naturwissenschaften interessiert habe, und ich habe mich geschämt, das aufzugeben und zu sagen, ›Naja, dann mache ich eben etwas Leichteres, weil ich das hier nicht packe.‹ Eine Zeit lang habe ich nur das gesehen und hatte das Gefühl, dass ich völlig versagt habe. Das war mein Ziel, und ich habe es einfach nicht geschafft.«

Aber war es denn so wichtig, wie Sacks in Organischer Chemie abschnitt? Das war schließlich gar nicht ihr Hauptfach. Es war nur einer von vielen Kursen. Viele Studierende scheitern an Organischer Chemie. Viele Medizinstudenten belegen das Fach in den Sommerferien an einer anderen Universität, nur um sich ein ganzes Semester lang darauf vorzubereiten. Dazu kommt, dass sie Organische Chemie an einer der anspruchsvollsten Universitäten der Welt belegte. Wenn man alle Studierenden im ganzen Land zusammennimmt, die Organische Chemie belegen müssen, dann gehörte Sacks vermutlich zu den Allerbesten. Das Problem war nur, dass sich Sacks nicht mit allen Studierenden des ganzen Landes messen musste. Sie verglich sich mit ihren Kommilitonen an der Brown University. Sie war ein kleiner Fisch in einem der tiefsten Teiche des Landes, und an diesem Vergleich mit all diesen genialen Studierenden erlitt ihr Selbstbewusstsein Schiffbruch. Sie fühlte sich dumm, auch wenn sie das gar nicht war. Wow, die anderen schaffen das, sogar Leute, die am Anfang genauso wenig Ahnung hatten wie ich, aber ich kapiere es einfach nicht.

5

Was Sacks da zu spüren bekam, ist ein starkes psychologisches Phänomen: der »relative Mangel«. Diesen Begriff prägte der Soziologe Samuel Stouffer während des Zweiten Weltkriegs, als er im Auftrag der US-Streitkräfte die Moral und die Einstellungen amerikanischer Soldaten untersuchte. Im Rahmen seiner Studie befragte er eine halbe Million Männer und Frauen, um zum Beispiel herauszufinden, wie Soldaten ihre Offiziere sahen, wie schwarze Soldaten ihre Behandlung wahrnahmen oder wie sich Soldaten auf einsamen Außenposten fühlten. Eine Gruppe von Fragen stach Stouffer besonders ins Auge. Unter anderem befragte er Soldaten in der Militärpolizei und bei den Luftstreitkräften, wie gut der militärische Apparat ihrer Ansicht nach bei der Identifizierung und Beförderung fähiger Leute war.[32] Die Antworten waren eindeutig: Die Militärpolizisten sahen ihre Organisation deutlich positiver als die Flieger.

Das schien jedoch paradox, denn die Militärpolizei hatte die schlechtesten Beförderungsquoten in den gesamten Streitkräften, während die Luftstreitkräfte mit die besten hatten. Genauer gesagt waren bei den Fliegern die Aussichten, zum Offizier befördert zu werden, doppelt so gut wie bei der MP. Warum waren dann die Angehörigen der Militärpolizei zufriedener? Die Antwort war, dass sich Militärpolizisten nur mit anderen Militärpolizisten vergleichen konnten. Wer in der Militärpolizei befördert wurde, durfte sich über ein seltenes Ereignis freuen. Wer nicht befördert wurde, saß dagegen im selben Boot wie die meisten Kollegen und war deshalb nicht übermäßig unzufrieden.

»Vergleichen wir das mit einem Angehörigen der Luftstreitkräfte derselben Ausbildung und demselben Dienstalter«, schrieb Stouffer. Die Wahrscheinlichkeit, zum Offizier befördert zu werden, lag bei über 50 Prozent. »Wer befördert wurde, gehörte zur Mehrheit dieser Waffengattung, weshalb diese Leistung weniger Wert hatte als bei der Militärpolizei. Wer dagegen nicht befördert wurde, gehörte zur Minderheit und hatte mehr Grund, enttäuscht zu sein, und diese Enttäuschung äußerte sich in der Kritik an den Beförderungen.«

Wir vergleichen uns also nicht global mit dem größtmöglichen Pool, sondern lokal mit Leuten, die im gleichen Boot sitzen wie wir. Die Wahrnehmung unseres Mangels ist somit relativ. Das ist eine dieser Erkenntnisse, die auf den ersten Blick auf der Hand zu liegen scheinen, aber auf den zweiten sehr weitreichende Folgen haben. Sie erklärt alle möglichen Phänomene, die ansonsten rätselhaft blieben. Nehmen wir ein einfaches Beispiel. Welches Land hat Ihrer Ansicht nach eine höhere Selbstmordrate? Ein Land, dessen Einwohner sich selbst als glücklich bezeichnen, zum Beispiel die Schweiz, Dänemark, Island, die Niederlande oder Kanada? Oder ein Land, dessen Einwohner eher unzufrieden mit dem Leben sind, wie Griechenland, Italien, Portugal oder Spanien? Die Antwort: In den »glücklichen« Ländern nehmen sich mehr Menschen das Leben. Die Erklärung ist dieselbe wie im Fall der Militärpolizei und der Luftstreitkräfte. Wenn Sie in einem Land deprimiert sind, in dem auch die meisten anderen Menschen unzufrieden sind, dann vergleichen Sie sich mit den Menschen in Ihrer Umgebung und fühlen sich möglicherweise nicht mehr ganz so schlecht. Aber können Sie sich vorstellen, wie schwierig es sein muss, in einem Land unter Depressionen zu leiden, in dem alle mit einem breiten Dauergrinsen im Gesicht herumlaufen?[33]

Es war also nicht weiter verwunderlich, dass sich Caroline Sacks bei einem Vergleich mit den übrigen Studierenden in ihren Kursen abwertete. Es war typisch menschlich. Wir vergleichen uns mit anderen, die in demselben Boot sitzen wie wir. Nun stellen Sie sich vor, was das für die Studierenden von Eliteuniversitäten bedeutet. Die Einwohner von glücklichen Ländern begehen mit größerer Wahrscheinlichkeit Selbstmord als die Einwohner von weniger glücklichen Ländern, da sie die zufriedenen Gesichter in ihrer Umgebung sehen und einen schmerzlichen Unterschied feststellen. Und was glauben Sie, wie sich Studierende an Eliteuniversitäten fühlen, wenn sie ihre genialen Kommilitonen sehen?

Der Name dieses Phänomens ist treffenderweise »Großer-Fisch-kleiner-Teich-Effekt«. Je elitärer eine Bildungseinrichtung, desto schlechter schätzen die Studierenden ihre eigenen Fähigkeiten ein. Studierende, die in einer guten Universität zu den Besten zählen würden, gehören in einer sehr guten Universität schnell zu den Schlechtesten. Studierende, die in einer guten Universität das Gefühl haben, ihren Stoff zu beherrschen, können an einer sehr guten Universität leicht den Eindruck bekommen, dass sie immer weiter zurückfallen. So subjektiv, lächerlich und irrational dieses Gefühl sein mag – es ist das Einzige, was zählt. Die subjektive Wahrnehmung Ihrer Fähigkeiten – Ihr akademisches Selbstbild – wirkt sich auf Ihre Bereitschaft aus, schwierige Aufgaben anzugehen und sie auch abzuschließen. Sie ist der Grundstein Ihrer Motivation und Ihres Selbstbewusstseins.

Die Theorie vom großen Fisch im kleinen Teich geht auf den Bildungspsychologen Herbert Marsh zurück.[34] Nach Ansicht von Marsh gehen die meisten Eltern und Studierenden bei der Wahl ihrer Universität von völlig falschen Kriterien aus: »Viele Leute halten es für eine gute

Sache, an einer Universität mit strengen Auswahlkriterien zu studieren. Aber das stimmt so nicht.« Er erzählt: »In Sydney gibt es ein paar staatliche Eliteuniversitäten, die noch mehr Ansehen genießen als die privaten. Die Aufnahmetests sind unglaublich schwer. Während meiner Zeit in Sydney habe ich jedes Jahr, pünktlich zu den Aufnahmetests, einen Anruf vom *Morning Herald*, der größten Tageszeitung der Stadt, bekommen. Es war jedes Jahr dasselbe, und jedes Jahr sollte ich mir irgendetwas Neues einfallen lassen. Am Ende habe ich gesagt, wenn Sie Leute kennenlernen wollen, deren Ego von der Eliteuni profitiert, dann sollten sie sich mit den Eltern unterhalten, nicht mit den Studierenden.«

6

Sacks ist kein Einzelfall. Mehr als die Hälfte aller amerikanischen Studierenden, die einen naturwissenschaftlichen oder technischen Studiengang aufnehmen, brechen ihr Studium nach dem ersten oder zweiten Jahr ab. Obwohl ein naturwissenschaftlicher Abschluss in der heutigen Wirtschaftslage das beste Startkapital für junge Hochschulabsolventen ist, wechseln viele in die Geisteswissenschaften, weil hier die Anforderungen niedriger sind. Das ist einer der Gründe für den Mangel an Naturwissenschaftlern und Ingenieuren in den Vereinigten Staaten und Kanada.

Aber wer bricht das Studium ab, und warum? Sehen wir uns als Beispiel das Hartwick College im Bundesstaat New York an, eine kleine Universität, wie sie für den Nordosten der Vereinigten Staaten typisch sind. In der folgenden Tabelle werden die Studierenden, die sich am Hartwick College für einen mathematisch-naturwissenschaftlichen oder technischen Studiengang einschreiben, in drei Gruppen eingeteilt, und zwar nach den Punktzahlen, die sie im Mathematikteil des nationalen Hochschulzugangstests SAT erreichen (die Höchstpunktzahl beträgt 800).[35]

Studierende von math.-nat. Fächern	1. Drittel	2. Drittel	3. Drittel
Punktzahlen im Mathematikteil des SAT	569	472	407

Wenn wir nur von diesen Zahlen ausgehen, bringen die besten und die schlechtesten Studierenden an Hartwick sehr unterschiedliche mathematische Vorkenntnisse mit. Sehen wir uns nun an, welcher Anteil der jeweiligen Gruppe mit einem naturwissenschaftlichen Abschluss von Hartwick College abging.

math.-nat. Abschluss	1. Drittel	2. Drittel	3. Drittel
Prozent	55,0	27,1	17,8

Von den Studierenden des besten Drittels schließt also mehr als Hälfte ihr Studium mit einem naturwissenschaftlichen Abschluss ab. Aus dem schlechtesten Drittel schaffen dies nur 17,8 Prozent. Die Studierenden, die in Mathematik die schlechtesten Voraussetzungen mitbringen, brechen ihr Studium also in Scharen ab. Das klingt nur logisch: Die Mathematik- und Physikkurse, die angehende Naturwissenschaftler und Ingenieure belegen müssen, sind sehr anspruchsvoll, und nur die besten Studierenden sind in der Lage, den Stoff zu bewältigen.

Sehen wir uns nun die Verteilung an der Harvard University an, einer der renommiertesten Hochschulen der Welt.

Studierende von math.-nat. Fächern	1. Drittel	2. Drittel	3. Drittel
Punktzahlen im Mathematikteil des SAT	753	674	581

Es ist vermutlich nicht weiter verwunderlich, dass die Studierenden von Harvard im Mathematikteil des SAT deutlich mehr Punkte erzielt haben als die Studierenden des Hartwick Colleges. Der Unterschied spricht Bände: Das schlechteste Drittel von Harvard schneidet im Durchschnitt immer noch etwas besser ab als das beste Drittel von Hartwick. Wenn ein erfolgreicher Studienabschluss in einem naturwissenschaftlichen Fach von den mathematischen Vorkenntnissen abhängt, dann sollte doch eigentlich jeder an Harvard mit einem Diplom in der Tasche abgehen – oder nicht? Zumindest auf dem Papier sieht es so aus, als hätten an Harvard alle das Zeug dazu. Aber sehen wir uns die Zahlen an:

math.-nat. Abschluss	I. Drittel	2. Drittel	3. Drittel
Prozent	53,4	3I,2	I5,4

Ist das nicht erstaunlich? Die Verteilung ist nahezu identisch mit der Verteilung von Hartwick. Aus dem untersten Drittel brechen in Harvard genauso viele Studierende ihr Studium ab wie in Hartwick.

Lassen Sie das einen Moment lang auf sich wirken. In Hartwick gibt es eine Gruppe von leistungsstarken Studierenden – nennen wir sie die Hartwick-Stars. Und in Harvard gibt es eine Gruppe von leistungsschwachen Studierenden – die Harvard-Loser. Beide Gruppen arbeiten mit denselben Lehrbüchern, beide müssen in Kursen wie Analysis und Organische Chemie denselben Stoff bewältigen, beide schlagen sich in diesen Kursen mit denselben Problemen herum, und beide bringen dazu mehr oder weniger dieselben Voraussetzungen mit. Die Mehrheit der Hartwick-Stars geht am Ende des Studiums mit einem Diplom in Biologie oder Ingenieurwesen ab. Doch die Harvard-Loser, die eine deutlich renommiertere Universität besuchen, werden während ihres Studiums derart demoralisiert, dass sie die Naturwissenschaften an den Nagel hängen und in ein anderes Fach wechseln. Die Harvard-Loser sind kleine Fische in einem sehr großen und sehr angsteinflößenden Teich. Die Hartwick-Stars sind dagegen große Fische in einem kleinen und anheimelnden Teich. Um einen Abschluss in einem naturwissenschaftlichen Fach zu bekommen, ist offenbar mehr als Können nötig. Der entscheidende Faktor ist, wie intelligent sich die Studierenden im Vergleich zu ihren Kommilitonen fühlen.

Dieses Muster bestätigt sich übrigens an fast allen Universitäten, unabhängig von ihrem Ansehen. Die Soziologen Rogers Elliot und Christopher Strenta verglichen elf Universitäten in den Vereinigten Staaten – sehen Sie selbst:

Universität	1. Drittel	SAT	2. Drittel	SAT	3. Drittel	SAT
1. Harvard University	53,4%	753	31,2%	674	15,4%	581
2. Dartmouth College	57,3%	729	29,8%	656	12,9%	546
3. Williams College	45,6%	697	34,7%	631	19,7%	547
4. Colgate College	53,6%	697	31,4%	626	15,0%	534
5. University of Richmond	51,0%	696	34,7%	624	14,4%	534
6. Bucknell University	57,3%	688	24,0%	601	18,8%	494
7. Kenyon College	62,1%	678	22,6%	583	15,4%	485
8. Occidental College	49,0%	663	32,4%	573	18,6%	492
9. Kalamazoo College	51,8%	633	27,3%	551	20,8%	479
10. Wesleyan College	54,9%	591	33,9%	514	11,2%	431
11. Hartwick College	55,0%	569	27,1%	472	17,8%	407

Welche Kriterien hätte Caroline Sacks also anlegen sollen, als sie sich zwischen Brown und der University of Maryland entschied? Brown war eine angesehene Universität, an der sie interessante und reiche Kommilitonen kennenlernen würde. Die Beziehungen, die sie dort knüpfen würde, und der Name »Brown« auf ihrem Abschlusszeugnis würden ihr auf dem Arbeitsmarkt einen Vorsprung verschaffen. Das sind die klassischen Vorteile des großen Teichs; Brown ist der Salon.

Sie ging allerdings auch ein Risiko ein. Die Wahrscheinlichkeit, nicht mit einem naturwissenschaftlichen Abschluss abzugehen, war deutlich größer. Wie groß genau? Nach einer Untersuchung von Mitchell Chang wird die Wahrscheinlichkeit, dass jemand ein mathematisch-naturwissenschaftlich-technisches Studium abschließt, umso größer, je niedriger der SAT-Durchschnitt der Universität, und zwar um 2 Prozentpunkte pro 10 SAT-Punkte.[36] Je intelligenter die Kommilitonen, umso dümmer fühlt man sich selbst, und je dümmer man sich fühlt, umso eher bricht man ein naturwissenschaftliches Studium ab. Da die durchschnittlichen SAT-Ergebnisse der University of Maryland und der Brown University 150 Punkte auseinanderliegen, zahlte Sacks einen hohen Preis dafür, dass sie sich gegen eine gute und für eine sehr gute Universität entschied: Die Wahrscheinlichkeit, dass sie ihr naturwissenschaftliches Studium abschließen würde, verringerte sich um sage und schreibe 30 Prozent. In einer Zeit, in der Studierende mit einem geisteswissenschaftlichen Abschluss nur mit Schwierigkeiten auf dem Arbeitsmarkt unterkommen, haben Studierende mit einem mathematischen, naturwissenschaftlichen oder technischen Studienabschluss beinahe eine Garantie auf einen guten Einstieg ins Berufsleben und können unter attraktiven Angebote wählen. Das ist ein hoher Preis für ein Studium an einer renommierten Universität.

Sehen wir uns ein weiteres Beispiel für die unerbittliche Logik des großen Teichs an. Nehmen wir an, Sie sind eine Universität und wollen eine Professorenstelle unter den besten Hochschulabsolventen vergeben. Wie entscheiden Sie sich? Sollten Sie nur Absolventen der angesehensten Universitäten einstellen? Oder sollten Sie alle Jahrgangsbesten in Betracht ziehen, egal wo sie studiert haben? Die meisten Universitäten entscheiden sich für Ersteres. Einige Hochschulen prahlen sogar damit, dass sie nur Absolventen der besten Universitäten einstellen. Ich hoffe, dass Sie inzwischen ein bisschen skeptisch geworden sind. Sollte ein großer Fisch aus einem kleinen Teich nicht mindestens genauso interessant sein wie ein kleiner Fisch aus einem großen Teich?

Die beiden Strategien lassen sich ganz einfach vergleichen. John Conley und Ali Sina Önder haben einen Vergleich von promovierten Wirtschaftswissenschaftlern angestellt. In den Wirtschaftswissenschaften gibt es eine Handvoll Fachzeitschriften, die in der Zunft großes Ansehen genießen. Diese Zeitschriften veröffentlichen nur die besten und kreativsten Forschungsberichte und Wirtschaftswissenschaftler werden vor allem danach bewertet, wie viele Artikel sie in diesen Zeitschriften veröffentlicht haben. Das heißt also, wir müssen nur vergleichen, wie viele Artikel die kleinen Fische aus großen Teichen hier veröffentlichen und wie viele die großen Fische aus kleinen Teichen. Genau das haben John Conley und Ali Sina Önder getan und dabei eine interessante Entdeckung gemacht: Die besten Absolventen von mittelmäßigen Universitäten sind fast durchweg besser als mittelmäßig Absolventen der besten Universitäten.[37] So absurd es klingt, die Daten sind nicht von der Hand zu weisen. Beginnen wir mit den renommiertesten wirtschaftswissenschaftlichen Promotionsstudiengängen in den USA und Kanada, die zu den besten der Welt zählen: Harvard, Princeton, Columbia, Yale, University of Chicago, Massachusetts Institute of Technology und Stanford. Conley und Önder teilten die Absolventen danach ein, an welcher Stelle sie in ihrem Studiengang abgeschlossen hatten, und sahen sich dann an, wie viele Artikel sie in den ersten sechs Jahren nach ihrem Abschluss veröffentlichten.

	1%	5%	10%	15%	20%	25%	30%	35%	40%	45%
Harvard	4,31	2,36	1,47	1,04	0,71	0,41	0,30	0,21	0,12	0,07
MIT	4,73	2,87	1,66	1,24	0,83	0,64	0,48	0,33	0,20	0,12
Yale	3,78	2,15	1,22	0,83	0,57	0,39	0,19	0,12	0,08	0,05
Princeton	4,10	2,17	1,79	1,23	1,01	0,82	0,60	0,45	0,36	0,28
Columbia	2,90	1,15	0,62	0,34	0,17	0,10	0,06	0,02	0,01	0,01
Stanford	3,43	1,58	1,02	0,67	0,50	0,33	0,23	0,14	0,08	0,05
Chicago	2,88	1,71	1,04	0,72	0,51	0,33	0,19	0,10	0,19	0,10

Zugegeben, das sind eine Menge Zahlen. Beginnen wir mit der ersten Spalte von links, den Studierenden, die zu den besten 1 Prozent ihres Jahrgangs gehörten. Wer zu Beginn seiner akademischen Laufbahn drei oder vier Artikel in angesehenen Fachzeitschriften unterbringt, ist wirklich gut. Das ist nur logisch: Am MIT oder in Stanford unter den Besten abzuschneiden, ist eine außergewöhnliche Leistung.

Doch dann wird es rätselhaft. Sehen wir uns die Spalte 20 Prozent an, in der sich die Studierenden befinden, die zu den besten 15–20 Prozent ihres Jahrgangs gehörten. Auch das sind ausgezeichnete Wirtschaftswissenschaftler. Universitäten wie das MIT, Harvard und Stanford vergeben pro Jahr etwa zwei Dutzend Studienplätze, und wer in diese Gruppe fällt, gehört zu den fünf oder sechs Besten eines Jahrgangs. Trotzdem veröffentlichen sie nur noch einen Bruchteil der Artikel. Und sehen wir uns die letzte Spalte an, in der sich die Absolventen befinden, die gerade noch über dem Durchschnitt liegen. Sie sind gut genug, um in einem der anspruchsvollsten Promotionsprogramme der Welt in der ersten Hälfte des Feldes zu bestehen, doch sie veröffentlichen so gut wie nichts mehr. Als professionelle Wirtschaftswissenschaftler sind sie eine Enttäuschung.

Sehen wir uns nun die Absolventen von »mittelmäßigen« Universitäten an. Mittelmäßig nenne ich sie nur deshalb, weil die Absolventen der Elite-Universitäten sie so bezeichnen würden. In den jährlichen Ranglisten befinden sie sich irgendwo am Ende. Zu Vergleichszwecken habe ich drei beliebige Universitäten herausgegriffen: Boston University, die University of Toronto (meine Alma Mater) und eine Universität, die nicht zu den Top 30 gehört und in der Conley und Önder einen Durchschnitt der Universitäten ganz am Ende der Liste bilden.

	1%	5%	10%	15%	20%	25%	30%	35%	40%	45%
Toronto	3,13	1,85	0,80	0,61	0,29	0,19	0,15	0,10	0,07	0,05
Boston	1,59	0,49	0,21	0,08	0,05	0,02	0,02	0,01	0,00	0,00
Nicht-Top 30	1,05	0,31	0,12	0,06	0,04	0,02	0,01	0,01	0,00	0,00

Ist das nicht erstaunlich? Die besten Absolventen der vermeintlich schlechten Universitäten – Einrichtungen, in die Studierende der Ivy League nicht einmal im Traum auch nur einen Fuß setzen würden – kommen auf eine Veröffentlichungsziffer von 1,05 und werden darin nur noch von den besten 10 Prozent der Eliteuniversitäten übertroffen. Wären Sie also besser bedient, einen großen Fisch aus einem winzigen Teich einzustellen als einen mittelgroßen Fisch aus einem großen Teich? Offensichtlich ja.

Conley und Önder haben ihre liebe Not, eine Erklärung für ihre eigenen Erkenntnisse zu finden.[38] Um einen Studienplatz an der Harvard University zu bekommen, muss ein Bewerber die besten Noten, die besten Testergebnisse und die besten Empfehlungen mitbringen und es außerdem verstehen, sich einem Auswahlkomitee zu verkaufen. Erfolgreiche Kandidaten müssen fleißig und intelligent sein, sie müssen in ihrem bisherigen Studium ausgezeichnete Leistungen gebracht haben und sie müssen den nötigen Ehrgeiz mitbringen. Aber wie kommt es, dass die allermeisten erfolgreichen Bewerber, die vor Beginn des Promotionsprogramms zu den Siegern gehörten und alles richtig gemacht hatten, nach ihrer Promotion im Mittelmaß versanken? Enttäuschen wir die Studierenden, oder enttäuschen sie uns?

Weder das eine noch das andere. Keiner enttäuscht irgendjemanden. Doch das, was die Eliteuniversitäten zu einem derart lohnenden Umfeld für die Spitzenleister macht, macht sie zu so einem schwierigen Umfeld für alle anderen. Der große Teich wirkt selbst auf ausgezeichnete Studierende demoralisierend.

Die Risiken des großen Teichs sind übrigens längst bekannt. Ausgerechnet an der Harvard University wurde diese Gefahr schon vor über 50 Jahren erkannt. Als Fred Glimp in den 1960er Jahren Direktor der Zulassungsstelle der Universität Harvard wurde, führte er die Politik des »zufriedenen letzten Viertels« ein.[39] In einem seiner ersten Berichte schrieb er: »Egal wie gut ein Jahrgang ist, er hat immer ein unteres Viertel. Welche psychologischen Effekte resultieren aus der Wahrnehmung, nur Durchschnitt zu sein, selbst in einer außergewöhnlich fähigen Gruppe? Lassen sich Typen von Studierenden ermitteln, die die psychologischen oder sonstigen Voraussetzungen mitbringen, um selbst im untersten Viertel zufrieden zu sein und das Beste aus ihrem Studium zu machen?« Er wusste, wie entmutigend der große Teich sein konnte, wenn man nicht zu den Allerbesten gehörte. Seiner Ansicht nach bestand seine Aufgabe darin, Studierende zu finden, die robust genug waren und außerhalb des Studiums genug positive Bestätigung erfuhren, um den Stress zu ertragen, ein sehr kleiner Fisch im sehr großen Teich von Harvard zu sein. Damals begann die Universität, talentierte Sportler zuzulassen, die akademisch oft weit hinter ihren Kommilitonen zurückbleiben. Wenn schon jemand als Kanonenfutter herhalten musste, dann sollte das vielleicht jemand sein, der zum Beispiel im Football Bestätigung erfährt.

Das ist auch der Grund, warum sich viele Bildungsexperten hinter vorgehaltener Hand besorgt über Quotenregelungen äußern, also darüber, dass Frauen und Minderheiten bei Bewerbungen bevorzugt behandelt werden.[40] Dank der positiven Diskriminierung gehören Studierende, die in Hartwick zu Stars werden könnten, in Harvard plötzlich mit einiger Wahrscheinlichkeit zu den Abbrechern. Werfen Sie noch einmal einen Blick auf die beiden Tabellen – wenn man jemandem helfen will, ist dies vielleicht nicht der beste Weg.[41]

Seltsamerweise werden diese Fragen in der Öffentlichkeit kaum diskutiert. Bis heute raten Eltern ihren Kindern, sich für die beste Universität zu entscheiden, weil sie meinen, dass ihnen mit einem Abschluss von einer dieser Universitäten sämtliche Türen offen stehen. Wir gehen davon aus, dass der große Teich mehr Möglichkeiten eröffnet, genauso, wie wir meinen, dass Kinder in kleineren Klassen automatisch mehr lernen. Wir haben klare Vorstellungen davon, was Vorteile sind, doch diese Vorstellungen sind falsch. Und was ist die Folge? Wir machen Fehler. Wir verstehen den Kampf zwischen Underdogs und Riesen falsch. Wir sehen nicht, dass auch ein vermeintlicher Nachteil Türen öffnen kann.

Als Sacks ihre Bewerbungen verschickte, hatte sie keine Ahnung, dass sie ihre Chancen aufs Spiel setzte, auf dem Gebiet zu arbeiten, das ihr wirklich am Herzen lag. Heute weiß sie es. Am Ende unseres Gesprächs frage ich Sacks, was passiert wäre, wenn sie sich für die University of Maryland entschieden hätte – wenn sie sich also entschlossen hätte, ein großer Fisch in einem kleinen Teich zu werden. Sie antwortet ohne zu zögern: »Dann wäre ich heute Naturwissenschaftlerin.«

7

»Als Kind war ich ein begeisterter Schüler. Ich bin gern in die Schule gegangen, ich habe gern gelernt, und ich war gut«, erzählt Stephen Randolph.[42] Der große junge Mann hat streng gescheiteltes dunkelbraunes Haar, und an der Bügelfalte seiner Hose könnte man sich schneiden. »Ab der vierten Klasse habe ich Algebra für die High School belegt, ab der sechsten Geometrie. Nachdem ich in die Middle School gekommen bin, habe ich Mathematik, Biologie, Chemie und Geschichte in der High School mitbelegt. Ab der fünften Klasse habe ich außerdem in einem College bei uns im Ort Mathematikkurse und naturwissenschaftliche Fächer belegt. Nach dem Ende der High School hatte ich wahrscheinlich genug Kurse zusammen, um von der University of Georgia sofort einen Bachelor zu bekommen. Da bin ich mir ziemlich sicher.« Von der ersten Klasse an bis zum Ende der High School ging er jeden Tag mit Schlips zur Schule. »Es ist ein bisschen peinlich«, meint er. »Oder verrückt. Aber so war's. Ich weiß nicht mehr, wie es angefangen hat. Eines Tages wollte ich mit Schlips in die Schule gehen, und danach habe ich ihn jeden Tag angelegt. Ich war halt ein Streber.«

In der High School war er Jahrgangsbester und hielt die Abschlussrede. Beim Hochschulzugangstest bleib er nur knapp unter der maximalen Punktzahl. Harvard und das Massachusetts Institute of Technology nahmen seine Bewerbung an, und er entschied sich für Harvard. In der ersten Woche spazierte er über den Campus von Harvard und staunte über sein Glück. »Mir kam plötzlich der Gedanke, dass alle Studenten hier einen Studienplatz an Harvard bekommen hatten. Es war ein komischer Gedanke, ich hatte auf einmal das Gefühl, dass alle Leute um mich herum total interessant, intelligent und aufregend waren und dass es eine tolle Erfahrung werden würde. Ich war total begeistert.«

Er erzählte fast wortwörtlich dieselbe Geschichte wie Caroline Sacks und unterstrich damit einmal mehr, wie bemerkenswert die Leistung der Impressionisten wirklich war. Sie waren Genies, aber sie hatten auch ein erstaunliches Maß an praktischer Vernunft. Sie waren in der Lage, etwas, das die meisten Menschen für ein Privileg halten würden, als das zu sehen, was es wirklich war. Monet, Degas, Cézanne, Renoir und Pissaro hätten sich nicht für die vermeintlich erste Wahl entschieden.

Vermutlich ahnen Sie längst, wie es Stephen Randolph in Harvard erging. Im dritten Jahr belegte er Quantenmechanik. »Ich war nicht besonders gut«, gibt er zu. »Ich glaube, ich habe eine Drei bekommen.« Es war die schlechteste Note seines Lebens. »Ich habe mir gedacht, entweder beherrsche ich das nicht, oder ich beherrsche es nicht gut genug. Vielleicht hatte ich das Gefühl, ich müsste der Beste sein, oder ich müsste ein Genie sein, damit es Sinn hatte, weiterzustudieren. Einige Leute schienen es viel schneller zu kapieren als ich – und man konzentriert sich immer auf diese Leute und nicht auf die anderen, die es genauso wenig kapieren wie man selbst.«

»Der Stoff hat mir gefallen«, fährt er fort. »Aber es war ein demütigendes Erlebnis. Man sitzt im Kurs und denkt, ›Das kapiere ich doch nie!‹. Und man macht Aufgaben und versteht ein bisschen hiervon und ein bisschen davon, aber man muss immer an die Leute denken, die viel mehr wissen. Das Ding mit Harvard ist, es gibt so viele intelligente Leute, dass es schwer ist, sich selbst intelligent zu fühlen.« Er kam zu dem Schluss, dass es besser war, sein Studium abzubrechen.

»Eine Mathematikaufgabe zu lösen kann ein unglaublich befriedigendes Erlebnis sein«, sagt Randolph, und ein wehmütiger Blick huscht über sein Gesicht. »Man steht vor einer Aufgabe und weiß nicht, wie man sie angehen soll. Aber es gibt bestimmte Regeln, die man anwenden kann, und verschiedene Ansätze, die man ausprobieren kann. Oft sind in diesem Prozess die Zwischenergebnisse viel komplexer als die ursprüngliche Aufgabe, aber das Endergebnis ist dann ganz einfach.

Und auf dem Weg dahin empfindet man so etwas wie Freude.« Randolph studierte an seiner Traum-Universität. Aber bekam er dort auch die Ausbildung seiner Träume? »Ich glaube, ich bin ganz zufrieden mit dem Ergebnis«, sagt er. Dann lacht er ein wenig betrübt. »Das rede ich mir zumindest ein.«

Nach dem sechsten Semester beschloss Randolph, die Zugangsprüfung für die juristische Fakultät abzulegen. Nach seinem Abschluss fing er bei einer Anwaltskanzlei in Manhattan an. Harvard hat der Welt einen Physiker genommen und einen Anwalt geschenkt. »Mein Spezialgebiet ist das Steuerrecht«, sagt Randolph. »Schon komisch. Eine Menge Physik- und Mathematikstudenten landen beim Steuerrecht.«

TEIL 2

Die Theorie der wünschens-
werten Schwierigkeiten

Damit ich mich wegen der einzigartigen Offenbarungen nicht überhebe, wurde mir ein Stachel ins Fleisch gestoßen: ein Bote Satans, der mich mit Fäusten schlagen soll, damit ich mich nicht überhebe. Dreimal habe ich den Herrn angefleht, dass dieser Bote Satans von mir ablasse. Er aber antwortete mir: Meine Gnade genügt dir; denn sie erweist ihre Kraft in der Schwachheit. Viel lieber also will ich mich meiner Schwachheit rühmen, damit die Kraft Christi auf mich herabkommt. Deswegen bejahe ich meine Ohnmacht, alle Misshandlungen und Nöte, Verfolgungen und Ängste, die ich für Christus ertrage; denn wenn ich schwach bin, dann bin ich stark.

2 Korinther 12,7–10

KAPITEL 4

Niemand würde seinem Kind Legasthenie wünschen.
Oder vielleicht doch?

David Boies

I

Wenn man einen Menschen mit Legasthenie in einen Hirnscanner legt, erscheinen auf dem Bildschirm auffällige Bilder. In Gehirnregionen, die mit dem Lesen und Verarbeiten von Wörtern zusammenhängen, haben Legastheniker weniger Gehirnzellen als andere Menschen. Während der Entwicklung des Fötus im Mutterleib werden Neuronen in die verschiedenen Gehirnregionen transportiert und nehmen dort ihren Platz ein wie Figuren auf dem Schachbrett. Bei Legasthenikern verirren sich aus unerfindlichen Gründen einige dieser Neuronen und landen in der falschen Region. Das Gehirn hat ein System von Hohlräumen, die sogenannten Ventrikel, die unter anderem als eine Art Abfallbeseitigungssystem fungieren. Dort werden tote Zellen beseitigt. Bei manchen Menschen mit Lesestörungen stehen die Neuronen in den Ventrikeln Schlange wie Passagiere in einem Flughafen während der Sommerferien.[43]

Um die Aktivität des Gehirns zu messen, werden Patienten in einen röhrenförmigen Scanner gelegt und lösen dort Aufgaben, während die Neurowissenschaftler auf einem Bildschirm beobachten, welche Regionen dabei aktiviert werden. Dort zeigt sich, dass bei Legasthenikern während des Lesens einige der Regionen, die eigentlich aktiv werden sollten, völlig dunkel bleiben. Das Bild erinnert ein wenig an die Luftaufnahme einer Stadt während eines nächtlichen Stromausfalls. Interessanterweise greifen Legastheniker beim Lesen sehr viel stärker auf die rechte Gehirnhälfte zu als normale Leser. Die rechte Gehirnhälfte ist für das ganzheitliche Denken zuständig – genau die falsche Gehirnhälfte für eine Aufgabe wie das Lesen, das Präzision und Gründlichkeit verlangt. Manchmal scheint bei Legasthenikern die Aktivität verlangsamt, so als würden die verschiedenen am Lesen beteiligten Gehirnregionen über eine rauschende Verbindung miteinander kommunizieren. Um kleine Kinder auf eine Lese-Rechtschreib-Störung zu testen, lässt man sie daher rasch und automatisch Dinge benennen. Man zeigt ihnen beispielsweise eine Farbe nach der anderen – einen roten Punkt, einen grünen Punkt, einen blauen Punkt, schließlich einen gelben Punkt – und beobachtet die Reaktion. Sieh die Farbe. Erkenne die Farbe. Ordne der Farbe einen Namen zu. Sprich den Namen aus. Für die meisten Menschen ist das ein automatischer Prozess. Für Kinder mit Legasthenie dagegen nicht: Irgendwo auf dem Weg zwischen Sehen und Aussprechen treten Störungen auf. Fragen Sie ein vierjähriges Kind: Kannst du das Wort »Banane« ohne das »Ba« sagen? Hör dir diese drei Laute an: Ha, Uh, Te. Kannst Du daraus »Hut« machen? Oder »Hut«, »Mut« und »Mann« – welches dieser drei Wörter reimt sich nicht? Die meisten Vierjährigen können diese Fragen ohne Schwierigkeiten beantworten. Legastheniker jedoch haben mit so etwas zu kämpfen.

Legasthenie wird häufig als reine Lese- und Schreibschwäche missverstanden, oder man hört, Legastheniker würden Buchstaben vertauschen und »lieb« zum Beispiel als »leib« schreiben. Doch Legasthenie geht weit über eine Schreib- und Leseschwäche hinaus und hat viel allgemeiner damit zu tun, wie wir Laute hören und manipulieren. Der Unterschied zwischen zwei Lauten wie Ba und Da ist eine Kleinigkeit, die vier Hundertstelsekunden in Anspruch nimmt. Die menschliche Sprache basiert auf der Annahme, dass wir derart winzige Unterschiede erkennen, denn wenn wir dies nicht tun, verstehen wir vieles falsch oder gar nicht. Wie fühlt es sich an, ein Gehirn zu haben, das so viel Zeit zum Zusammensetzen der verschiedenen Wortbausteine benötigt, dass vier Hundertstelsekunden einfach zu wenig sind?

»Legastheniker haben keine Vorstellung von sprachlichen Lauten und sind verwirrt, wenn ein Laut oder ein Buchstabe verschwindet. So jemandem fällt es sehr schwer, Laute und Schrift zuzuordnen«, erklärt Nadine Gaab, Legasthenieforscherin an der Harvard University. »Die Kinder brauchen sehr lange, um lesen zu lernen. Und selbst dann lesen sie nur langsam, was wiederum den Sprachfluss unterbricht und das Verständnis erschwert. Und weil sie so lange brauchen, haben sie am Ende des Satzes den Anfang schon wieder vergessen. Deshalb haben diese Kinder in der Schule alle möglichen Probleme. Auch die anderen Fächer werden in Mitleidenschaft gezogen. Die Kinder können nicht lesen. Aber wie sollen sie eine Mathematikprüfung mit langen Textaufgaben bewältigen? Wie sollen sie einen Test in Gesellschaftskunde bestehen, wenn sie zwei Stunden brauchen, um zu verstehen, was von ihnen verlangt wird?«

Sie erklärt weiter: »In der Regel wird die Diagnose erst im Alter von acht oder neun Jahren gestellt. Aber bis dahin hat die Legasthenie schon weitreichende psychische Auswirkungen, denn zu diesem Zeitpunkt quälen sich die Kinder schon seit drei Jahren mit dem Problem herum. Wenn sie vier Jahre alt sind und in den Kindergarten gehen, sind sie beliebt und selbstbewusst. Dann kommen sie in die Schule. Die anderen Kinder lernen lesen, und sie kapieren es einfach nicht. Sie sind frustriert, die anderen Kinder halten sie für dumm und die Eltern sie für faul. Darunter leidet das Selbstbewusstsein dieser Kinder, und das wiederum kann Depressionen verursachen. Kinder mit Lese-Rechtschreib-Störung kommen später öfter mit dem Gesetz in Konflikt, da sie sich eher auflehnen und gegen Regeln verstoßen. Das liegt daran, dass sie vieles nicht verstehen. Es ist unglaublich wichtig, in unserer Gesellschaft lesen zu können.«

Niemand würde seinem Kind Legasthenie wünschen. Oder vielleicht doch?

2

In diesem Buch haben wir bislang festgestellt, dass wir oft nicht erkennen, ob etwas tatsächlich eine Stärke ist und sich zu unserem Vorteil auswirkt. Jetzt wollen wir uns die andere Seite ansehen: Was meinen wir, wenn wir von Schwächen und Nachteilen sprechen? Der gesunde Menschenverstand sagt uns, dass ein Nachteil etwas ist, das man vermeiden sollte, weil es eine Hürde oder eine Schwierigkeit ist, die unsere Position verschlechtert. Das muss aber nicht so sein. In den nächsten Kapiteln werden wir der Frage nachgehen, ob es nicht vielleicht auch so etwas wie »wünschenswerte Schwierigkeiten« geben könnte. Dieser Gedanke geht auf die Psychologen Robert und Elizabeth Bjork von der University of California zurück, und er bietet eine faszinierende Möglichkeit, zu verstehen, wie Underdogs die Oberhand behalten.[44]

Nehmen wir zum Beispiel folgende Rätselfrage:

Ein Ball und ein Schläger kosten zusammen 1 Dollar und 10 Cent. Der Schläger kostet 1 Dollar mehr als der Ball. Wie viel kostet der Ball?[45]

Lassen Sie mich raten: Instinktiv würden Sie vermutlich antworten, dass der Ball 10 Cent kostet. Denken Sie noch einmal nach. Das kann doch nicht sein, oder? Der Schläger soll einen Dollar mehr kosten als der Ball. Aber wenn der Ball 10 Cent kostet, dann bleibt für den Schläger nur noch ein Dollar übrig, das heißt, er wäre 90 Cent teurer als der Ball. Der Ball muss also 5 Cent kosten.

Oder dieses Rätsel:

Wenn fünf Maschinen zur Herstellung von fünf Geräten fünf Minuten benötigen, wie lange brauchen dann hundert Maschinen zur Herstellung von hundert Geräten?

Die Frage ist so gestellt, dass Sie fast reflexhaft »100 Minuten« antworten. Doch das ist eine Falle. Die einhundert Maschinen brauchen zur Herstellung von einhundert Geräten genauso lange wie die fünf Maschinen zur Herstellung von fünf Geräten, das sind also fünf Minuten.

Diese beiden Fragen stammen aus dem kürzesten Intelligenztest der Welt, dem Cognitive Reflection Test (CRT), der aus insgesamt drei Fragen besteht. Der Test wurde von Shane Frederick vom Massachusetts Institute of Technology erfunden und soll messen, inwieweit Probanden Sachverhalte verstehen, die komplizierter sind, als sie auf den ersten Blick erscheinen, und von spontanen Antworten zu analytischeren Urteilen kommen.[46]

Frederick behauptet, dieser Test sei bei einer groben Einschätzung der kognitiven Fähigkeiten eines Menschen genauso hilfreich wie ein Intelligenztest mit Hunderten Fragen, der mehrere Stunden in Anspruch nimmt. Um dies zu beweisen, legte Frederick Studierenden an neun amerikanischen Universitäten seinen CRT vor, und die Resultate entsprechen ungefähr der Rangfolge der Studierenden dieser Universitäten in klassischen Intelligenztests.[47] Studierende des MIT, der vielleicht intelligentesten Universität der Welt, beantworteten im Durchschnitt 2,18 der 3 Fragen richtig. Studierende der Carnegie Mellon University in Pittsburgh beantworteten immerhin noch 1,51 Fragen richtig. Die Studierenden von Harvard kam auf 1,43 richtige Antworten, die der University of Michigan auf 1,18 und die der University of Toledo auf ganze 0,57.

Der CRT ist schwierig. Aber jetzt kommt's. Wissen Sie, wie Sie die Testergebnisse ganz einfach verbessern können? Indem Sie ihn noch schwieriger machen. Die Psychologen Adam Alter und Daniel Oppenheimer führten dieses Experiment vor einigen Jahren an Studierenden der Princeton University durch.[48] Als sie ihnen den normalen CRT vorlegten, beantworteten die Studierenden im Schnitt 1,9 von 3 Fragen richtig. Das ist nicht schlecht, aber immer noch weit entfernt von den 2,18 richtigen Antworten der Studierenden des MIT. Dann druckten Alter und Oppenheimer die Fragen in einer kaum leserlichen Schrift aus: In serifenloser, kursiver, hellgrauer 10-Punkt-Schrift. Das Ergebnis ist auf der folgenden Seite zu sehen:

Ein Ball und ein Schläge kosten zusammen 1 Dollar und 10 Cent.
Der Schläger kostet 1 Dollar mehr als der Ball.
Wie viel kostet der Ball?

Diesmal kamen die Studierenden von Princeton auf einen Durchschnitt von 2,45 richtigen Antworten und schnitten damit sogar deutlich besser ab als die des MIT.[49]

Ist das nicht komisch? Man sollte doch meinen, dass wir Aufgaben umso besser lösen, je klarer und einfacher sie gestellt sind. Doch das Gegenteil ist der Fall. Serifenlose, kursive, hellgraue 10-Punkt-Schrift macht das Lesen extrem anstrengend. Man muss die Augen ein bisschen zusammenkneifen und jeden Satz zweimal lesen, und irgendwann fragt man sich vermutlich, wer zum Teufel auf die Idee gekommen ist, die Fragen derart unleserlich auszudrucken. Man muss sich richtig anstrengen, um die Frage auch nur lesen zu können.

Doch der Aufwand lohnt sich offenbar. Wenn sich die Frage nicht mehr flüssig liest, »sind wir gezwungen, intensiver darüber nachzudenken«, wie Alter sagt. »Wir müssen mehr Ressourcen aufwenden. Wir verarbeiten das Gelesene besser oder denken genauer darüber nach, was hier eigentlich vorgeht. Wenn wir ein Hindernis überwinden müssen, dann schaffen wir das eher, wenn wir gezwungen sind, intensiver darüber nachzudenken.« Alter und Oppenheimer machten den CRT ein bisschen schwieriger. Doch dabei stellte sich heraus, dass diese zusätzliche Schwierigkeit ein Vorteil war.

Natürlich haben nicht alle Schwierigkeiten ihre guten Seiten. Was Caroline Sacks in ihrer Einführung in Organische Chemie erlebte, war eine ausgesprochen unerwünschte Schwierigkeit. Sie war eine wissbegierige, fleißige und talentierte Studentin mit einem Faible für Naturwissenschaften, und es brachte ihr rein gar nichts, in eine Situation zu kommen, in der sie sich fehl am Platz fühlte. Dieser Kampf brachte ihr die Wissenschaft kein Stückchen näher, im Gegenteil, er schreckte sie ab. Doch unter anderen Umständen kann die intensive Auseinandersetzung das Gegenteil bewirken: Ein Hindernis, von dem man annehmen würde, dass es dem Underdog jede Aussicht auf Erfolg nimmt, verbessert sie in Wirklichkeit, genau wie Alters und Oppenheimers serifenlose, kursive, hellgraue 10-Punkt-Schrift.

Könnte Legasthenie am Ende eine solche wünschenswerte Schwierigkeit sein? Das ist schwer zu glauben, wenn man sich klarmacht, wie viele Menschen ein Leben lang mit dieser Behinderung ringen. Wäre da nicht eine merkwürdige Tatsache: Erstaunlich viele erfolgreiche Unternehmer sind nämlich Legastheniker. In einer neueren Untersuchung schätzte Julie Logan von der University of London den Anteil sogar auf etwa ein Drittel.[50] Auf ihrer Liste stehen viele bekannte und innovative Unternehmer der vergangenen Jahrzehnte. Der britische Milliardär Richard Branson ist Legastheniker, genauso wie Charles Schwab, der Gründer der gleichnamigen Maklerfirma. Handy-Pionier Craig McCaw gehört ebenso dazu wie JetBlue-Gründer David Neelman, Cisco-CEO John Chambers oder Kinko-Gründer Paul Orfalea, um nur eine kleine Auswahl zu nennen. In einem Vortrag vor prominenten Sponsoren ihrer Universität – fast durchweg erfolgreiche Unternehmer – fragte die Neurowissenschaftlerin Sharon Thompson-Schill einmal aus einer Laune heraus, welcher der Anwesenden jemals als lernbehindert diagnostiziert worden war. »Die Hälfte hob die Hand«, sagt Thompson-Schill. »Ich konnte es kaum glauben.«

Für diese bemerkenswerte Tatsache gibt es zwei Erklärungen: Entweder waren diese Menschen trotz ihrer Behinderung erfolgreich, das heißt, sie waren so intelligent und kreativ, dass sie sich durch nichts aufhalten ließen. Oder Richard Branson und seine Kollegen waren gerade wegen ihrer Behinderung erfolgreich, das heißt, sie lernten in ihrem Kampf mit der Behinderung etwas, das sich als gewaltiger Vorteil herausstellte. Würden Sie Ihrem Kind Legasthenie wünschen? Wenn die zweite Erklärung zutrifft, dann vielleicht schon.

3

David Boies wuchs in einer landwirtschaftlichen Region des Bundesstaates Illinois auf. Er war das älteste von fünf Kindern, seine Eltern
waren beide Lehrer. Als er klein war, las ihm seine Mutter Geschichten
vor. Er lernte das Gehörte auswendig, damit es später so wirkte, als
könne er es selbst lesen. Erst in der dritten Klasse lernte er lesen, und
auch dann las er nur langsam und mit großen Schwierigkeiten. Erst
Jahre später erfuhr er, dass er ein klassischer Legastheniker war. Damals machte er sich nicht viel daraus. In dem Dorf, in dem er aufwuchs,
konnte man mit schulischen Glanzleistungen keine Lorbeeren ernten.
Viele seiner Klassenkameraden verließen die Schule bei der erstbesten
Gelegenheit, um auf der Farm ihrer Eltern mit anzupacken. Boies las
Comics, denen er wegen der vielen Bilder leicht folgen konnte. Zum
Vergnügen las er nie. Selbst heute liest er höchstens ein Buch pro Jahr,
wenn überhaupt. Er sieht fern – »alles, was sich bewegt und bunt ist«,
gibt er lachend zu. Er spricht mit sehr eingeschränktem Vokabular und
bevorzugt kurze Wörter und Sätze. Wenn er etwas laut vorlesen muss
und über ein Wort stolpert, das er nicht kennt, hält er inne und buchstabiert es langsam. »Meine Frau hat mir vor anderthalb Jahren ein
iPad geschenkt, ich hatte bis dahin noch nicht mal einen Computer
besessen. Ich finde es witzig, aber bei der Schreibung von manchen
Wörtern liege ich so falsch, dass die Rechtschreibkontrolle keine Alternative anbieten kann«, erzählt er. »Ich weiß nicht, wie oft mir das Gerät sagt: ›kein Ersatz gefunden‹.«

Als Boies von der High School abging, hatte er keine großen Ambitio-
nen. Seine Noten waren »miserabel« gewesen. Seine Familie war inzwischen nach Südkalifornien gezogen, die Wirtschaft boomte. Er bekam einen Job auf dem Bau. »Wir waren an der frischen Luft, die
anderen waren alle älter als ich, und ich habe mehr verdient, als ich
mir jemals erträumt hätte«, erinnert sich Boies. »Es hat großen Spaß
gemacht.« Danach arbeitete er eine Weile als Buchhalter einer Bank
und spielte nebenher oft Bridge. »Es war ein gutes Leben, und ich hätte
noch lange so weitermachen können. Aber nachdem unser erstes
Kind auf die Welt gekommen war, machte sich meine Frau ernste Ge-

danken um meine Zukunft.« Sie brachte Broschüren von Colleges und Universitäten mit nach Hause. Er erinnerte sich daran, dass ihn als Kind alles fasziniert hatte, was mit Recht und Gesetz zu tun hatte. Also beschloss er, Jura zu studieren. Heute ist David Boies einer der bekanntesten Strafverteidiger der Vereinigten Staaten.

Wenn Boies erzählt, wie er vom Bauarbeiter mit High-School-Abschluss zum Staranwalt aufstieg, kann man nur staunen. In der Juristerei geht ohne Lesen – von Fällen, Gutachten, Urteilen und so weiter – überhaupt nichts, doch für Boies ist Lesen eine Qual. Es scheint völlig verrückt, dass er Jura überhaupt in Betracht zog. Aber vergessen wir nicht: Wenn Sie dieses Buch lesen, dann sind Sie ein Leser, und deshalb mussten Sie sich nie mit all den Strategien, Techniken und Abkürzungen abgeben, mit deren Hilfe sich das Lesen vermeiden lässt.

Boies schrieb sich an der University of Redlands ein, einer kleinen privaten Universität eine Stunde östlich von Los Angeles. Das war seine erste richtige Entscheidung. Redlands ist ein kleiner Teich, und Boies glänzte. Er war fleißig und gut organisiert, weil er wusste, dass er anders nicht durchkommen würde. Und dann hatte er Glück. Für seinen Bachelor-Abschluss musste Boies eine Reihe von Kernfächern belegen, die ein umfangreiches Lesepensum verlangten. Doch damals konnte man sich auch ohne ein abgeschlossenes Bachelor-Studium um einen Studienplatz in Jura bewerben. Also ließ Boies die Kernfächer einfach sausen. »Ich erinnere mich noch an den Tag, an dem ich erfahren habe, dass man ohne Bachelor Jura studieren kann«, erzählt er. »Ich habe Luftsprünge gemacht.«

Während des Jurastudiums wurde die Lektüreliste noch länger. Doch Boies entdeckte, dass es von den wichtigsten Fällen Zusammenfassungen gab, die beispielsweise ein Urteil des Obersten Gerichtshofs auf einer Seite darstellten. »Natürlich gibt es Leute, die jetzt sagen würden, dass man so nicht Jura studieren kann«, meint Boies. »Aber es hat seinen Zweck erfüllt.« Außerdem war er ein ausgezeichneter Zuhörer. »Ich habe mein ganzes Leben lang zugehört. Das musste ich können, weil das für mich der einzige Weg war, etwas zu lernen. Ich erinnere mich an das, was jemand sagt. Und ich erinnere mich auch daran, wie jemand etwas sagt und welche Worte er verwendet.« Während die anderen Studierenden in der Vorlesung wie besessen mitschrieben oder alternativ kritzelten, vor sich hin träumten oder Löcher in die Luft starrten, hörte er genau zu und prägte sich den Inhalt ein. Sein Gedächtnis war inzwischen ein beeindruckendes Werkzeug geworden. Er hatte es trainiert, seit seine Mutter ihm Geschichten vorgelesen hatte und er so tun musste, als würde er sie verstehen. Während seine Kommilitonen mitschrieben oder vor sich hin träumten, entging ihnen vieles. Sie waren unaufmerksam. Das war ein Problem, das Boies nicht kannte. Das Lesen fiel ihm zwar schwer, doch das, was er tun musste, um diese Schwäche wettzumachen, erwies sich als mindestens ebenso nützlich. Er begann sein Jurastudium an der Northwestern Law School. Nach dem zweiten Semester wechselte er nach Yale. Als Boies Anwalt wurde, entschied er sich gegen Unternehmensrecht. Das war eine kluge Entscheidung, denn als Unternehmensanwalt hätte er Aktenberge durchackern und die Bedeutung einer winzigen Fußnote auf Seite 367 erkennen müssen. Stattdessen wurde er Prozessanwalt – eine Tätigkeit, bei der man schnell schalten muss. Seine Plädoyers lernt er auswendig. Hin und wieder gerät er ins Stolpern, wenn er vor Gericht etwas vorlesen muss und auf ein Wort stößt, das er nicht schnell genug verarbeiten kann. Dann unterbricht er sich und buchstabiert das Wort wie ein Kind in der Grundschule. So peinlich das sein mag, es ist im Grunde kein Problem und wirkt eher exzentrisch. In den 1990er Jahren vertrat er im Antitrust-Prozess gegen Microsoft die Kläger und sprach während der Verhandlung immer von »Lotschin« statt »Login« – ein typischer Fehler für einen Legastheniker. Doch in der Befragung eines Zeugen war er erbarmungslos, denn es gab keine Kleinigkeit, kein noch so subtiles Ausweichen und keine merkwürdige und vielsagende Wortwahl, die ihm entgangen wäre, und keine beiläufige Bemerkung und kein Eingeständnis aus einer Aussage vom Vortag oder aus der Vorwoche, an das er sich nicht erinnert hätte.

»Natürlich wäre vieles einfacher, wenn ich schneller lesen könnte«, gesteht Boies ein. »Aber weil ich nicht viel lesen kann und weil ich vor allem durch Zuhören und Fragen lerne, muss ich alles auf das Wesentliche reduzieren. Und das hilft, denn die Richter und Geschworenen haben auch nicht die Zeit, sich tief in ein Thema einzulesen. Es ist eine meiner Stärken, dass ich ihnen den Fall so präsentieren kann, dass sie ihn verstehen.« Die Anwälte der Gegenseite sind meist von der gelehrten Sorte und haben jede verfügbare Analyse des Falls gelesen. Wieder und wieder verheddern sie sich in Details. Das passiert Boies nicht.

Einer seiner bekanntesten Fälle war die Klage gegen ein Gesetz des Bundesstaates Kalifornien, das gleichgeschlechtliche Ehen verbot. Boies vertrat die Kläger, die das Gesetz als verfassungswidrig anfochten. In einer legendären Befragung nahm Boies den wichtigsten Gutachter der Gegenseite, einen gewissen David Blankenhorn, auseinander und brachte ihn dazu, Boies Aussagen weitgehend zu bestätigen.

»Wenn man einen Zeugen auf seine Aussage vor Gericht vorbereitet, dann schärft man ihm ein, dass er sich mit allem Zeit lassen soll«, erklärt Boies. »Auch dann, wenn er sich eigentlich gar keine Zeit lassen muss. Denn es wird in der Befragung immer Momente geben, in denen er Zeit braucht, und das will er der Gegenseite natürlich nicht zeigen, indem er plötzlich langsamer spricht. Also zum Beispiel: ›Wann wurden Sie geboren?‹« Er sprach langsam und bedächtig. »›Im ... Jahr ... 1941.‹ Sie haben nichts zu verbergen, aber Sie antworten trotzdem nicht wie aus der Pistole geschossen. Sie müssen bei einfachen Fragen genauso antworten wie bei schwierigen, damit niemand merkt, welche Antwort Ihnen leichtfällt und welche nicht.« Aber der Zeuge der Gegenseite machte in entscheidenden Momenten ein paar Pausen zu viel, und das fiel Boies auf. »Es war sein Ton, sein Tempo, seine Wortwahl, seine Pausen. Immer wenn er über eine Formulierung nachdenken musste, sprach er langsamer. Wenn man fragte und genau hinhörte, dann konnte man hören, wo er sich unwohl fühlte und wo er eine schwammige Formulierung verwendete. Auf diese Stellen konzentrierte ich mich und schaffte es, dass er die wichtigsten Punkte unserer Anklage bestätigte.«

4

Wenn Boies ein ausgezeichneter Prozessanwalt ist, dann hat er das vor allem einer besonderen Fähigkeit zu verdanken: Er ist ein hervorragender Zuhörer. Aber bedenken Sie, wie er diese Fähigkeit erwarb. Die meisten von uns tendieren spontan zu Gebieten, auf denen wir uns hervortun können. Kinder, denen das Lesen leichtfällt, lesen mehr, weshalb sie immer besser werden und schließlich zu Berufen und Studienfächern mit einem großen Lesepensum tendieren. Ein Junge namens Tiger Woods hat für sein Alter eine außergewöhnliche Hand-Auge-Koordination und stellt fest, dass ihm das Golfspiel Spaß macht, also übt er eifrig. Und weil ihm das Training Spaß macht, wird er immer besser. So entsteht ein Selbstverstärkungseffekt. Das könnte man als »Stärken stärken« beschreiben: Wir entwickeln bestimmte Fähigkeiten, weil wir uns auf unsere natürlichen Stärken spezialisieren.

Doch die wünschenswerten Schwierigkeiten gehorchen einer anderen Logik. In ihrem CRT-Experiment entlockten Alter und Oppenheimer ihren Teilnehmern bessere Leistungen, indem sie ihnen das Leben schwerer machten und sie zwangen, einen Mangel zu kompensieren. Auch Boies musste eine Schwäche wettmachen, als er Zuhören lernte. Ihm blieb gar nichts anderes übrig. Das Lesen bereitete ihm derartige Schwierigkeiten, dass er sich mühsam eine Strategie zurechtlegen musste, um mit den anderen in seiner Umgebung mithalten zu können.

Die meisten Menschen lernen, in dem sie ihre Stärken stärken. Das ist einfach und naheliegend. Wenn Sie eine gute Singstimme und ein gutes Ohr haben, dann muss man Sie nicht lange überreden, im Chor zu singen. Der Ausgleich von Schwächen ist dagegen schwierig. Wer die Wörter einer Geschichte auswendig lernt, während die Mutter sie vorliest, und diese Wörter später so überzeugend wiedergibt, dass alle meinen, er würde sie vorlesen, der muss seine Schwächen kompensieren. Er muss das Gefühl der Unsicherheit und Demütigung überwinden. Er muss aufmerksam genug zuhören, um sich die Wörter einzuprägen, und er muss außerdem ein überzeugender Schauspieler sein.

Den meisten Menschen mit ähnlichen Behinderungen gelingt dies nicht. Doch diejenigen, die es schaffen, haben einen echten Vorteil, denn etwas, das aus einer Notwendigkeit heraus gelernt wird, ist stärker als etwas, das man ohne Schwierigkeiten lernt.[51]

Viele Legastheniker erzählen ähnliche Geschichten. Ein weiteres Beispiel ist die Kindheit eines Mannes namens Brian Grazer. »Ich war ein grottenschlechter Schüler«, erinnert er sich. »Ich war furchtbar nervös und habe ewig gebraucht, um meine Hausaufgaben zu machen. Dabei habe ich stundenlang vor mich hin geträumt, weil ich die Wörter nicht lesen konnte. Ich habe anderthalb Stunden herumgesessen und absolut nichts fertiggebracht. In der 7., 8., 9. und 10. Klasse habe ich vor allem Sechsen kassiert, ab und zu mal eine Fünf und ganz selten eine Vier. Ich bin nur weitergekommen, weil meine Mutter nicht zugelassen hat, dass sie mich ein Jahr wiederholen lassen.«

Aber wie kam Grazer durch die Schule? Vor jedem Test legte er sich eine Strategie zurecht, schon in der Grundschule. »Am Abend vorher habe ich mich mit jemandem zusammengesetzt, der den Stoff beherrscht hat«, erinnert er sich. »Was wirst du machen? Wie wirst du diese und jene Frage beantworten? Ich habe überlegt, wie die Fragen lauten könnten, und wenn ich eine Möglichkeit hatte, vorher an die Fragen zu kommen, dann habe ich das gemacht.«

Als er in die High School kam, hatte er längst eine bessere Strategie entwickelt. »Ich habe über jede Note verhandelt. Jedes Mal, wenn wir Zeugnisse bekommen haben, bin ich zu jedem Lehrer einzeln hingegangen. Ich habe so lange gefeilscht, bis ich statt einer Fünf eine Vier hatte und statt einer Vier eine Drei. Meistens hat es geklappt. Ich habe sie einfach zermürbt. Irgendwann hatte ich das richtig gut drauf. Ich habe immer mehr Selbstbewusstsein entwickelt. In der Universität habe ich vor jeder Prüfung gelernt, aber ich habe schon gewusst, dass ich nachher stundenlang mit meinen Professoren diskutieren würde. Ich habe gelernt, meinen Standpunkt zu vertreten. Das war eine gute Vorbereitung.« Mit »gute Vorbereitung« spielt Grazer auf seinen späteren Beruf an. Heute ist er einer der erfolgreichsten Hollywoodproduzenten der letzten 30 Jahre.[52]

Natürlich wollen viele Eltern ihren Kindern Überzeugungskunst vermitteln. Aber ein normales, gut angepasstes Kind muss diese Lektionen nicht allzu ernst nehmen. Wer mit guten Noten nach Hause kommt, hat es nicht nötig, um jedes Pünktchen zu feilschen oder sich schon als Neunjähriger Überlebensstrategien zurechtzulegen. Doch Grazer lernte Verhandeln, weil er genau wie Boies mit dem Rücken zur Wand stand. Er übte jeden Tag und lernte, aus der Verhandlung seine Stärke zu machen – und in Hollywood brauchte er genau diese Fähigkeit. Wäre Brian Grazer dort hingekommen, wo er heute ist, wenn er nicht Legastheniker wäre?

5

Diesen Zusammenhang zwischen einer neurologischen Fehlfunktion und einer erfolgreichen beruflichen Laufbahn wollen wir uns etwas genauer ansehen. Im vorigen Kapitel haben wir gesehen, dass Außenseitertum und ein weniger privilegiertes Umfeld die Freiräume eröffnen kann, die nötig sind, um eigene Ideen und Interessen zu verfolgen. Caroline Sacks hätte bessere Aussichten gehabt, ihren Traumberuf auszuüben, wenn sie eine weniger renommierte Universität besucht hätte. Der Impressionismus war nur möglich in einer kleinen Galerie, die kaum jemand besuchte, aber nicht in der angesehensten Gemäldeausstellung der Welt. Auch Legastheniker sind Außenseiter. Schon in der Schule sind sie isoliert, weil sie im Unterricht zurückbleiben. Könnte es sein, dass sie gerade als Außenseiter später einen Vorteil haben? Um diese Frage zu beantworten, wollen wir uns ansehen, welche Persönlichkeit Erneuerer und Unternehmer mitbringen müssen.

Zur Bestimmung von Persönlichkeitstypen verwenden viele Psychologen das »Big-Five-« oder »Fünf-Faktoren-Modell«, das jeden Menschen auf folgenden fünf Skalen verortet.[53] Nach Ansicht des Psychologen Jordan Peterson zeichnen sich Erneuerer und Revolutionäre durch eine ganz bestimmte Zusammensetzung dieser Eigenschaften aus, vor allem in den drei Dimensionen Offenheit, Gewissenhaftigkeit und Verträglichkeit.

■ **Neurotizismus**
☐ **(Sensibilität / Nervosität vs. Sicherheit / Selbstbewusstsein)**

■ **Extraversion**
☐ **(Dynamik / Geselligkeit vs. Eigenständigkeit / Zurückhaltung)**

■ **Offenheit für Erfahrungen**
☐ **(Erfindungsreichtum / Neugierde vs. Beständigkeit / Vorsicht)**

■ **Gewissenhaftigkeit**
☐ **(Sorgfalt / Planung vs. Spontanität / Sorglosigkeit)**

■ **Verträglichkeit**
☐ **(Kooperativität / Empathie vs. Eigeninteresse / Antagonismus)**

Dass Erneuerer offen für Neues sein müssen, muss man vermutlich nicht ausdrücklich erwähnen. Sie müssen sich Dinge vorstellen können, die andere nicht sehen, und sie müssen bereit sein, ihre eigenen Annahmen zu hinterfragen. Außerdem müssen sie sorgfältig sein. Erneuerer, die geniale Ideen haben, denen es aber an der Disziplin und Hartnäckigkeit zu deren Umsetzung fehlt, sind nicht mehr als Träumer. Auch das liegt auf der Hand.

Aber Erneuerer müssen vor allem unverträglich sein. Das heißt nicht, dass sie widerlich und fies sein müssen. Es bedeutet lediglich, dass sie auf der Verträglichkeitsskala des Fünf-Faktoren-Modells am äußersten Ende stehen. Es handelt sich um Menschen, die bereit sind, Risiken einzugehen und Dinge zu wagen, die anderen möglicherweise nicht gefallen.

Das ist nicht einfach. Die Gesellschaft stößt sich an unverträglichen Menschen. Als Menschen sind wir biologisch darauf programmiert, die Anerkennung und Zustimmung der Menschen in unserer Umgebung zu suchen. Doch ein radikaler Gedanke, der Veränderungen bewirken will, erreicht gar nichts, wenn er nicht bereit ist, Gewohnheiten zu hinterfragen. »Wenn Sie als harmoniesüchtiger Mensch eine revolutionäre Idee haben, mit der Sie bei anderen anecken – was machen Sie dann?«, fragt Peterson. »Wenn Sie Angst haben, anderen auf die Zehen zu treten und an gesellschaftlichen Strukturen zu rütteln, dann werden Sie Ihre Idee nie vortragen.« Oder wie der irische Theaterschriftsteller George Bernard Shaw einmal schrieb: »Der vernünftige Mensch passt sich der Welt an; der unvernünftige besteht auf dem Versuch, die Welt sich anzupassen. Deshalb hängt aller Fortschritt von unvernünftigen Menschen ab.«

Kaum jemand verkörpert dieses Prinzip so wie Ingvar Kamprad, Gründer des schwedischen Möbelriesen IKEA. Kamprad entdeckte, dass einer der größten Kostenfaktoren in der Herstellung der Zusammenbau der Möbel war. Es war nicht nur teuer, die Beine an einen Tisch zu montieren, sondern es verursachte vor allem zusätzliche Kosten bei der Lagerung und Lieferung. Also verkaufte er Möbel in ihren Einzelteilen, die sich in flachen Kartons transportieren und lagern ließen. Damit konnte er die gesamte Konkurrenz unterbieten.

Anfang der 1960er Jahre geriet Kamprad jedoch in Schwierigkeiten. Schwedische Möbelhersteller boykottierten IKEA. Sie waren wütend auf die Niedrigpreispolitik und weigerten sich, das Unternehmen weiter zu beliefern. IKEA stand vor dem Aus. In seiner Verzweiflung blickte Kamprad ins südliche Nachbarland Polen, ein Land mit billigen Arbeitskräften und großen Holzvorkommen. Hier kam einmal mehr Kamprads Offenheit für Neues ins Spiel: Anfang der 1960er Jahre wussten nur wenige Unternehmen, was Outsourcing bedeutete. Doch es war nicht einfach, die nötigen Geschäftsbeziehungen aufzubauen. Polen war ein kommunistisches Land, es fehlte an der Infrastruktur, den Maschinen, den qualifizierten Arbeitskräften und der Rechtssicherheit, wie sie westliche Länder boten. Doch Kamprad landete einen Coup. »Er ist ein Mikromanager«, erklärt Anders Aslund, Fellow am Peterson Institute for International Economics. »Deshalb war er da erfolgreich, wo andere gescheitert sind. Er ist selbst in diese schwierigen Länder gereist, um ganz sicher zu sein, dass auch alles funktioniert. Er ist ein sturer Hund.« Das ist seine Gewissenhaftigkeit.

Das Auffälligste an Kamprads Entscheidung, nach Polen zu gehen, ist jedoch der Zeitpunkt. Im Jahr 1961 wurde die Berliner Mauer gebaut und der Kalte Krieg erreichte seinen Höhepunkt. Ein Jahr später, während der Kubakrise, standen Ost und West am Rande eines Atomkriegs. Das wäre ungefähr so, als würde Wal-Mart heute eine Filiale in Nordkorea eröffnen. Die meisten Menschen kämen nicht einmal auf den Gedanken, Geschäfte mit dem Feind zu machen, aus Furcht, als Verräter gebrandmarkt zu werden. Anders Kamprad. Was andere von ihm hielten, war ihm egal. Das ist die Unverträglichkeit.[54]

Nur wenige Menschen verfügen über die Kreativität, die nötig ist, um Möbel in ihren Einzelteilen zu verkaufen und ihre Produktion angesichts eines Boykotts ins Ausland zu verlagern. Noch weniger Menschen haben die Disziplin, auf dieser Erkenntnis ein ganzes Möbelimperium zu errichten. Aber jemand, der nicht nur kreativ und gewissenhaft ist, sondern auch noch den Schneid hat, dem Kalten Krieg die Stirn zu bieten – das ist eine echte Seltenheit.

Legasthenie macht Menschen nicht unbedingt offener für Neues. Es macht sie auch nicht automatisch gewissenhafter. Doch diese Störung könnte es ein klein wenig leichter machen, unverträglich zu sein.

6

Gary Cohn wuchs in einem Vorort von Cleveland, Ohio, auf. Sein Vater war Bauelektriker. Das war in den 1970er Jahren, und damals wussten nur wenige Ärzte und Psychologen, was Legasthenie ist. In der Grundschule musste er eine Klasse wiederholen, weil er noch nicht lesen konnte.[55] Doch er erinnert sich: »In der Ehrenrunde war ich auch nicht besser.« Er hatte ein Problem mit der Disziplin. »Man könnte sagen, dass ich von der Grundschule geflogen bin«, erklärt er. »So was passiert halt, wenn man seine Lehrerin schlägt. Ich glaube, ich habe den Unterricht gestört. Aber die Lehrerin ist zu weit gegangen. Sie hat mich unter ihren Schreibtisch gesteckt, dann ist sie mit ihrem Stuhl an den Tisch gerollt und hat angefangen, mich zu treten. Da habe ich den Stuhl weggeschoben, ich habe ihr ins Gesicht geschlagen und bin rausgerannt. Das war in der vierten Klasse.«

Diese Phase nennt er »meine hässlichen Jahre«. Seine Eltern wussten nicht, was sie mit ihm machen sollten. »Es war die frustrierendste Zeit meines Lebens, und das will was heißen.« Er fährt fort: »Es ist nicht so, als hätte ich mich nicht angestrengt. Ich habe mich echt bemüht, aber das hat niemand mitbekommen. Die haben wirklich gedacht, ich hätte mich bewusst dafür entschieden, ein ungezogenes Kind zu sein, das nichts lernen will und nur den Unterricht stört. Sie kennen das vielleicht, da ist man sechs, sieben oder acht Jahre alt, und alle halten einen für doof, also macht man komische Sachen, um ein bisschen Anerkennung zu bekommen. Man steht jeden Morgen auf und sagt sich, heute wird alles besser, aber wenn man das ein paar Jahre gemacht hat, stellt man irgendwann fest, dass heute auch nicht besser wird als gestern. Und man weiß, dass man kämpfen muss, um durchzukommen, und dass man kämpft, um noch einen Tag zu überleben, und dann schauen wir mal, was passiert.«

Seine Eltern schleppten ihn von einer Schule zur nächsten, in der Hoffnung, dass es etwas helfen würde. »Meine Mutter wollte nur, dass ich die High School abschließe«, erzählt Cohn. »Wenn Sie sie gefragt hätten, dann hätte sie wohl gesagt, der Tag, an dem er sein Zeugnis in der Hand hält, ist der schönste Tag meines Lebens. Dann kann er meinetwegen Lastwagenfahrer werden, aber er hat seinen Abschluss.« Als es schließlich so weit war, weinte seine Mutter hemmungslos. »Ich habe noch nie jemanden so weinen gesehen«, erinnert er sich.

Im Alter von 22 Jahren bekam Gary Cohn bei US Steel in Cleveland einen Job als Verkäufer von Alutüren. Nach einem mittelmäßigen Studium hatte er seinen Abschluss von der American University in der Tasche. Einen Tag vor Thanksgiving, er befand sich gerade zu Besuch in der Verkaufsstelle des Unternehmens in Long Island, überredete er seinen Boss, ihm einen Tag freizugeben, damit er nach New York fahren und sich die Wall Street ansehen konnte. Einige Jahre zuvor hatte er ein Praktikum bei einem Börsenhändler in Cleveland gemacht, und das hatte sein Interesse am Aktienhandel geweckt. Er fuhr hinunter zur Warenbörse, die sich damals im World Trade Center befand.

»Ich wollte einen Job suchen«, erzählt er. »Aber ich hatte keine Ahnung, wo ich hin sollte. Es war ja alles abgesperrt. Erst bin ich rauf auf den Balkon, habe von oben auf die Jungs geschaut und mir gedacht, wie kann ich nur mit einem von denen reden? Also bin ich runter zur Sicherheitskontrolle am Einlass, als ob mich da jemand reinlassen würde. Natürlich nicht. Aber buchstäblich als der Handel schließt, kommt dieser elegante Typ vom Parkett angerannt und ruft seinem Mitarbeiter zu: ›Ich muss los, ich muss zum Flughafen, ich bin schon spät dran, ich ruf dich an, wenn ich da bin!‹ Ich springe zu ihm in den Aufzug und sage zu ihm: ›Sie fahren zum Flughafen?‹ Und er sagt: ›Ja.‹ Und ich sage: ›Können wir uns ein Taxi teilen?‹ Und er: ›Klar.‹ Und ich denke, cool. Es ist Freitag, Feierabendverkehr, wir sitzen eine Stunde zusammen im Taxi und ich kann versuchen, einen Job zu bekommen.« Der Fremde, mit dem Cohn ins Taxi stieg, war zufällig ein großes Tier einer wichtigen Maklerfirma an der Wall Street. Und just in dieser Woche war diese Firma in den Optionshandel eingestiegen.

»Der Typ war der neue Chef des Optionshandels, aber er hatte keine Ahnung, was eine Option war«, erzählt Cohn weiter. Er lacht, wenn er sich an seine Dreistigkeit zurückerinnert. »Ich habe ihm die ganze Fahrt über was vorgelogen. Er hat mich gefragt: ›Wissen Sie, was eine Option ist?‹ Und ich habe zu ihm gesagt: ›Klar weiß ich das. Ich weiß alles. Ich kann alles für Sie tun!‹ Als wir am Flughafen ausgestiegen sind, hatte ich seine Telefonnummer. Er hat zu mir gesagt: ›Rufen Sie mich am Montag an!‹ Also habe ich ihn am Montag angerufen, bin Dienstag oder Mittwoch wieder nach New York geflogen, habe ein Vorstellungsgespräch geführt, und am nächsten Montag habe ich angefangen. In der kurzen Zeit habe ich McMillans Buch zum Optionshandel gelesen. Das ist die Bibel.«

Das war natürlich nicht so einfach, wie es klingt, denn an einem guten Tag brauchte Cohn sechs Stunden, um 22 Seiten zu lesen.[56] Er vergrub sich in dem Buch, ackerte es Wort für Wort durch und wiederholte Sätze, bis er sie verstanden hatte. An seinem ersten Arbeitstag war er vorbereitet. »Ich habe mich buchstäblich hinter ihn gestellt und zu ihm gesagt: ›Kauf das, verkauf jenes, kauf das‹«, erzählt er. »Ich habe ihm natürlich nicht auf die Nase gebunden, was ich da mache. Vielleicht hat er es ja mitbekommen, aber das war ihm egal. Ich habe massenhaft Geld für ihn verdient.«

Cohn schämt sich nicht, wenn er an seine Anfänge an der Wall Street zurückdenkt. Trotzdem wäre es falsch, zu glauben, dass er stolz darauf ist. Es ist nicht sonderlich schmeichelhaft, dass er sich in seinen ersten Job geblufft hat, und das weiß er auch. Er ist einfach nur ehrlich, als er es erzählt, als wolle er sagen: Das bin ich.

Als er damals im Taxi saß, musste Cohn eine Rolle spielen und sich als erfahrener Optionshändler ausgeben. Die meisten von uns hätten sich in dieser Situation verraten. Wir sind es nicht gewöhnt zu schauspielern. Aber Cohn hatte seit der Grundschule Rollen gespielt. *Sie kennen das vielleicht, da ist man sechs, sieben oder acht Jahre alt, und alle halten einen für doof, also macht man komische Sachen, um ein bisschen Anerkennung zu bekommen.* Immer noch besser, den Klassenkasper zu spielen, als der Depp zu sein. Und für jemanden, der sein Leben lang geschauspielert hat, ist es nicht sonderlich schwer, eine Stunde lang in einem Taxi zum Flughafen zu bluffen.

Aber die meisten von uns wären erst gar nicht in das Taxi gestiegen, weil wir Angst vor den möglichen sozialen Folgen gehabt hätten. Der Börsenmakler könnte uns doch sofort durchschauen und überall herumerzählen, dass da draußen jemand herumläuft, der sich als Optionshändler ausgibt. Das wäre das Ende. Er würde uns aus dem Taxi werfen. Wir würden uns nach Hause schleichen in dem Gefühl, dass der Optionshandel nichts für uns ist. Oder wir kämen am Montagmorgen an die Börse und würden uns zum Narren machen. Spätestens nach einer Woche oder einem Monat wären wir erst auf- und dann rausgeflogen. Die Taxifahrt war definitiv eine unverträgliche Aktion, und die meisten von uns wollen doch möglichst verträglich sein. Und Cohn? Der verkauft Alutüren. Seine Mutter meinte, er könne von Glück reden, wenn er Lastwagen fahren dürfte. Er war mehrmals von der Schule geflogen, als »doof« abgetan worden und brauchte selbst als Erwachsener sechs Stunden, um sich durch 22 Seiten zu quälen, weil er den Text Wort für Wort durchackern musste, um sicher zu sein, das er alles verstand. Er hatte nichts zu verlieren.

»Als Kind hatte ich gelernt, mit dem Scheitern zu leben«, erzählt er. »Von anderen Legasthenikern, die ich kenne, weiß ich eines: Wenn wir von der Universität abgehen, haben wir eine besondere Fähigkeit entwickelt, mit dem Scheitern fertig zu werden. In den meisten Situationen sehen wir deswegen eher das Licht, nicht den Schatten. Es bringt uns nicht aus der Fassung. Ich habe oft darüber nachgedacht, denn es hat mich zu dem gemacht, was ich bin. Ohne die Legathenie wäre ich heute nicht da, wo ich bin. Dieses Risiko wäre ich nie eingegangen.«

Im besten Fall zwingt die Legasthenie also, Fähigkeiten zu entwickeln, die andernfalls nie in Erscheinung getreten wären. Sie bringt Menschen dazu, Dinge zu tun, die man unter anderen Umständen nicht einmal in Erwägung gezogen hätte, weshalb man wie Kamprad eine unangenehme Reise nach Polen auf sich nimmt oder in ein Taxi springt, um jemandem eine Rolle vorzuspielen. Übrigens: Kamprad ist ebenfalls Legastheniker. Und Gary Cohn? Der wurde als Händler ungewöhnlich erfolgreich, und der Umgang mit dem Scheitern erwies sich als ausgesprochen gute Vorbereitung für eine Laufbahn in der Wirtschaft. Heute ist Cohn Präsident der Investmentabteilung von Goldman Sachs.

KAPITEL 5

Ich weiß nicht, wie Jay das ausgehalten hat.

Emil »Jay« Freireich

I

Jay Freireich war noch ein kleiner Junge, als plötzlich sein Vater starb. Die Freireichs waren aus Ungarn in die Vereinigten Staaten eingewandert und hatten in Chicago ein Restaurant eröffnet. Dann kam der Börsencrash des Jahres 1929, und sie verloren alles. »Sie haben ihn im Bad gefunden«, erzählt Freireich. »Ich nehme an, dass es Selbstmord war, denn er war allein. Er war nach Chicago gekommen, weil ein Bruder von ihm da gelebt hat. Kurz nach dem Börsencrash hat der Bruder die Stadt verlassen. Mein Vater hatte eine Frau, zwei kleine Kinder, kein Geld und das Restaurant war auch futsch. Er muss ziemlich verzweifelt gewesen sein.«

Freireichs Mutter nahm eine Stelle in einer Näherei an, wo sie im Akkord Krempen an Hüte nähte. Pro Hut bekam sie 2 Cent. Sie sprach kaum Englisch. »Sie hat 18 Stunden am Tag gearbeitet, und zwar sieben Tage die Woche, um die Miete für unsere Wohnung bezahlen zu können«, erzählt Freireich weiter. »Wir haben sie nie gesehen. Wir hatten eine kleine Wohnung auf der Westseite des Humboldt-Parks, gleich neben dem jüdischen Viertel. Weil sie ihren zweijährigen Jungen und seine fünfjährige Schwester nicht allein zu Hause lassen konnte, hat sie eine irische Einwanderin angestellt, die für Kost und Logis gearbeitet hat. Diese irische Frau hat mich großgezogen. Wir haben sie geliebt, für mich war sie meine Mutter. Als ich neun war, hat meine Mutter einen Ungarn kennengelernt, einen Witwer mit einem Sohn, und sie hat ihn geheiratet. Es war eine Zweckehe. Er konnte sich nicht um seinen Sohn kümmern, und sie war allein. Der Mann war ein verbitterter, verschrumpelter Kerl. Also haben die beiden geheiratet, meine Mutter hat in der Näherei gekündigt und ist wieder auf der Bildfläche erschienen. Natürlich konnten sie sich das Kindermädchen nicht mehr leisten. Also haben sie sie rausgeworfen. Sie haben meine Mutter rausgeworfen. Das habe ich meiner Mutter nie verziehen.«

Die Familie zog von einer Wohnung in die nächste. Proteine in Form von Fleisch gab es einmal pro Woche. Freireich erinnert sich, wie er auf der Suche nach einer Flasche Milch für 4 Cent von einem Geschäft zum nächsten lief, denn den üblichen Preis von 5 Cent pro Flasche konnte sich die Familie nicht leisten. Er lebte auf der Straße. Er stahl. Mit seiner Schwester verstand er sich nicht, sie war eher eine Zuchtmeisterin als eine Freundin. Seinen Stiefvater konnte er nicht ausstehen, doch die Ehe hielt ohnehin nicht lange. Auch seine Mutter konnte er nicht leiden. »Das bisschen Hirn, das sie hatte, hat sie in der Näherei gelassen«, sagt er. »Sie war eine zornige Frau. Und dann musste sie auch noch diesen hässlichen Typen heiraten, der diesen Kerl mitgebracht hat, meinen Stiefbruder, der die Hälfte von allem bekam, was mir zustand, und dann setzten sie auch noch meine Mutter vor die Tür.« Er verstummt.

Freireich sitzt an seinem Schreibtisch. Er trägt einen weißen Arztkittel. Die Ereignisse, die er schildert, liegen lange zurück, und trotzdem sind sie sehr präsent. »Ich kann mich nicht daran erinnern, dass sie mich jemals in den Arm genommen oder geküsst hätte«, erzählt er. »Meinen Vater hat sie nie erwähnt. Ich habe keine Ahnung, ob er sie gut oder schlecht behandelt hat. Ich habe nie ein Wort gehört. Ob ich mir jemals Gedanken mache, wie er war? Dauernd. Ich habe ein Foto von ihm.« Freireich dreht seinen Stuhl um und öffnet auf dem Bildschirm einen Ordner mit Bildern. Auf dem Bildschirm erscheint das grobkörnige Foto eines Mannes, der Freireich sehr ähnlich sieht. »Das ist das einzige Bild von ihm, das meine Mutter hatte«, sagt er. Die Ränder des Fotos sind ausgefranst – offenbar war es aus einem größeren Familienfoto ausgeschnitten worden.

Ich frage ihn nach dem irischen Kindermädchen, das ihn aufgezogen hatte. Wie hieß sie? Er hält inne – eine für ihn seltene Pause. »Ich erinnere mich nicht«, gesteht er. »Es fällt mir bestimmt gleich wieder ein.« Er denkt einen Moment lang nach. »Meine Schwester würde sich bestimmt daran erinnern, und meine Mutter auch. Aber die leben beide nicht mehr. Ich habe keine lebenden Verwandten mehr – nur zwei Cousinen.« Er schweigt wieder eine Weile. »Ich glaube, sie hieß Mary. Ja, ich glaube ... Aber meine Mutter hieß Mary. Vielleicht verwechsle ich da was ...«

Freireich ist 84 Jahre alt, doch es handelt sich nicht um eine normale Gedächtnislücke. Jay Freireich hat keine Gedächtnislücken. Wir führen unser erstes Gespräch im Frühjahr, treffen uns ein halbes Jahr später wieder und einige Monate später noch einmal. Jedesmal ruft er Namen, Daten und Fakten mit der Präzision eines Computers ab, und wenn er zum zweiten Mal auf ein bestimmtes Thema zu sprechen kommt, unterbricht er sich und sagt: »Aber das habe ich Ihnen ja schon alles erzählt.« Wenn er sich nicht an den Namen der Frau erinnern kann, die ihn großgezogen hat, dann deshalb, weil diese Zeit so schmerzhaft für ihn war, dass er sie tief in seinem Gedächtnis vergraben hat.

2

In den Jahren vor dem Zweiten Weltkrieg war die britische Regierung zunehmend besorgt. Wenn es zum Krieg kommen und die deutsche Luftwaffe groß angelegte Luftangriffe auf London fliegen sollte, dann hätte ihr die britische Militärführung nur wenig entgegenzusetzen. Basil Liddell Hart, einer der führenden Militärexperten der Zeit, ging davon aus, dass in den ersten Wochen einer deutschen Großoffensive auf London eine Viertelmillion Zivilisten verwundet oder getötet werden würden. Winston Churchill beschrieb die Hauptstadt des britischen Weltreichs als »das größte Ziel der Welt, eine fette, wertvolle

Kuh, die gemästet wurde und nun die Raubtiere anlockt«.[57] Seiner Ansicht nach war die Stadt einem Angriff schutzlos ausgeliefert, und er ging davon aus, dass zwischen drei und vier Millionen Londoner aufs Land fliehen würden. Im Jahr 1937, zwei Jahre vor Kriegsausbruch, erstellte die britische Militärführung den bis dahin pessimistischsten Bericht: Ein kontinuierlicher Luftangriff durch die Deutschen werde bis zu 600 000 Todesopfer und 1,2 Millionen Verwundete fordern und zu Massenpanik auf den Straßen führen. Die Menschen würden sich weigern, zur Arbeit zu gehen. Die Industrieproduktion bräche zusammen. Die Armee könnte sich einem deutschen Angriff nicht entgegenstellen, da sie vor allem damit beschäftigt wäre, unter den panischen Bürgern die Ordnung zu wahren. Für kurze Zeit erwogen die Planer den Bau eines riesigen Netzes von unterirdischen Bunkern in ganz London, doch sie verwarfen den Plan bald wieder, weil sie fürchteten, dass die Schutzsuchenden die Bunker nicht mehr verlassen würden. Stattdessen richteten sie in den Außenbezirken eine Reihe psychiatrischer Kliniken ein, um die erwartete Flut von traumatisierten Opfern zu behandeln. »Die Wahrscheinlichkeit ist groß, dass uns dies den Krieg kosten könnte«, hieß es in dem Bericht.

Im Herbst 1940 begann der lange erwartete Luftangriff. Den Auftakt machten 57 aufeinander folgende Nächte mit verheerenden Bombenabwürfen. Über einen Zeitraum von insgesamt acht Monaten donnerten deutsche Bomber über den Himmel von London und warfen Zehntausende Sprengbomben und mehr als eine Million Brandbomben ab. Etwa 40 000 Menschen starben, weitere 46 000 wurden verwundet. Zehntausende Gebäude wurden beschädigt oder zerstört. Im Londoner East End wurden ganze Stadtteile dem Erdboden gleich gemacht. Es war der von den britischen Behörden so gefürchtete Großangriff, mit einem Unterschied: Die Londoner reagierten ganz anders als erwartet.[58]

Zu keinem Zeitpunkt brach Panik aus. Die psychiatrischen Kliniken am Stadtrand wurden in militärische Einrichtungen umgewandelt, da es keine Patienten gab. Mit Beginn der Angriffe wurden viele Frauen und Kinder evakuiert und aufs Land gebracht. Doch die Menschen, die in der Stadt bleiben mussten, blieben überwiegend freiwillig. Im Laufe des sogenannten »Blitz« wurden die deutschen Angriffe immer heftiger, doch die britischen Behörden stellten erstaunt fest, dass die Londoner nicht nur mit Mut, sondern sogar mit einer Art Gleichgültigkeit auf die dauernden Bombenabwürfe reagierten.« Ein englischer Psychiater schrieb kurz nach Kriegsende:

» Im Oktober 1940 hatte ich die Gelegenheit, kurz nach einer Reihe von Angriffen auf den Südosten Londons durch die betroffenen Stadtteile zu fahren. Gut alle hundert Meter sah ich einen Bombenkrater oder die Ruinen eines Wohn- oder Geschäftshauses. Als plötzlich die Sirenen zu heulen begannen, blickte ich umher, um zu sehen, was passieren würde. Eine Nonne, die mit einem Kind die Straße entlangging, nahm dieses bei der Hand und beschleunigte ihren Schritt. Doch wir beide schienen die Einzigen zu sein, die den Fliegeralarm gehört hatten. Kleine Jungen spielten ungerührt weiter auf den Gehsteigen, Käufer setzten ihre Einkäufe fort, ein Polizist regelte den Verkehr mit gravitätischer Langeweile und Radfahrer trotzten dem Tod und den Verkehrsregeln. Soweit ich sehen konnte, blickte niemand zum Himmel. «[59]

Vermutlich fällt es Ihnen schwer, diese Schilderung zu glauben. Der »Blitz« war schließlich Krieg. Wenn irgendwo eine Bombe explodierte, flogen tödliche Splitter in alle Richtungen. Jede Nacht stand ein anderer Stadtteil in Flammen. Mehr als eine Million Menschen verloren ihr Zuhause. Tausende drängten sich Nacht für Nacht in den improvisierten Luftschutzräumen der U-Bahn-Stationen. Von draußen drang unablässig das Donnern der Flugzeuge, das Dröhnen der Explosionen, das Knattern der Flugabwehrkanonen, das Geheul der Krankenwagen, Feuerwehrautos und Sirenen herein. Nach einer Umfrage vom 12. September 1940 hatte ein Drittel der Londoner in der Nacht zuvor kein Auge zugemacht, und ein weiteres Drittel hatte weniger als vier Stunden geschlafen. Die britischen Behörden hatten nicht zu Unrecht Angst vor einer Massenpanik.

Die gängige Erklärung für die Reaktion der Londoner ist der legendäre Stoizismus der Briten, die *stiff upper lip* (verständlicherweise ist das die Erklärung, die den Briten selbst am besten gefällt). Bald wurde jedoch klar, dass nicht nur die Briten so reagierten. Auch in anderen Ländern erwiesen sich die Zivilisten angesichts der Luftangriffe als unerwartet robust. Die Londoner waren also keineswegs einmalig. Im Gegenteil, ihre Reaktion schien typisch menschlich. Nach dem Krieg kursierten verschiedene Theorien, die das Geheimnis des »London Blitz« erklären sollten. Die einflussreichste stammte von dem kanadischen Psychiater J. T. MacCurdy.

MacCurdy erklärte, in einer Bombennacht gebe es drei Gruppen von Betroffenen. Die erste Gruppe sind die Toten. Für sie hat der Abwurf ganz offensichtlich die verheerendste Wirkung. Doch wie MacCurdy (vielleicht ein wenig kühl) konstatiert: »Die Moral der Gemeinschaft hängt von der Reaktion der Überlebenden ab, weshalb die Toten keine Rolle spielen – sie laufen schließlich nicht durch die Straßen und verbreiten Panik.«[60]

Die zweite Gruppe sind die Traumatisierten:

>> Sie spüren die Explosion, sehen die Zerstörung, erleben das Grauen des Blutbads, werden vielleicht selbst verwundet, doch sie überleben und sind zutiefst erschüttert. Diese Erschütterung hat eine Verstärkung der Angstreaktion in Zusammenhang mit der Bombardierung zur Folge. Sie kann einen »Schock« bewirken, einen Zustand, der von Betäubung bis zu Schreckhaftigkeit reicht und eine unablässige Beschäftigung mit dem erlebten Grauen zur Folge haben kann. <<

Und schließlich sind da noch die Überlebenden: die Menschen, die von den Sirenen aufgeschreckt werden, die Bomber am Himmel sehen und die Explosionen hören. Doch die Bomben schlagen ein paar Häuser oder Straßen weiter ein. Für sie bedeutet der Angriff das genaue Gegenteil wie für die Traumatisierten. Sie haben überlebt, und wenn sie diese Erfahrung zwei- oder dreimal gemacht haben, geht mit dem Angriff »ein Gefühl der Euphorie und Unverwundbarkeit« einher, wie

MacCurdy schrieb. Wer knapp mit dem Leben davonkommt, lebt mit dem Schrecken weiter. Die übrigen Überlebenden haben das Gefühl, unbesiegbar zu sein.

In Tagebüchern und Erinnerungen von Londonern, die den »Blitz« erlebten, taucht dieses Phänomen immer wieder auf. Zum Beispiel hier:

»» Als die Sirenen losheulten, ging ich mit meinen Kindern in das Erdloch im Garten. Ich war mir sicher, dass wir sterben würden. Dann kam die Entwarnung, und nichts war passiert. Seit dem Moment, in dem wir heil aus dem Erdloch gekommen sind, habe ich das Gefühl, dass uns nichts zustoßen kann. «[61]

Oder in diesem Eintrag aus dem Tagebuch einer jungen Frau, deren Haus unter einer Explosion in der Nachbarschaft erbebte:

»» Ich lag am Boden mit einem unbeschreiblichen Gefühl des Glücks und des Triumphs. »Ich bin bombardiert worden!«, sagte ich mir immer wieder und probierte den Satz aus wie ein neues Kleid, um zu sehen, wie er mir stand. »Ich bin bombardiert worden! »Ich bin bombardiert worden! Ich!«
Es ist natürlich schrecklich, so etwas zu sagen, wo doch letzte Nacht so viele Menschen getötet und verwundet wurden. Aber ich hatte in meinem ganzen Leben noch nie ein derart reines und unverfälschtes Glücksgefühl erlebt. «[62]

Warum also ließ der Blitz die Londoner derart unberührt? Weil es bei 40 000 Toten und 46 000 Verletzten, hochgerechnet auf 8 Millionen Einwohner des gesamten Stadtgebiets, deutlich mehr Überlebende gab, die aus der Erfahrung gestärkt hervorgingen, als Traumatisierte, die mit dem Schrecken weiterlebten.
Auf dem Höhepunkt der Bombardierungen wurde ein Arbeiter einer Knopffabrik gefragt, ob er sich aufs Land evakuieren lassen wollte. Er war zweimal ausgebombt worden, doch ihm und seiner Frau war bei-

de Male nichts passiert. Er weigerte sich: »Wie? Das soll ich mir entgehen lassen?«, rief er aus. »Nicht um alles Gold in China! Sowas hat's doch noch nie gegeben! Noch nie! Und es wird auch nie wieder kommen!«[63]

3

Vielleicht sind nicht alle Schwierigkeiten schlecht, vielleicht könnten einige tatsächlich wünschenswert sein. Eine Leseschwäche ist eine echte Hürde, es sei denn, Sie sind jemand wie David Boies und werden dank dieser Hürde zu einem guten Zuhörer, oder Sie sind jemand wie Gary Cohn und die Hürde verleiht Ihnen den Mut, Risiken einzugehen, die Sie andernfalls wohl nicht eingehen würden.

MacCurdys Unterscheidung zwischen Traumatisierten und Überlebenden lässt uns diesen Gedanken noch weiter spinnen. Winston Churchill und die britische Militärführung sahen einem deutschen Angriff auf London deshalb mit solcher Sorge entgegen, weil sie annahmen, dass die Bombardierung alle Bürger der Stadt gleichermaßen betreffen würde und dass die Überlebenden kaum weniger unter Schock stehen würden als die Traumatisierten.

Doch nach Ansicht von MacCurdy bewies der »Blitz«, dass schreckliche Erfahrungen zwei ganz unterschiedliche Reaktionen bewirken können. Dasselbe Ereignis kann die einen bis in ihre Grundfesten erschüttern, während sich die anderen danach sogar besser fühlen. Denn der Arbeiter aus der Knopffabrik, der zweimal ausgebombt wurde, und die junge Frau, deren Haus unter dem Angriff erbebte, wurden durch ihre Erfahrung gestärkt. Sie konnten zwar nichts an der Tatsache ändern, dass um sie herum Krieg herrschte. Doch sie hatten die Angst abgelegt, die ein Leben im Krieg unerträglich machen kann.

Legathenie ist ein klassisches Beispiel für ein ganz ähnliches Phänomen. Vielen Betroffenen gelingt es nicht, ihre Behinderung zu kompensieren. Nicht umsonst sitzt ein überproportional großer Anteil von

Legasthenikern im Gefängnis. Diese Menschen unterlagen in ihrem dauernden Kampf mit einfachsten schulischen Aufgaben. Bei Menschen wie Gary Cohn und David Boies bewirkte dieselbe neurologische Störung jedoch das genaue Gegenteil. Die Legasthenie hätte Cohn beinahe zerstört und hinterließ eine Spur des Leids und der Angst. Doch er war intelligent, wurde von seiner Familie unterstützt, und mit reichlich Glück und anderen Ressourcen gelang es ihm, die schlimmsten Auswirkungen abzuwenden und gestärkt aus der Erfahrung hervorzugehen. Wie die britische Militärführung machen wir nur zu oft den Fehler, anzunehmen, dass eine schreckliche Erfahrung nur eine einzige Reaktion zulässt. Das stimmt nicht. Es gibt zwei Möglichkeiten. Und das bringt uns zurück zu Jay Freireich und der Kindheit, an die er sich nicht erinnern wollte.

4

Als Jay Freireich neun Jahre alt war, bekam er eine Mandelentzündung. Er war sehr krank. Der Hausarzt, ein gewisser Dr. Rosenblum, kam in die Wohnung, um die entzündeten Mandeln zu entfernen. »Ich habe damals nie einen erwachsenen Mann zu Gesicht bekommen«, erinnert sich Freireich. »Ich habe nur Frauen gekannt. Wenn ich mal einen Mann gesehen habe, dann war der schmutzig und trug Arbeitsklamotten. Aber Rosenblum hatte einen Anzug mit Krawatte an, er war würdevoll und freundlich. Deswegen habe ich seit damals davon geträumt, ein berühmter Arzt zu werden. Eine andere Laufbahn kam für mich nicht mehr infrage.«

In der High School nahm ihn sein Physiklehrer unter die Fittiche und riet ihm zu studieren. »Ich habe gefragt: ›Was brauche ich dazu?‹ Und er hat gesagt: ›Wenn du 25 Dollar auftreiben kannst, dann schaffst du es wahrscheinlich.‹ Das war 1942. Damals ist es uns wirtschaftlich etwas besser gegangen, aber keineswegs gut. 25 Dollar waren eine Menge Geld. Ich glaube, meine Mutter hatte noch nie 25 Dollar auf einem

Haufen gesehen. Sie hat gesagt: ›Mal sehen, was ich machen kann.‹ Ein paar Tage später ist sie wiedergekommen. Sie hatte eine Ungarin aufgetrieben, deren Mann gerade gestorben war und der ihr ein bisschen Geld hinterlassen hatte. Ob Sie es glauben oder nicht, meine Mutter hat mir die 25 Dollar gegeben. Sie hat das Geld nicht für sich behalten, sondern sie hat es mir gegeben. Damals war ich 16 und voller Optimismus.«

Freireich setzte sich in den Zug und fuhr von Chicago nach Champaign Urbana zum Campus der University of Illinois. Dort mietete er sich ein Zimmer in einer Pension. Um die Studiengebühren bezahlen zu können, arbeitete er als Kellner in einem Verbindungshaus, was den zusätzlichen Vorteil hatte, dass er dort die Reste essen konnte. Er war ein guter Student und erhielt einen Studienplatz in Medizin. Danach absolvierte er sein Praktikum am Cook County Hospital, dem größten staatlichen Krankenhaus von Chicago.

Medizin war damals ein vornehmer Beruf. Ärzte genossen großes Ansehen und kamen in der Regel aus der oberen Mittelschicht. Freireich fiel aus dem Rahmen. Einmal hatte er ein Rendezvous mit einer Frau, die aus deutlich besseren Verhältnissen stammte als er. Sie war elegant und gebildet und er war ein Schläger aus Humboldt Park, der aussah und sprach wie der Leibwächter eines Gangsters der dreißiger Jahre. »Wir sind ins Konzert gegangen. Es war das erste Mal, dass ich klassische Musik gehört habe«, erinnert er sich. »Ich hatte noch nie Ballett gesehen. Ich hatte noch nie ein Theater besucht. Nach dem Krieg hatte meine Mutter einen kleinen Fernseher, das war alles. Keine Literatur, keine Kunst, keine Musik, kein Tanz, gar nichts. Es ging nur darum, etwas zu essen auf den Tisch zu bekommen. Und nicht verprügelt oder umgebracht zu werden. Es war ziemlich hart.«[64]

Seine Ausbildung zum Facharzt machte Freireich in der Hämatologie in Boston. Von da wurde er in die Armee einberufen und leistete seinen Wehrdienst am Nationalen Krebsforschungszentrum in der Nähe von Washington, DC. Er galt als brillanter und leidenschaftlicher Arzt, der morgens als erster ins Krankenhaus kam und abends als letzter nach Hause ging. Doch er war nie mehr als einen Schritt von seinen stürmischen Anfängen entfernt. Er war aufbrausend und nicht gerade für seine Geduld und Sanftmut bekannt. Mit seinen knapp 1,95 Metern und seiner breiten Brust macht er noch heute eine imponierende Figur, auch wenn er inzwischen über achtzig Jahre alt ist. Sein Kopf ist selbst für einen Körper dieser Größe überdimensioniert, weshalb er noch größer wirkt. Er redet gern, ununterbrochen, laut und mit den harten Vokalen seiner Heimatstadt Chicago. Wenn er seinen Aussagen besondere Betonung verleihen möchte, wird er gern laut und schlägt mit der Faust auf den Tisch – bei einer dieser Gelegenheiten zertrümmerte er die Glasplatte eines Konferenztischs. (Später hieß es, danach habe Freireich zum ersten Mal den Mund gehalten.)

Ein Kollege erinnert sich an seinen unvergesslichen ersten Eindruck von Freireich: »ein Riese, der am anderen Ende des Raums in ein Telefon brüllte«. Ein anderer beschreibt ihn als »völlig unbezähmbar. Er hat nie ein Blatt vor den Mund genommen.« Insgesamt wurde er sieben Mal entlassen, das erste Mal noch während seiner Zeit als Assistenzarzt im Presbyterian Hospital, wo er sich mit der Oberschwester angelegt hatte. Ein ehemaliger Kollege erinnert sich an einen späteren Vorfall, als Freireich den Fehler eines Assistenzarztes entdeckte. Es war eine triviale Angelegenheit, der Mann hatte lediglich einen Laborbefund übersehen. »Der Patient ist gestorben. Aber das hatte nichts damit zu tun, dass der Arzt den Befund übersehen hatte. Jay hat ihn noch im Krankenzimmer angebrüllt, vor fünf oder sechs Ärzten und Schwestern. Er hat ihn als Mörder beschimpft, und der Mann ist in Tränen ausgebrochen.« Wenn seine Freunde über Freireich sprechen, kommt früher oder später ein Aber. Ich mag ihn, aber einmal hätten wir uns fast geprügelt. Ich habe ihn zum Essen zu mir nach Hause eingeladen, aber er hat meine Frau beleidigt. »Die Freireichs zählen bis heute zu meinen besten Freunden«, sagt Evan Hersh, ein Onkologe, mit dem Freireich zu Beginn seiner Laufbahn zusammengearbeitet hatte. »Wir laden ihn zu allen unseren Hochzeiten und Bar Mizwas ein. Ich liebe ihn, als wäre er mein Vater. Aber damals war er ein Tiger. Wir haben uns furchtbar gestritten. Manchmal haben wir wochenlang kein Wort miteinander gesprochen.«

Aber ist es denn so verwunderlich, dass Freireich so ist, wie er ist? Wenn die meisten von uns ihre Kollegen nicht anschreien und als Mörder beschimpfen, dann liegt das daran, dass wir uns in ihre Lage versetzen können. Wir können nachempfinden, was jemand fühlt. Das können wir deshalb, weil wir als Kinder in unserem Leid unterstützt, getröstet und verstanden wurden. Dank diesem Mitgefühl, das andere mit uns hatten, lernen wir später, Mitgefühl mit anderen zu haben: Das Vorbild ist die Voraussetzung für unsere eigene Empathiefähigkeit. Doch in Freireichs Kindheit endete jede menschliche Beziehung in Tod und Verlassenwerden. Eine derart finstere Kindheit lässt nur Schmerz und Zorn zurück.

Einmal unterbricht er seine Erinnerungen an seine Laufbahn als Arzt, um sich darüber aufzuregen, dass unheilbare Krebspatienten in eine Sterbeklinik eingewiesen werden. »Eine Menge Ärzte wollen in Sterbekliniken arbeiten. Was soll das? Wie kann man einen Menschen so behandeln?« Wenn Freireich in Fahrt kommt, wird er laut und schiebt den Unterkiefer vor. »Die sagen, Sie haben Krebs und Sie müssen sterben. Sie haben Schmerzen und das ist alles ganz furchtbar. Ich schicke Sie in eine Klinik, in der Sie einen angenehmen Tod sterben können. Das würde ich nie zu irgendjemandem sagen. Ich würde sagen: Sie leiden, Sie haben Schmerzen, ich werde Ihr Leid lindern. Vielleicht können wir etwas für Sie tun. Ich sehe jeden Tag Wunder. Wir können uns keinen Pessimismus leisten, denn wir sind die Einzigen, die den Patienten Mut machen können. Am Dienstagmorgen mache ich meine Lehrvisiten, und manchmal sagen die Praktikanten: ›Der Mann ist 80. Seine Situation ist aussichtslos.‹ Natürlich nicht! Die Situation ist schwieriger, aber es ist doch nicht aussichtslos! In solchen Situationen müssen Sie eben etwas finden. Sie müssen herausfinden, wie Sie ihm helfen können, denn der Mensch braucht Hoffnung, um zu überleben.« Er brüllt fast. »Ich war nie deprimiert. Ich habe mich nie zu den Eltern gesetzt und geweint, weil ihr Kind stirbt. Das würde ich als Arzt nie tun. Wenn meine Kinder sterben, würde ich wahrscheinlich durchdrehen. Aber als Arzt legt man einen Eid ab, dass man den Leuten hilft. Das ist unser Job.«

So ging das noch einige Minuten weiter, und Freireichs Persönlichkeit wurde nahezu erdrückend. Natürlich wünscht sich jeder von uns einen Arzt, der nicht aufgibt und die Hoffnung nicht verliert. Aber wir wünschen uns auch einen Arzt, der sich in unsere Lage versetzen kann und versteht, wie wir uns fühlen. Wir wünschen uns eine würdevolle Behandlung, doch eine würdevolle Behandlung setzt Empathie voraus. War Freireich dazu in der Lage? *Ich war nie deprimiert. Ich habe mich nie zu den Eltern gesetzt und geweint, weil ihr Kind stirbt.* Wenn man uns fragen würde, ob wir jemandem eine Kindheit wünschen würden, wie sie Freireich hinter sich hatte, würden wir mit Sicherheit Nein sagen, denn wir können uns nicht vorstellen, dass eine Kindheit wie diese irgendetwas Gutes bringen soll. Eine Kindheit wie diese hinterlässt ein einziges Trauma.

Oder vielleicht doch nicht?

5

Anfang der 1960er Jahre befragte der Psychologe Marvin Eisenstadt »Kreative« – Erfinder, Künstler und Unternehmer –, um Muster und Trends aufzuspüren. Bei der Auswertung seiner Befragungen stieß er auf einen sonderbaren Zusammenhang: Ein erstaunlich großer Anteil hatte während der Kindheit mindestens einen Elternteil verloren. Die von Eisenstadt untersuchte Gruppe war zu klein, um auszuschließen, dass es sich lediglich um einen Zufall handelte. Doch die Frage ließ ihn nicht los. Was wäre, wenn es kein Zufall war? Wenn es tatsächlich einen Zusammenhang gab? In der psychologischen Literatur hatte er verstreut ein paar Hinweise gefunden. In den 1950er Jahren hatte die Wissenschaftshistorikerin Anne Roe in einer Arbeit über berühmte Biologen nebenbei angemerkt, dass viele als Waisen oder Halbwaisen aufgewachsen waren. Einige Jahre später beobachteten Literaturwissenschaftler dasselbe Phänomen bei einer nicht repräsentativen Übersicht über berühmte Dichter und Schriftsteller wie John Keats, William

Wordsworth, Samuel Taylor Coleridge, Jonathan Swift, Edward Gibbon und William Makepeace Thackeray. Mehr als die Hälfte davon hatte vor dem 15. Lebensjahr Vater oder Mutter verloren.[65] Dieser Zusammenhang zwischen Erfolg und dem Verlust eines Elternteils war eine dieser Fußnoten, mit denen niemand etwas anzufangen weiß. Also machte sich Eisenstadt an ein ehrgeiziges Projekt.

»Das muss 1963 oder 1964 gewesen sein«, erinnert er sich. »Ich habe mit der *Encyclopædia Britannica* angefangen und später die *Encyclopedia Americana* dazugenommen.« Eisenstadt legte eine Liste aller Personen von Homer bis John F. Kennedy an, deren Artikel in der Enzyklopädie mehr als eine Spalte einnahmen – ein ganz gutes Maß für eine bedeutende Lebensleistung. Auf diese Weise kam er auf 669 Männer und Frauen. Danach suchte er zu jeder dieser Personen biografische Informationen. »Es hat mich zehn Jahre gekostet«, berichtet Eisenstadt. »Ich habe Bücher in allen möglichen Sprachen gelesen und in der Kongressbibliothek und der genealogischen Bibliothek in New York City recherchiert. Ich habe so viele Profile zusammengestellt wie möglich, bis ich eine gute statistische Probe hatte.«

Von den 573 berühmten Menschen, zu denen Eisenstadt verlässliche biografische Informationen auftreiben konnte, hatte eine Viertel vor dem zehnten Lebensjahr mindestens einen Elternteil verloren. Bis zum 15. Lebensjahr war dieser Anteil auf 34,5 Prozent gestiegen, und bis zum 20. Lebensjahr waren es 45 Prozent.[66] Obwohl die Lebenserwartung vor dem Beginn des 20. Jahrhunderts durch Krankheiten, Unfälle und Kriege deutlich niedriger war als heute, waren dies erstaunliche Zahlen.

Während Eisenstadt diese Untersuchungen anstellte, schrieb Lucille Iremonger eine Geschichte der britischen Premierminister. Sie konzentrierte sich auf den Zeitraum zwischen dem Beginn des 19. Jahrhunderts und dem Ausbruch des Zweiten Weltkriegs. Sie fragte sich, welchen Hintergrund und welche Eigenschaften jemand mitbringen musste, um an die Spitze des größten Weltreichs der Geschichte zu kommen. Wie Eisenstadt stieß sie auf einen merkwürdigen Umstand, »der so verbreitet war, dass ich mich fragte, ob es sich um mehr als einen Zufall handeln konnte«, wie sie schrieb.[67] Von den untersuchten Premierministern hatten 76 Prozent vor dem 16. Lebensjahr mindestens einen Elternteil verloren – doppelt so viele wie der Rest der britischen Oberschicht, aus der diese Politiker stammten. Das Muster wiederholte sich unter den Präsidenten der Vereinigten Staaten: Von den bisher 44 Amtsträgern verloren zwölf noch während der Kindheit ihren Vater. [68]

Seither taucht das Thema der schwierigen Kindheit und des Verlusts eines Elternteils immer wieder in der Forschungsliteratur auf. Beispielsweise in einem spannenden Aufsatz, in dem der Psychologe Dean Simonton der Frage nachgeht, warum so viele begabte Kinder die in sie gesetzten Hoffnungen nicht erfüllen. Als Grund nannte er »ihre übermäßige psychische Gesundheit«. Diese Kinder seien »zu konventionell, zu gehorsam und zu fantasielos, um mit einer revolutionären Idee Aufsehen zu erregen«. Weiter schreibt er: »Begabte Kinder entwickeln sich vor allem in einem positiven familiären Umfeld. Genies haben dagegen die perverse Neigung, unter widrigen Bedingungen aufzuwachsen.«[69]

Das ist natürlich schwer zu schlucken. Es klingt ganz so, als wäre der Verlust eines Elternteils eine gute Sache. »Die Leute machen immer Witze und sagen zu mir: ›Sie meinen also, ich wäre besser dran, wenn ich keine Eltern hätte oder wenn ich meinen Vater umgebracht hätte‹«, sagt Eisenstadt. »Die Vorstellung, dass es manche Menschen ohne Eltern weiter bringen könnten, klingt bedrohlich, denn wir gehen für gewöhnlich davon aus, dass Eltern ihre Kinder fördern. Eltern sind ein ganz entscheidender Faktor im Leben.« Und das ist natürlich auch völlig richtig, wie Eisenstadt betont. Die Eltern sind tatsächlich entscheidend, und es gibt wenig, was so vernichtend auf ein Kind wirkt wie der Verlust des Vaters oder der Mutter. Der Psychiater Felix Brown stellte fest, dass der Anteil von Waisen oder Halbwaisen auch unter Gefängnisinsassen zwei- bis dreimal so hoch ist wie in der übrigen Bevölkerung. Bei einem derart deutlichen Unterschied kann es sich nicht um einen Zufall handeln. Ganz offensichtlich erleben viele den Verlust eines Elternteils als zutiefst traumatisierend.[70]

Das Material, das Eisenstadt, Iremonger und andere zusammengetragen haben, lässt jedoch vermuten, dass der Tod eines Elternteils nicht notwendig zum Lebenstrauma wird. Ein Vater kann Selbstmord begehen und sein Sohn kann eine derart finstere Kindheit erleben, dass er sie im hintersten Kämmerchen seines Gedächtnisses vergräbt, doch schließlich kann auch diese Kindheit ihr Gutes haben. »Ich möchte den Verlust eines Elternteils und das daraus resultierende Leid auf gar keinen Fall schönreden«, schreibt Brown. »Doch der Lebensweg dieser prominenten Waisen lässt vermuten, dass sich unter bestimmten Umständen aus der Not eine Tugend machen lässt.«[71]

6

Als Jay Freireich 1955 ans Nationale Krebsforschungszentrum kam, hieß der medizinische Leiter Gordon Zubrod. Dieser teilte ihn der Abteilung für Kinderleukämie zu, die sich im zweiten Stock des Hauptgebäudes befand.[72] Kinderleukämie war damals eine der schrecklichsten Krebserkrankungen. Sie schlug ohne jede Warnung zu. Die Kinder, die oft erst ein oder zwei Jahre alt waren, bekamen plötzlich Fieber. Es sah zunächst aus wie eine Erkältung, doch die Symptome schwächten sich nicht ab. Dann folgten Kopfschmerzen und schließlich Infektionen, bis der Körper des Kindes kaum noch Abwehrkräfte hatte. Dann begannen die Blutungen.

»Dr. Zubrod ist einmal in der Woche zu mir gekommen, um zu sehen, wie wir vorankamen«, erinnert sich Freireich. »Er hat zu mir gesagt: ›Freireich, hier sieht es ja aus wie auf dem Schlachthof! Hier ist ja überall Blut! Wir müssen sauber machen!‹ Er hatte Recht. Die Kinder haben überall geblutet, im Stuhl, im Urin. Das war das Schlimmste. Sie haben die Decke vollgespritzt. Sie haben aus den Ohren und aus der Haut geblutet. Überall war Blut. Die Schwestern sind morgens mit weißen Kitteln zur Arbeit gekommen und abends blutbeschmiert nach Hause gegangen.«

Die Kinder hatten innere Blutungen, sie bluteten in Milz und Leber, was ihnen große Schmerzen verursachte. Wenn sie sich im Bett umdrehten, konnten sie sich furchtbare Verletzungen zufügen. Selbst ein Nasenbluten konnte tödlich sein. Die Schwestern drückten dem Kind die Nasenflügel zusammen und kühlten sie mit Eis. Das war wirkungslos. Dann stopften sie den Kindern Gaze in die Nase. Auch das half nicht. Sie riefen einen Hals-Nasen-Ohren-Arzt hinzu, der die Gaze durch den Mund in die Nasenhöhle einführte und durch die Nasenlöcher nach vorn zog. Auf diese Weise sollte von innen Druck auf die Blutgefäße ausgeübt werden. Sie können sich vorstellen, wie schmerzhaft das für die Kinder war. Aber auch das schlug meist fehl, also wurde die Gaze wieder entfernt und die Blutung begann erneut. Die zweite Etage sollte eine Methode zur Bekämpfung von Leukämie finden. Doch die Blutungen waren derart unkontrollierbar, dass die Kinder meist tot waren, ehe irgendjemand wusste, wie man ihnen helfen konnte.

»Als ich anfing, sind 90 Prozent der Kinder innerhalb von sechs Wochen gestorben«, berichtet Freireich. »Sie sind einfach verblutet. Wenn Sie aus Mund und Nase bluten, können Sie nichts mehr essen. Dann können Sie nichts mehr trinken. Sie würgen und erbrechen sich. Das Blut im Stuhl verursacht Durchfall. Irgendwann verhungern Sie. Oder Sie bekommen eine Infektion oder Lungenentzündung, dann bekommen Sie Fieber, dann Krämpfe ...« Er schwieg.

Keiner der Ärzte hielt es lange in der Abteilung aus. Es war einfach zu viel. »Wir sind um sieben Uhr morgens gekommen und um neun Uhr abends nach Hause gegangen«, erinnert sich einer der Ärzte, die damals im zweiten Stock arbeiteten. »Wir mussten alles machen. Ich bin abends als psychisches Wrack heimgekommen. Damals habe ich angefangen, Briefmarken zu sammeln. Um 10 Uhr abends habe ich mich mit meinen Briefmarken hingesetzt. Das war meine einzige Möglichkeit, die Arbeit zu vergessen. Die Eltern hatten Angst. Niemand durfte ins Zimmer zu den Kindern. Sie haben neben der Tür gestanden. Niemand wollte da arbeiten. In einem Jahr sind mir siebzig Kinder weggestorben. Es war ein Alptraum.«[73]

Nicht für Freireich. »Ich war nie deprimiert. Ich habe mich nie zu den Eltern gesetzt und geweint, weil ihr Kind stirbt.« Freireich tat sich mit einem Kollegen namens Tom Frei zusammen. Die beiden kamen zu dem Schluss, dass das Problem ein Mangel an Blutplättchen war, jenen unregelmäßig geformten Zellfragmenten, die im menschlichen Blut herumschwimmen. Die Leukämie sorgte dafür, dass der Körper der Kinder keine Blutplättchen mehr produzierte, doch ohne diese konnte das Blut nicht gerinnen. Es war ein revolutionärer Gedanke. Einer von Freireichs Vorgesetzten, eine internationale Koryphäe auf dem Gebiet der Hämatologie namens George Brecher, war skeptisch. Doch Freireich war der Ansicht, Brecher habe bei seiner Untersuchung die Blutplättchen nicht genau genug gezählt. Freireich war ein Pedant. Er verwendete eine bessere Methode, beobachtete kleinste Veränderungen in winzigsten Bereichen, und kam zu einem eindeutigen Schluss: Je weniger Blutplättchen, desto schlimmer die Blutungen. Die Kinder brauchten frische Blutplättchen, immer und immer wieder, in massiven Dosen.

Die Blutbank des Krebsforschungszentrums wollte Freireich kein Blut für Transfusionen zur Verfügung stellen. Freireich verstoße gegen die Regeln. Freireich schlug mit der Faust auf den Tisch und brüllte: Sie haben Menschen auf dem Gewissen! »Man muss ein bisschen vorsichtig sein, mit dem, was man sagt«, meinte Dick Silver, der damals mit Freireich im Krebsforschungszentrum arbeitete. »Aber Jay war das egal.«

Also organisierte Freireich seine eigenen Blutspender. Der Vater eines der Kinder war Priester und brachte zwanzig Gemeindemitglieder mit. Mitte der 1950er Jahre wurden Bluttransfusionen mit Stahlnadeln, Gummischläuchen und Glasflaschen durchgeführt. Doch an diesen Materialien blieben die Blutplättchen kleben. Also verwendete Freireich eine brandneue Technologie mit Silikonnadeln und Plastikflaschen. Die Flaschen wurden als »Würste« bezeichnet. »Die Dinger waren so groß«, erinnert sich Freireichs damaliger Kollege Vince DeVita, und breitet die Arme weit aus. »Und die Kinder waren so groß«, sagt er und breitet die Arme deutlich weniger weit aus. »Es war, als würde man mit einem Feuerwehrschlauch Blumen gießen. Bei dem kleinsten Fehler hätten die Kinder einen Herzinfarkt bekommen. Der klinische Leiter war damals ein Typ namens Berlin. Als er die Würste gesehen hat, hat er zu Jay gesagt: ›Du spinnst.‹ Er hat ihm angedroht, ihn rauszuwerfen, wenn er mit den Transfusionen weitermacht.« Freireich ignorierte ihn einfach. »Sie kennen Jay«, erzählt DeVita weiter. »Wenn er die nicht hätte weitermachen können, dann hätte er sowieso gekündigt.«

Die Blutungen hörten auf.

7

Wo nahm Freireich nur seinen Mut her? Bei seiner imponierenden Gestalt kann man sich fast vorstellen, dass er schon mit geballten Fäusten aus dem Mutterleib gekommen ist. Aber MacCurdys Beschreibung der Überlebenden in London lässt eine andere Vermutung zu: Mut ist etwas, das man lernt.

Sehen wir uns an, was MacCurdy über die Erfahrung des »London Blitz« schrieb:

>> Wir haben nicht nur Angst, wir haben auch Angst vor der Angst, und der Sieg über diese Angst erzeugt ein Gefühl der Freude ... Wenn wir Angst davor hatten, dass wir während eines Luftangriffs in Panik geraten könnten, und wenn wir während des Angriffs anderen gegenüber Ruhe demonstriert haben und nun sicher sind, dann schafft dieser Gegensatz zwischen den ursprünglichen Befürchtungen und der nun empfundenen Erleichterung und Sicherheit ein Selbstbewusstsein, das die Mutter der Courage ist. <<

Beginnen wir mit dem ersten Satz: »Wir haben nicht nur Angst, wir haben auch Angst vor der Angst.« Da niemand in London jemals ausgebombt worden war, nahm jeder an, dass die Erfahrung furchtbar sein musste. Und genau diese Annahme über den Bombenkrieg schürte die Angst.

Als über Monate hinweg Bomben vom Himmel regneten, erkannten Millionen von Überlebenden, die vorher gezittert hatten, dass ihre Angst vor den Bomben übertrieben war. Sie waren gesund und munter. Und was passiert dann? Der Sieg über diese Angst erzeugt ein Gefühl der Freude. Und: Der Gegensatz zwischen den ursprünglichen Befürchtungen und der nun empfundenen Erleichterung und Sicherheit schafft ein Selbstbewusstsein, das die Mutter der Courage ist. Mut ist nicht etwas, das man hat und das einem in schwierigen Zeiten Zuversicht verleiht. Mut ist vielmehr etwas, das man erwirbt, wenn man schwierige Zeiten durchmacht und feststellt, dass sie gar nicht so schwierig sind wie befürchtet.

Die Deutschen machten einen entscheidenden Fehler. Sie bombardierten London in der Hoffnung, das Trauma würde die Briten zermürben. Das Gegenteil trat ein. Die Bomben schufen eine Stadt von Überlebenden, die mutiger waren als je zuvor. Die Deutschen wären besser beraten gewesen, London in Ruhe zu lassen.

Im nächsten Kapitel geht es um die amerikanische Bürgerrechtsbewegung und darum, wie Martin Luther King die Proteste nach Birmingham im Bundesstaat Alabama brachte. Ein Aspekt dieser Geschichte ist allerdings schon hier interessant, da er ein ausgezeichnetes Beispiel für den erlernten Mut ist.

Einer von Kings wichtigsten Unterstützern in Birmingham war der Baptistenprediger Fred Shuttlesworth, der seit Jahren den Kampf gegen die Rassentrennung in der Stadt führte. Am Weihnachtstag des Jahres 1956 verkündete Shuttlesworth, er werde in den weißen Bussen der Stadt fahren und sich offen den Gesetzen zur Rassentrennung widersetzen, die es Schwarzen verboten, die öffentlichen Verkehrsmittel der Weißen zu nutzen. Am Abend vor seiner Protestaktion verübten Mitglieder des Ku Klux Klan einen Bombenanschlag auf sein Haus. Der Klan wollte Shuttlesworth einschüchtern, doch er verstand die Psychologie der Überlebenden genauso wenig wie die deutschen Generäle.

In ihrem Buch *Carry Me Home*, einer faszinierenden Darstellung der Bürgerrechtsproteste in Birmingham, schildert Diane McWhorter die Ereignisse. Der Klan hatte seinen Anschlag spätnachts verübt, und Shuttlesworth hatte bereits im Bett gelegen. Als Polizei und Nachbarn zu den qualmenden Ruinen von Shuttlesworths Haus eilten, fürchteten sie, er sei tot.

» Aus den Trümmern kam eine Stimme: »Ich komme nicht nackt raus!« Wenige Augenblicke später erschien Shuttlesworth in einem Regenmantel, den jemand in die Ruine des Pfarrhauses geworfen hatte. Er war weder verletzt noch blutig noch blind. Er war nicht einmal taub, obwohl durch die Explosion noch in anderthalb Kilometern Entfernung einige Scheiben zu Bruch gegangen waren. Shuttlesworth hob die Hand zum biblischen Gruß und sagte zu seinen Nachbarn: ›Der Herr hat mich behütet. Mir ist nichts passiert.‹
Ein großer Polizist weinte. ›Reverend, ich kenne diese Leute‹, sagte er und meinte die Attentäter. ›Ich habe nicht gedacht, dass sie so weit gehen würden. Wenn ich Sie wäre, dann würde ich die Stadt verlassen. Diese Leute sind unberechenbar.‹
›Officer, Sie sind nicht ich‹, erwiderte Shuttlesworth. ›Gehen Sie zu Ihren Klan-Brüdern und sagen Sie denen, wenn der Herr mich behütet hat, dann bleibe ich auch hier. Der Kampf fängt gerade erst an.‹ «[74]

Shuttlesworth war ein klassischer Überlebender. Er war nicht getötet worden, aber er war auch nicht verletzt oder traumatisiert. Ihm war nichts passiert. Was immer der Klan mit dem Anschlag bezweckt hatte, er hatte das Gegenteil erreicht. Shuttlesworth hatte nun weniger Angst als zuvor.
Am nächsten Morgen flehten ihn die Mitglieder seiner Gemeinde an, die Proteste abzusagen. Doch das kam gar nicht infrage. McWhorter schreibt:

» ›Zum Teufel, natürlich fahren wir‹, sagte der Prediger und wandte sich an den Gemeinderat: ›Wer Angst hat, der soll sich ein Loch suchen, in dem er sich verkriechen kann. Aber ich gehe nach diesem Treffen in die Stadt und steige in den Bus. Ich werde mich nicht umdrehen und schauen, wer mir folgt.‹ Dann befahl er mit tiefster Predigtstimme: ›Kinder zurücktreten‹, und Männer traten vor.«[75]

Einige Monate später beschloss Shuttlesworth, seine Tochter persönlich zur weißen Phillips High School zu begleiten, um sie dort einzuschreiben. Als er vorfuhr, versammelte sich ein wütender Mob weißer Männer um sein Auto:

» Vor den ungläubigen Augen der Tochter stieg der Vater aus dem Auto. Die Männer stürzten sich auf Shuttlesworth und bedrohten ihn mit Schlagringen, Knüppeln und Ketten. Auf dem Weg über den Gehsteig wurde er wiederholt zu Boden geschlagen. Jemand zog ihm seine Jacke über den Kopf, sodass er die Arme nicht mehr senken konnte … ›Jetzt haben wir den Hurensohn‹, rief ein Mann. ›Bringen wir ihn um!‹ schrie die Menge. Und eine der Frauen aus der Zuschauergruppe kreischte: ›Macht den Scheißnigger platt, dann ist Ruhe!‹ Männer begannen damit, die Scheiben des Autos einzuschlagen.«[76]

Und was passierte weiter mit Shuttlesworth? Nicht allzu viel. Es gelang ihm, sich in den Wagen zu retten und wegzufahren. Im Krankenhaus wurden einige Kratzer verarztet und eine kleinere Verletzung der Nieren festgestellt. Er verließ das Krankenhaus am Nachmittag, und noch am selben Abend stand er auf der Kanzel und verkündete der versammelten Gemeinde, er habe seinen Angreifern verziehen.
Shuttlesworth muss ein ungewöhnlich entschlossener und starker Mensch gewesen sein. Doch als er unverletzt aus den Trümmern seines Hauses kletterte, wurde seine psychische Rüstung noch widerstandsfähiger. Der Sieg über Angst erzeugt ein Gefühl der Freude.
Und was passierte vor der Phillips High School? Er überlebte ein weiteres Mal. Als er das Krankenhaus verließ, sagte Shuttlesworth den wartenden Journalisten: »Es ist das zweite Mal innerhalb eines Jahres, dass mir ein Wunder das Leben gerettet hat.«[77] Wenn der erste Sieg

über die Angst Freude erzeugt, können wir nur ahnen, was der zweite bewirkt.

Wenig später fuhr Shuttlesworth mit einem Kollegen namens Jim Farmer nach Montgomery in Alabama, um sich dort in einer Kirche mit Martin Luther King zu treffen. Vor dem Gebäude hatte sich ein wütender Mob versammelt, der Südstaatenflaggen schwenkte, den Wagen aufhielt und drohte, ihn umzuwerfen. Der Fahrer legte den Rückwärtsgang ein und suchte eine andere Zufahrt, doch auch die war versperrt. Was tat Shuttlesworth? Wie vor der Phillips High School stieg er aus.

» Flaschen zerschlugen die Scheiben des Autos. Er hielt einen Moment inne, weil er einen sonderbaren Geruch wahrnahm – zum ersten Mal im Leben roch er Tränengas. Dann bedeutete er Farmer, ebenfalls auszusteigen, und marschierte in die Menge. Farmer folgte ihm ›mit einer Höllenangst‹ und versuchte, seinen wohlgenährten Körper in Shuttlesworths schmalem Schatten zu verstecken. Die Schläger wichen zurück, ließen die Knüppel sinken und Shuttlesworth ging auf die Kirche zu, ohne dass ein Fädchen an seiner Jacke gekrümmt worden wäre. ›Aus dem Weg‹, sagte er nur. ›Aus dem Weg.‹ «[78]

Er hatte zum dritten Mal überlebt.

Der Verlust eines Elternteils ist nicht mit einem Bombenanschlag oder dem Angriff eines wütenden Mobs zu vergleichen. Es ist schlimmer. Es handelt sich nicht um einen einzelnen traumatischen Moment, und die Verletzungen heilen nicht so schnell wie ein Tritt in die Nieren oder eine Narbe. Aber was passiert mit Kindern, deren größte Angst Wirklichkeit wird, und die feststellen, dass sie noch am Leben sind? Könnten sie eine ähnliche Erfahrung machen wie Shuttlesworth und die Überlebenden des »London Blitz«? Könnten sie eine Zuversicht gewinnen, die die Mutter der Courage ist?

»Die Beamten, die Shuttlesworth ins Gefängnis brachten«, schreibt McWhorter von einer der vielen Begegnungen des Predigers mit der weißen Obrigkeit, »schlugen ihn, traten ihm gegen die Schienbeine, beschimpften ihn als Affen und provozierten ihn: ›Warum schlägst du nicht zurück?‹ Und Shuttlesworth erwiderte: ›Weil ich euch liebe.‹ Er verschränkte die Arme und ging lächelnd den Rest des Wegs zum Gefängnis, wo er, da er nicht singen und beten durfte, ein Nickerchen hielt.«[79]

8

Als es Freireich gelang, die Blutungen zu stoppen, war dies ein Durchbruch. Auf diese Weise überlebten die Kinder so lange, dass man an eine Behandlung der Krankheit denken konnte. Doch die Leukämie selbst stellte die Ärzte vor noch größere Probleme. Damals gab es nur eine Handvoll von Medikamenten, die überhaupt Wirkung zeigten. Neben dem üblichen Krebsmedikament Methotrexat kamen ein Antimetabolid namens Mercaptopurin und ein Steroid namens Prednison zum Einsatz. Doch diese Substanzen waren problematisch: Sie waren so giftig, dass sie nur in geringen Dosierungen verabreicht werden konnten, und deshalb konnten sie nur einen Teil der Krebszellen in den Körpern der Kinder zerstören. Die Patienten zeigten eine Woche lang Besserung, dann hatten sich die überlebenden Zellen wieder vermehrt und der Krebs kam mit Macht zurück.

»An der Klinik arbeitete ein Wissenschaftler namens Max Wintrobe«, erinnert sich Freireich. »Er war eine internationale Koryphäe, weil er das erste Lehrbuch zur Hämatologie geschrieben hatte und weil er den aktuellen Stand der Behandlung von Leukämie bei Kindern dokumentiert hatte. Er hat einen Satz geschrieben, den ich meinen Studenten bis heute vorlese: ›Diese Medikamente bewirken mehr Schaden als Nutzen, da sie das Leid nur verlängern. Der Tod der Patienten ist unvermeidlich. Die Medikamente verschlimmern ihre Situation nur, weshalb sie nicht verwendet werden sollten.‹ Das war der führende Experte.«[80]

Doch Frei, Freireich und eine Gruppe von Kollegen am Krebszentrum von Buffalo waren überzeugt, dass die gängige Lehrmeinung falsch war. Wenn die Medikamente nicht genug Krebszellen töteten, bedeutete das dann nicht, dass die Kinder eine aggressivere Behandlung benötigten und nicht eine weniger aggressive? Warum kombinierte man nicht Mercaptopurin und Methotrexat? Die beiden griffen die Krebszellen von unterschiedlichen Seiten an. Vielleicht konnten die Zellen, die das Mercaptopurin überlebten, durch das Methotrexat erledigt werden? Und was wäre, wenn man der Mischung außerdem noch Prednison zugab?

Dann stolperte Freireich über ein viertes Medikament namens Vincristin, das aus einer Pflanze namens Madagaskar-Immergrün gewonnen wird. Ein Mitarbeiter des Pharmaunternehmens Eli Lilly hatte es am Krebsforschungszentrum vorgestellt und zur Erprobung vorgeschlagen. Niemand wusste, wie es wirkte, doch Freireich ahnte, dass man es zur Behandlung von Leukämie einsetzen könnte. »Ich hatte 25 sterbende Kinder in der Abteilung«, sagt er. »Ich hatte ihnen nichts zu bieten. Ich habe mir gedacht, ich probier's einfach mal aus. Warum denn nicht? Wenn wir nichts versucht hätten, wären sie auch gestorben.« Vincristin schien vielsprechend. Freireich und Frei erprobten es an Kindern, die nicht mehr auf die anderen Medikamente ansprachen, und einige zeigten vorübergehende Besserung. Also baten Frei und Freireich das Aufsichtsgremium des Krebsforschungsinstituts, die vier Medikamente gleichzeitig einsetzen zu dürfen.

Heute wird Krebs für gewöhnlich mit »Cocktails« behandelt, komplexen Mischung aus zwei, drei, vier oder fünf Medikamenten. Doch Anfang der 1960er Jahre war dies ein unerhörter Gedanke. Die damals bekannten Krebsmedikamente waren einfach zu gefährlich. Selbst Freireichs Neuentdeckung Vincristin war verheerend. Das musste er sehr schmerzlich erfahren: »Es hat schreckliche Nebenwirkungen. Es löst schwere Depressionen und Neuropathien aus. Es hat die Kinder gelähmt. Ab einer giftigen Dosis sind sie ins Koma gefallen. Von den ersten 14 Kindern, die wir damit behandelt haben, sind ein oder zwei an den Folgen gestorben. Es hat ihnen regelrecht das Gehirn weggeätzt.« Max Wintrobe hielt es für menschlicher, die Kinder überhaupt nicht mit Medikamenten zu behandeln. Freireich und Frei wollten gleich vier Medikamente verwenden, und zwar gleichzeitig. Frei bat den Beirat des Krebsforschungszentrums um die Genehmigung, doch erfolglos.

>> »Im Beirat saß ein Hämatologe namens Carl Moore, der zufällig ein Freund meines Vaters war«, erinnerte sich Frei später. »Ich habe ihn immer als Freund angesehen. Aber nach meinem Vortrag war er empört. Er hatte nichts mit Kinderkrankheiten wie Leukämie zu tun, also hat er sich über das Hodgkin-Lymphom bei Erwachsenen ausgelassen. Er hat gesagt, einem Patienten mit Hodgkin-Lymphom könne man als Arzt nur raten, irgendwo ans Meer zu ziehen und das Leben zu genießen. Und wenn die Symptome überhandnähmen, dann solle man sie mit einer schwachen Bestrahlung und vielleicht einer kleinen Dosis Stickstofflost behandeln. Eine aggressivere Behandlung sei ethisch nicht vertretbar, und vier Medikamente auf einmal zu verabreichen sei völlig gewissenlos.« <<

In ihrer Verzweiflung gingen Frei und Freireich zu ihrem Vorgesetzten. Gordon Zubrod hatte mit Freireich einige Kämpfe durchgestanden, als es um die Blutplättchen ging. Dem Experiment mit Vincristin hatte er nur widerwillig zugestimmt. Er war verantwortlich für das, was in der zweiten Etage passierte. Wenn etwas schiefging, konnte er vor einen Untersuchungsausschuss im Kongress geschleift werden. Können Sie sich das vorstellen? Zwei rebellische Wissenschaftler behandeln vier- und fünfjährige Kinder in einem staatlichen Forschungskrankenhaus mit hochgiftigen Medikamenten. Zubrod hatte schwere Bedenken. Doch Frei und Freireich blieben hartnäckig. Das heißt, Frei blieb hartnäckig. An derart heiklen Diskussionen durfte Freireich nicht teilnehmen. »Ohne Tom wäre ich aufgeschmissen gewesen«, erinnert sich Freireich. »Frei ist das genaue Gegenteil von mir. Sehr entschlossen und sehr menschlich.« Natürlich seien die Medikamente giftig, erklärte Frei. Aber sie seien auf unterschiedliche Weise giftig, das heißt, wenn man sie richtig dosiere und die Nebenwirkungen entschieden genug behandele, dann hatten die Kinder eine Chance. Zubrod gab nach. »Im Grunde war es verrückt«, meint Freireich heute. »Aber es war richtig. Ich habe lange darüber nachgedacht und ich war mir sicher, dass es funktionieren würde. Es war wie bei den Blutplättchen: Es musste funktionieren!«

Das Versuchsprogramm nannte sich VAMP. Einige der Ärzte der Abteilung weigerten sich mitzumachen. Sie hielten Freireich für einen Spinner. »Ich musste alles selber machen«, berichtet Freireich. »Ich habe die Medikamente bestellt. Ich habe sie zusammengestellt. Ich habe sie gespritzt. Ich habe das Blut untersucht. Ich habe die Blutungen gemessen. Ich habe das Knochenmark untersucht.« An der ersten Versuchsrunde nahmen dreizehn Kinder teil. Das erste war ein Mädchen. Freireich begann mit einer Dosierung, die sich als zu hoch erwies und das Mädchen beinahe getötet hätte. Er saß stundenlang an ihrem Bett und behandelte sie mit Antibiotika und Beatmungsgeräten. Sie überlebte und starb später, als der Krebs zurückkehrte. Aber Frei und Freireich lernten schnell dazu. Sie veränderten die Behandlung und begannen mit dem zweiten Kind, einem Mädchen namens Janice. Es erholte sich, genau wie das nächste Kind und das übernächste. Der Anfang war gemacht.

Das Problem war nur, dass der Krebs nicht gänzlich verschwunden war. Eine Handvoll bösartiger Zellen lauerte noch im Körper. Die beiden Ärzte erkannten, dass eine einzige Chemotherapie nicht ausreichend war. Also begannen sie mit einer zweiten Runde. Würde die Krankheit nun zurückkommen? Ja, sie kam zurück. Also unternahmen sie einen weiteren Versuch. »Wir haben sie dreimal behandelt«, erzählt Freireich. »Bei zwölf von dreizehn Kindern ist die Krankheit zurückgekommen. Also haben wir gesagt, es gibt nur eine Möglichkeit. Wir behandeln sie einmal im Monat, ein ganzes Jahr lang.«[81]

»Wenn die Leute vorher gemeint haben, dass ich verrückt bin, dann haben sie mich jetzt für völlig durchgeknallt gehalten«, erzählt Freireich weiter. »Die Kinder schienen geheilt, der Krebs abgeklungen, sie sind herumgelaufen und haben Fußball gespielt, und ich wollte sie wieder ins Krankenhaus stecken und krank machen. Keine Blutplättchen. Keine weißen Blutkörperchen. Blutungen. Infektionen.« VAMP machte das Immunsystem der Kinder platt. Sie waren schutzlos. Es war eine Qual für ihre Eltern. Aber um eine Überlebenschance zu haben, musste das Kind immer wieder erbarmungslos an den Rand des Todes geführt werden.

Freireich stürzte sich mit Leidenschaft in seine Arbeit und nutzte jedes Fünkchen seiner Energie und seines Mutes, um seine Patienten am Leben zu erhalten. Damals war es üblich, bei Fieber Blut abzunehmen, eine Bakterienkultur anzulegen und nach Eintreffen der Ergebnisse das Antibiotikum zu verabreichen, das am besten mit dem Erreger fertig wurde. Antibiotika wurden nie in Kombination verabreicht. Ein zweites Antibiotikum gab man nur, wenn das erste nicht wirkte. »Jay sagte, das geht so nicht«, erinnert sich DeVita. »Wenn das Fieber hochschießt, müssen die Kinder sofort behandelt werden, und zwar mit einer Kombination von Antibiotika. Wenn das nicht passiert, sind die Kinder in drei Stunden tot.« DeVita hatte ein Antibiotikum, von dem es ausdrücklich hieß, dass es nicht in die Rückenmarksflüssigkeit eingespritzt werden durfte. Freireich wies ihn an, es einem Patienten zu spritzen – ins Rückenmark. »Freireich hat Sachen angeordnet, die laut Lehrbuch absolut tabu waren.«

» »Freireich musste viel Kritik einstecken«, erzählt DeVita weiter. »Der Beirat hielt seine Behandlung für verrückt. Aber er hat alles eingesteckt. Sie haben ihn beleidigt, vor allem die Jungs aus Harvard. Aus der hintersten Reihe haben sie dazwischen gerufen. Er hat etwas gesagt, und sie haben gerufen: ›Klar, Jay! Und ich flieg zum Mond!‹ Es war furchtbar. Aber Jay war die ganze Zeit da, er hat uns dauernd über die Schulter geschaut, ist jeden Labortest und jede Auswertung durchgegangen. Gnade dir Gott, wenn du vergessen hast, etwas für seinen Patienten zu tun. Dann ist er wild geworden. Er hat sich eine Menge Ärger eingehandelt mit dem, was er gesagt und getan hat. In Besprechungen hat er Leute beleidigt, und dann musste Frei dazwischen gehen und die Wogen glätten. Ob er sich dafür interessiert hat, was die anderen von ihm halten? Wahrscheinlich schon. Aber nicht genug, um mit etwas aufzuhören, das er für richtig gehalten hat.« «[82]

»Ich weiß nicht, wie Jay das ausgehalten hat«, sagt Frei schließlich. Aber wir wissen es: Er hatte schon Schlimmeres erlebt.

Im Jahr 1965 veröffentlichten Freireich und Frei einen Artikel in der Fachzeitschrift *Advances in Chemotherapy*, in dem sie ihre Methode zu Behandlung von Kinderleukämie vorstellten. Heute liegt der Behandlungserfolg bei dieser Krebsart bei 90 Prozent.[83] Dank der Anstrengungen von Freireich und den Wissenschaftlern, die in seine Fußstapfen traten, konnten inzwischen viele Tausend Kinder gerettet werden.

9

Sollte Freireich deshalb für seine unglückliche Kindheit dankbar sein? Natürlich nicht. Er musste Dinge durchmachen, die man als Kind einfach nicht durchmachen sollte. Als ich die Legastheniker aus dem vorigen Kapitel fragte, ob sie ihren Kindern Legasthenie wünschen würden, verneinten alle. Grazer schüttelte sich bei dem Gedanken. Gary Cohn war entsetzt. David Boies hat selbst zwei Söhne mit LRS. Einer der erfolgreichsten Produzenten Hollywoods, einer der mächtigsten Banker der Wall Street und einer der besten Prozessanwälte des Landes wissen, dass sie ihren Erfolg zu einem Gutteil der Legasthenie verdanken. Doch sie wissen auch, welchen Preis sie für ihren Erfolg zahlen mussten, und würden ihren Kindern niemals wünschen, die gleichen Erfahrungen machen zu müssen.

Doch die Frage, was wir unseren Kindern wünschen würden, ist falsch gestellt. Die Frage ist vielmehr, ob wir als Gesellschaft Menschen brauchen, die ein Trauma überlebt haben. Und diese Frage können wir eindeutig mit Ja beantworten. Das ist kein angenehmer Gedanke. Denn auf jeden Überlebenden, der gestärkt aus einer Tragödie hervorgeht, kommen zahlreiche Menschen, die zerstört werden. Trotzdem, in manchen Situationen sind wir einfach auf Menschen angewiesen, die durch ihre Erfahrungen abgehärtet wurden.[84] Freireich hatte den Mut, das Undenkbare zu denken. Er führte Experimente mit Kindern durch.

Er verursachte ihnen Schmerzen, die kein Mensch je sollte durchleiden müssen. Doch er tat dies auch, weil er aus seiner eigenen Kindheit wusste, dass es möglich ist, durch die Hölle zu gehen und zu überleben. Leukämie war ein Todesurteil. Freireich machte die Kinder zu Überlebenden.

Auf dem Höhepunkt seines Kampfes gegen Kinderleukämie stellte Freireich fest, dass die herkömmliche Methode der Beobachtung des Krankheitsverlaufs – die Entnahme von Blutproben und die Auszählung von Krebszellen unter dem Mikroskop – nicht ausreichte. Das Blut täuschte. Es konnte den falschen Eindruck erwecken, die Kinder hätten den Krebs besiegt. Doch die Krankheit konnte noch im Knochenmark lauern. Und das bedeutete, dass er schmerzhafte Knochenmarksproben entnehmen musste, immer und immer wieder, Monat für Monat, bis er sicher sein konnte, dass der Krebs überwunden war. Als Max Wintrobe von Freireichs Plänen hörte, wollte er ihn daran hindern. Freireich quäle die Kinder, so Wintrobe. Er hatte nicht Unrecht. Er reagierte mit Empathie. Doch mit dieser Reaktion wäre niemals eine Behandlungsmethode entwickelt worden.

» »Bei der Entnahme von Knochenmark haben wir die Beine genommen« – mit seiner Pranke macht Freireich eine Geste, als würde er den kleinen Unterschenkel eines Kindes packen. »Wir haben die Nadel ohne Anästhesie eingeführt. Warum keine Anästhesie? Weil sie genauso geschrien haben, wenn wir sie vorher örtlich betäubt haben. Sie stecken eine millimeterstarke Nadel direkt unterm Knie ins Schienbein. Das Kind schreit wie am Spieß, die Eltern und Schwestern müssen es festhalten. Diese Prozedur haben wir einmal im Monat wiederholt. Wir mussten doch wissen, ob sich das Knochenmark erholt hatte.« «

Als er sagt, »sie stecken ihm eine millimeterstarke Nadel ins Schienbein«, huscht ein Blick über sein Gesicht, als könnte er nachvollziehen, wie sich das anfühlt, und als müsste er unter dem Gefühl des Schmerzes innehalten. Doch der Blick verschwindet so schnell, wie er gekommen ist.

10

Während seines Praktikums lernte Jay Freireich eine Krankenschwester namens Haroldine Cunningham kennen. Er lud sie zum Essen ein, doch sie lehnte ab. »Die jungen Ärzte waren ziemlich dreist«, erinnert sie sich. »Er hatte den Ruf, sehr direkt zu sein. Er hat mich ein paar Mal angerufen, aber ich habe immer Nein gesagt.« Einmal fuhr Cunningham übers Wochenende zu ihrer Tante in einem Vorort von Chicago. Plötzlich klingelte das Telefon – es war Freireich. Er war mit dem Zug aus Chicago gekommen und rief sie vom Bahnhof aus an. »Er hat nur gesagt: ›Ich bin da!‹ Er war schon ziemlich hartnäckig.« Das war Anfang der 1950er Jahre. Seither sind die beiden verheiratet.

Freireichs Frau ist so klein, wie er groß ist. Doch so klein sie ist, so groß sind ihre Reserven. »Ich sehe den Mann und weiß, was er braucht«, sagt sie. Wenn er spätabends vom Krankenhaus und all dem Blut und Leid nach Hause kam, war sie für ihn da. »Sie war der erste Mensch, der mich je geliebt hat«, sagt Freireich. »Sie ist mein Engel. Sie hat mich gefunden. Sie muss irgendetwas in mir gesehen haben, das man aufpäppeln konnte. In allem höre ich auf sie. Sie gibt mir jeden Tag Kraft.«

Auch Haroldine wuchs in armen Verhältnissen auf. Ihre Familie lebte in einer Wohnung am Stadtrand von Chicago. Als sie zwölf Jahre alt war, wollte sie einmal ins Bad gehen, doch die Tür war verschlossen. »Meine Mutter hatte abgeschlossen. Ich habe den Hausbesitzer geholt, der unter uns gewohnt hat. Er ist übers Fenster ins Bad eingestiegen. Wir haben sie ins Krankenhaus gebracht, und da ist sie gestorben. Mit zwölf oder dreizehn hat man keine Ahnung, was da vor sich geht, aber ich habe gewusst, dass sie unglücklich war. Mein Vater war natürlich auch nicht da. Er war kein besonders guter Vater.«

Sie saß auf einem Stuhl im Büro ihres Mannes, der ruhende Pol im turbulenten Leben ihres Mannes. »Man muss sich klar sein, dass man mit Liebe nicht jeden retten kann. Ich bin mal gefragt worden, ob ich nicht wütend bin. Ich habe gesagt, nein, ich bin nicht wütend. Ich habe meine Mutter verstanden. Es gibt Dinge, die einen entweder zerstören oder stark machen. Das haben Jay und ich gemeinsam.«

KAPITEL 6

Der Hase ist das schlaueste Tier, das der Herrgott erschaffen hat.

Wyatt Walker

I

Das bekannteste Foto der amerikanischen Bürgerrechtsproteste wurde am 3. Mai 1963 von Bill Hudson, einem Fotografen der Agentur Associated Press, aufgenommen.[85] Hudson befand sich in Birmingham im Bundesstaat Alabama, wo die Aktivisten um Martin Luther King auf den rassistischen Polizeichef Eugene »Bull« Connor trafen. Das Foto zeigt einen schwarzen Jugendlichen, der von einem Polizeihund angegriffen wird. Das Bild hat bis heute nichts von seiner schockierenden Wirkung eingebüßt.

Hudson gab die Abzüge dieses Tages seinem Vorgesetzten Jim Laxon. Der blätterte die Fotos durch, bis er zu dem Jungen kam, der von dem Hund angefallen wurde. Das Bild des Jungen, der »sich mit der Ruhe eines Heiligen den gefletschten Zähnen des Schäferhundes auslieferte«, habe ihn gefesselt, erzählte er später. Kein Bild hatte ihn mehr so bewegt, seit er zwanzig Jahre zuvor das Foto einer Frau veröffentlicht hatte, die während eines Brandes in Atlanta aus der obersten Etage eines Hotels sprang.

Laxon verschickte Hudsons Fotos über den Ticker. Am nächsten Tag machte die *New York Times* ihre Sonntagsausgabe mit dem Bild auf, genau wie die New Yorker *Daily News*, die *Los Angeles Times*, der *Boston Globe*, die *Chicago Tribune*, der *San Francisco Chronicle* und der *Philadelphia Inquirer*. Als Präsident Kennedy das Foto sah, war er entsetzt. Außenminister Dean Rusk war besorgt, es könne »uns vor unseren

Freuden im Ausland blamieren und unsere Feinde jubeln lassen«. Das Foto wurde auf den Fluren des Kongress genauso diskutiert wie in zahllosen Wohnzimmern und Klassenräumen. Eine Zeit lang schienen die Amerikaner von nichts anderem sprechen zu können. Ein Journalist beschrieb es als ein Bild, das »ewig weiterbrennen wird ... Der schlanke, adrette junge Mann, der sich anscheinend dem Hund ausliefert, während er seine Arme schlaff herunterhängen lässt, ruhig geradeaus blickt und zu sagen scheint: ›Hier bin ich, friss mich.‹«

Seit Jahren hatten Martin Luther King und die Angehörigen seiner Bürgerrechtsbewegung gegen das Dickicht von rassistischen Gesetzen und Regeln in den Südstaaten angekämpft – Regeln, die Schwarze daran hinderten, Arbeit zu finden, zu wählen, eine gleichwertige Ausbildung zu erhalten oder auch nur aus demselben Trinkbrunnen zu trinken wie Weiße. Doch plötzlich wendete sich das Blatt. Ein Jahr später, im Juni 1964, verabschiedete der Kongress das bahnbrechende Bürgerrechtsgesetz, den Civil Rights Act, eines der wichtigsten Gesetze in der Geschichte der Vereinigten Staaten. Später hieß es, der Civil Rights Act sei »in Birmingham geschrieben worden«.

2

Als Martin Luther King im Frühjahr 1963 nach Birmingham kam, steckte seine Bewegung in der Krise. In den zurückliegenden neun Monaten hatte King in Atlanta, der Hauptstadt des Bundesstaates Georgia, gegen die Rassentrennung protestiert, ohne nennenswerte Zugeständnisse erreichen zu können. Zu diesem Zeitpunkt lag der größte Erfolg der Bürgerrechtsbewegung bereits neun Jahre zurück: Es war die legendäre Entscheidung des Obersten Gerichtshofs im Prozess Brown vs. Board of Education, die die Rassentrennung an staatlichen Schulen für verfassungswidrig erklärt hatte. Allerdings sollten noch sieben Jahre vergehen, ehe in den Südstaaten South Carolina, Alabama und Mississippi die ersten schwarzen Kinder eine weiße Schule besuchen durften. In den 1940er und 1950er Jahren waren die meisten Südstaaten von gemäßigten Politikern regiert worden, die den Schwarzen zumindest so etwas wie eine Menschenwürde zugestanden. In Alabama regierte damals ein Gouverneur namens »Big Jim« Folson, der gern verkündete, »alle Menschen sind gleich«. Doch Anfang der 1960er waren die gemäßigten Kräfte verdrängt worden und die Parlamente befanden sich fest in der Hand von radikalen Befürwortern der Rassentrennung. Der Süden ging mit Riesenschritten Richtung Vergangenheit.

Birmingham war seinerzeit die am stärksten von der Rassentrennung geprägte Stadt der Vereinigten Staaten und trug den Spitznamen »Johannesburg des Südens«. Als eine Gruppe von Bürgerrechtsaktivisten zu einer Demonstration in Birmingham eintraf, sah die Polizei tatenlos zu, während Angehörige des Ku Klux Klan ihren Bus von der Straße drängten und anzündeten. Der Klan verübte regelmäßig Bombenanschläge auf Häuser von Schwarzen, die es wagten, in weiße Stadtteile zu ziehen, weshalb die Stadt auch »Bombingham« genannt wurde. In ihrem Buch *Carry Me Home* schreibt die amerikanische Journalistin Diane McWhorter: »In Birmingham galt es als fortschrittliche Ermittlungsmethode, im Falle einer Verbrechensserie – seien es Einbrüche, Vergewaltigungen, oder was auch immer – einfach ein paar Verdächtige zu erschießen. (›Die Sache gerät langsam außer Kontrolle‹, konnte ein Dienststellenleiter zu seinen Beamten sagen. ›Ihr wisst, was ihr zu tun habt.‹«[86]

Eugene »Bull« Connor, der Polizeichef der Stadt, war ein kleiner, stämmiger Mann mit riesigen Ohren und der Stimme eines Ochsenfroschs. Einen ersten Namen macht er sich 1938, als in Birmingham eine Tagung abgehalten wurde, an der sowohl weiße als auch schwarze Delegierte teilnahmen. Connor schlug auf dem Rasen vor dem Gebäude einen Pfosten ein und spannte ein Seil von dort quer durch den gesamten Versammlungssaal. Als sich die Präsidentengattin Eleanor Roosevelt auf die »falsche« Seite setzte, wurde sie von Connors Leuten gezwungen, auf die »weiße Seite« zu wechseln.[87] Connor verbrachte seine Vormittage gern im Molton Hotel im Zentrum der Stadt, wo er 50-prozentigen Bourbon der Marke Old Grand-Dad trank und Sprüche von sich gab wie »ein Jude ist nichts anderes als ein nach innen gestülpter Nigger«.[88] In Birmingham erzählte man sich gern Witze, die eigentlich keine sind: Ein Schwarzer wacht eines Morgens in Chicago auf und sagt zu seiner Frau, Jesus sei ihm im Traum erschienen und habe ihm gesagt, er solle nach Birmingham gehen. Seine Frau fragt entsetzt: »Hat Jesus gesagt, dass er dich begleitet?« Der Mann antwortet: »Er hat gesagt, dass er in Memphis kehrtmacht.«[89]

Nach seiner Ankunft in Birmingham berief King seinen Planungsstab ein. »Ich fürchte, dass einige der Leute, die heute hier sitzen, diese Kampagne nicht überleben könnten.«[90] Dann ging er durch den Raum und hielt eine Grabrede für jeden der Anwesenden. Einer von Kings Vertrauten gab später zu, er wollte nicht mit nach Birmingham gehen: »Als ich mich an der Carol Road in Atlanta von meiner Frau und meinen Kindern verabschiedet habe, habe ich gedacht, dass ich sie nicht wiedersehen würde.«[91]

King war in jeder Hinsicht unterlegen. Er war ein klassischer Underdog. Er hatte allerdings einen Vorteil, der genauso widersprüchlich war wie der Vorteil von David Boies' Legasthenie oder Emil Freireichs Kindheit. Er kam nämlich aus einer Gemeinschaft, die schon immer der Underdog gewesen war. Als er die Bürgerrechtsproteste nach Birmingham führte, hatten Afroamerikaner einige Jahrhunderte lang

Zeit gehabt, darüber nachzudenken, was es bedeutet, in allen Belangen unterlegen zu sein, und eine Reihe von Überlebensstrategien entwickelt. Dabei hatten sie das eine oder andere über den Umgang mit Riesen gelernt.

3

Viele der unterdrückten Kulturen der Welt kennen den Trickster, den schwindelnden Helden. In Mythen und Geschichten erscheint er in Gestalt eines scheinbar harmlosen Tiers, das mit List und Tücke größere und stärkere Tiere überwindet. So brachten die afrikanischen Sklaven, die in die Karibik verschleppt wurden, zum Beispiel die Geschichte einer frechen Spinne namens Anansi mit.[92] Und den Sklaven der Vereinigten Staaten war der Trickster oft ein Hase namens Br'er Rabbit.[93] Ein ehemaliger Sklave erzählte in einem Gespräch mit Anthropologen vor gut einem Jahrhundert:

» Der Hase ist das schlaueste Tier, das der Herrgott erschaffen hat. Er ist nicht der Größte und nicht der Lauteste, aber dafür ist er der Schlaueste. Wenn er in der Patsche sitzt, dann kommt er raus, indem er jemand anderen in die Patsche bringt. Einmal ist er in einen tiefen Brunnen gefallen. Aber hat er geheult und geschrien? Oh nein, mein Herr. Er hat laut gepfiffen und gesungen, und als der Wolf vorbeigekommen ist und ihn gehört hat, da hat er seinen Kopf in den Brunnen gesteckt und der Hase hat gerufen: ›Mach, dass du weiterkommst. Hier ist nur Platz für einen. Da oben ist es heiß, und hier unten ist es schön kühl. Lass es dir nicht einfallen, in den Eimer zu steigen und hier runterzukommen.‹ Das hat den Wolf neugierig gemacht, und er ist in den Eimer gesprungen, und als er runtergefahren ist, ist der Hase hochgefahren. Und als die zwei aneinander vorbeigekommen sind, da hat der Hase gelacht und gesagt: ›So ist das Leben. Für die einen geht's nach oben, für die andern nach unten.‹ «

In einer der bekanntesten Br'er-Rabbit-Geschichten fängt Bruder Fuchs den Bruder Hase mit einer Teerpuppe. Bruder Hase klebt an der Teerpuppe fest, und je mehr er sich zu befreien versucht, umso mehr klebt er fest. Der Fuchs freut sich schon, und der Hase fleht: »Du kannst mit mir tun, was du willst, Bruder Fuchs, aber bitte, wirf mich nicht in den Dornenstrauch!« Genau das tut der Fuchs dann, und der Hase, der zwischen Dornensträuchern aufgewachsen ist, streift sich an ihnen die Teerpuppe ab und hoppelt davon. Im nächsten Moment sitzt der Hase auf einem Baumstumpf, kämmt sich den Teer aus dem Fell und lacht den Fuchs aus.

In Trickster-Geschichten brachten die Sklaven ihren Traum zum Ausdruck, eines Tages ihre Herren zu besiegen. Doch wie der Historiker Lawrence Levine schreibt, sind sie zugleich »schmerzhaft realistische Geschichten, die die Kunst des Überlebens vermitteln und von Triumphen über eine feindlichen Umwelt erzählen.«[94] Die Afroamerikaner waren in jeder Hinsicht unterlegen, doch in den Br'er-Rabbit-Geschichten steckt die Hoffnung, dass die Schwachen selbst aus einem unfairen Kampf als Sieger hervorgehen konnten, wenn sie ihre Schläue einsetzten. Bruder Hase verstand den Fuchs besser als der Fuchs sich selbst. Er kannte die Boshaftigkeit seines Gegenspielers und wusste, dass dieser nicht widerstehen konnte, ihm genau das anzutun, wovor er sich anscheinend am meisten fürchtete. So legte er den Fuchs herein. Levine beschreibt, wie sich die Afroamerikaner im Laufe ihres langen Sklavendaseins diese Lektion zu Herzen nahmen:

» Beobachter und Sklavenhalter des 19. Jahrhunderts berichten, dass ein erheblicher Teil der Sklaven log, betrog, stahl, trödelte, Krankheiten vortäuschte, Anweisungen bewusst missverstand, Steine in Baumwollkörben versteckte, um auf ihre Quote zu kommen, Werkzeuge zerstörte, Besitz in Brand steckte, sich selbst verstümmelte, um nicht arbeiten zu müssen, die Pflanzungen vernachlässigte und Nutztiere misshandelte, weshalb die Besitzer oft die weniger effizienten Maultiere einsetzten, da sie die brutale Behandlung durch die Sklaven besser ertrugen als die Pferde. «[95]

Legastheniker gleichen ihre Schwächen aus, indem sie andere Fähigkeiten entwickeln, die sich als vorteilhaft erweisen können. Ausgebombte und Waisen können gestärkt aus ihren Erfahrungen hervorgehen. Hier blüht der kleine David auf: in Situationen, in denen sich Schwierigkeiten als wünschenswert erweisen. Die Lektion des Tricksters ist die dritte wünschenswerte Schwierigkeit: Es ist die unerwartete Freiheit dessen, der nichts zu verlieren hat. Der Trickster darf gegen die Regeln verstoßen.

Der Leiter der von Martin Luther King gegründeten Southern Christian Leadership Conference war ein gewisser Wyatt Walker. Von Beginn an organisierte Walker die Aktivitäten in Birmingham und stellte Kings kleine Truppe gegen die Kräfte des Rassismus und der Reaktion auf. King und Walker gaben sich erst gar nicht der Illusion hin, dass sie den Rassismus mit konventionellen Mitteln besiegen konnten. Sie konnten Bull Connor weder im Wahllokal noch auf der Straße oder in den Gerichten bezwingen. Sie waren in allen Belangen unterlegen. Sie konnten jedoch versuchen, Br'er Rabbit zu spielen und Connor dazu zu verleiten, sie in den Dornenstrauch zu werfen.

»Wyatt, du musst eine Möglichkeit finden, eine Krise heraufzubeschwören und Bull Connor dazu zu bringen, sein wahres Gesicht zu zeigen«,[96] sagte King. Und genau das tat Walker. Die Krise, die er heraufbeschwor, gipfelte in dem Foto eines Jugendlichen, der von einem Polizeihund attackiert wurde – eines Jungen, der sich gelassen dem Hund auslieferte, als wollte er sagen: »Hier bin ich, friss mich.«

4

Wyatt Walker war ein Baptistenprediger aus dem nördlichen Bundesstaat Massachusetts, der sich Martin Luther King 1960 angeschlossen hatte. Er war Kings »Mann fürs Grobe«, ein Organisator und Macher. Und er war ein Unheilstifter – ein schlanker, eleganter Intellektueller mit einem schmalen Oberlippenbärtchen und einem schrägen Sinn für Humor. Seine Mittwochnachmittage hielt er sich für eine Partie Golf frei. Frauen nannte er nur »Darling«, als wollte er sagen, »Ich bin anspruchslos, Darling. Sei einfach perfekt.«[97] Als junger Mann hatte er sich der Jugendorganisation der Kommunistischen Partei angeschlossen, denn das war der einzige Ort, an dem er als Schwarzer weiße Frauen kennenlernen konnte. »An der Universität trug er eine Hornbrille, mit der er aussah wie ein melancholischer Trotzkist«, schrieb der Historiker Taylor Branch.[98] Vor einer Predigt in Petersburg, einer Kleinstadt im Bundesstaat Virginia, ging er mit seiner Familie und einer kleinen Gefolgschaft zur weißen Stadtbibliothek, um sich wegen des Verstoßes gegen die Rassengesetze der Stadt verhaften zu lassen. Aber welches Buch lieh er sich aus, um es den versammelten Fotografen unter die Nase zu halten? Eine Biografie des Bürgerkriegsgenerals Robert E. Lee, des großen Helden des weißen Südens, der die Armee der Südstaaten angeführt hatte, um die Sklaverei zu verteidigen. Das war typisch Wyatt Walker. Er ließ sich gern wegen des Verstoßes gegen die Rassengesetze verhaften, wenn er damit dem Ort seine Widersprüche unter die Nase reiben konnte.

In Birmingham bildeten King, Walker und Shuttlesworth ein Triumvirat. Shuttlesworth war seit Langem das Gesicht der Bürgerrechtsbewegung von Birmingham, er war der Prediger, den der Klan nicht töten konnte. King war der Prophet, ein Mann von internationalem Format, gütig und charmant. Walker hielt sich dagegen im Hintergrund. Er ließ sich nie zusammen mit King fotografieren. Selbst in Birmingham wussten viele von Bull Connors Leuten nicht, wie er aussah. King und Shuttlesworth strahlten Gelassenheit aus. Nicht so Walker. Er beschrieb seinen Führungsstil mit den Worten: »Wer sich mir in den Weg stellt, den renne ich über den Haufen.«[99] Und einmal sagte er: »Ich habe keine Zeit für ›guten Morgen, guten Abend, wie geht es Ihnen‹. Wir befinden uns in einer Revolution.« Während einer von Kings Reden in Birmingham stürmte ein weißer Hüne auf die Bühne und begann, auf King einzuschlagen. Als Kings Helfer herbeistürmten, um ihn zu schützen, »mussten sie erstaunt erleben, dass King den Angreifer in Schutz nahm«, wie McWhorter schreibt:

»Während das Publikum Hymnen der Bürgerrechtsbewegung sang, nahm er den Mann väterlich in den Arm und erklärte ihm, er kämpfe für eine gerechte Sache, Gewalt sei eine Form der Selbsterniedrigung, und ›wir werden siegen‹. Dann präsentierte er ihn dem Publikum, als handele es sich um einen Überraschungsgast. Roy James, ein 24-jähriger Weißer aus New York, der im Norden von Virginia in einem Wohnheim der amerikanischen Nationalsozialisten wohnte, brach in Kings Armen in Tränen aus.«[100]

In moralischen Fragen war King kompromisslos. Selbst wenn er angegriffen wurde, wich er nicht von seinen Prinzipien ab. Walker war dagegen Pragmatiker. Einmal wurde er auf den Stufen eines Gerichtsgebäudes in North Carolina von einem »Fleischberg« attackiert, einem 2 Meter großen, 120 Kilogramm schweren Mann. Walker versuchte nicht, den Angreifer zu umarmen. Er stand auf und schlug zurück, und jedesmal, wenn er unter den Hieben des Angreifers zu Boden ging, rappelte er sich wieder auf. Beim dritten Mal »hat er mich voll erwischt und fast bewusstlos geschlagen«, erinnerte sich Walker. »Aber ich bin wieder aufgestanden. Wenn ich in dem Moment mein Rasiermesser dabei gehabt hätte, hätte ich ihn aufgeschlitzt.«[101]

In einer legendären Veranstaltung in Montgomery sollten Walker, King und Shuttlesworth vor 1500 Gemeindemitgliedern der First Baptist Church predigen. Die Kirche wurde von einem wütenden weißen Mob umzingelt, der drohte, das Gebäude in Brand zu stecken. Wie zu erwarten, entschied sich King für den Edelmut. »Wir können die Menschen in der Kirche nur retten, wenn wir uns als Anführer dem Mob stellen.« Der unerschütterliche Shuttlesworth stimmte zu. »Wenn uns nichts anderes übrig bleibt, dann müssen wir das wohl tun.« Walker sah King an und dachte nur: »Der Mann ist völlig übergeschnappt.«[102] (Im letzten Moment rückten Soldaten an und zerstreuten die Menge.) Später bekannte sich auch Walker zur Gewaltlosigkeit. Aber man hatte nie den Eindruck, dass ihm besonders daran gelegen war, die andere Wange hinzuhalten.

»Um etwas zu erreichen, musste ich schon mal meine Moral zurechtbiegen. Ich war schließlich derjenige, der das Ergebnis ausbaden musste«, sagte er einmal. »Das war eine bewusste Entscheidung, mir blieb keine andere Wahl. Wenn man es mit einem Bull Connor zu tun hat, geht es nicht um Moral.«[103] Walker hatte seinen Spaß daran, Connor Streiche zu spielen. »Ich bin nach Birmingham gekommen, um den Bullen bei den Hörnern zu nehmen«, verkündete er bei seiner Ankunft trocken. Gelegentlich rief er mit gespieltem Südstaatenakzent bei der Polizei an, um sich zu beschweren, weil angeblich »Nigger« in diesem und jenem Stadtteil demonstrierten, und schickte sie auf eine Schnitzeljagd. Oder er organisierte Scheindemonstrationen, die im Kreis durch die Seitengassen der Stadt führten und die Polizei schier zur Verzweiflung trieben. »Es war eine tolle Zeit«, sagte er einmal, als er sich an seine Possen in Birmingham erinnerte.[104] Doch vorsichtshalber erzählte er King lieber nichts von seinen Streichen. King wäre kaum einverstanden gewesen.

»Ich glaube, Neger wie ich haben eine Art mentalen Katalog der verschiedenen Ausdrucksformen, die Weiße verwenden, wenn sie mit uns sprechen«, sagte Walker in einem langen Gespräch, das er kurz nach dem Ende der Kampagne in Birmingham mit dem Dichter Robert Penn Warren führte. »Wir interpretieren jede Nuance der Stimme, der Kopfhaltung, der Stimmlage, der Schärfe. Dinge, die in jedem anderen ethnischen Bezugsrahmen bedeutungslos wären, haben hier eine gewaltige, tiefe und schmerzliche Bedeutung.«

Dann kam Robert Penn Warren auf die Trickster-Geschichten der afroamerikanischen Tradition zu sprechen. Man kann sich gut das listige Lächeln vorstellen, mit dem Walker antwortete: »Ja«, es habe ihm »großen Spaß« gemacht, sich über den »Herren« lustig zu machen und »ihm das zu sagen, was er hören wollte, aber in Wirklichkeit etwas ganz anderes zu meinen«.[105]

Martin Luther King wurde von seinen Anhänger nur »Mr. Leader« oder in weniger ernsten Moment auch »the Lord« genannt. Walker war Br'er Rabbit.

5

Walkers Plan für die Kampagne in Birmingham trug den Decknamen Project C, wobei C für »Confrontation« stand. Ausgangspunkt war die ehrwürdige Baptistenkirche an der 16th Street, neben dem Kelly Ingram Park, nur einige Straßen vom Stadtzentrum entfernt. Project C bestand aus drei Akten, die man auch als Eskalationsstufen bezeichnen könnte. Die Kampagne begann mit Sit-ins vor Geschäften, mit denen die Aufmerksamkeit der Presse auf das Problem der Rassentrennung in Birmingham gelenkt werden sollte. Abends sollten King und Shuttlesworth Massenveranstaltungen für die schwarze Gemeinde von Birmingham abhalten, um die Moral zu stützen. Der zweite Akt war ein Boykott der Geschäfte in der Innenstadt; auf diese Weise sollte finanzieller Druck auf die weißen Geschäftsleute von Birmingham ausgeübt werden, um sie zu zwingen, die Ungleichbehandlung der schwarzen Kunden zu beenden. (In Kaufhäusern durften Schwarze beispielsweise weder Toiletten noch Umkleidekabinen benutzen, aus Angst, dass ein Weißer ein Kleidungsstück berühren müsste, das zuvor von einem Schwarzen angefasst worden war.) Der dritte Akt bestand schließlich aus Massendemonstrationen, mit denen der Boykott unterstützt und die Gefängnisse gefüllt werden sollten – wenn Connor keine Zellen mehr hatte, konnte er das Problem der Bürgerrechte nicht mehr lösen, indem er einfach die Demonstranten verhaftete. Er würde sich ihnen stellen müssen.

In Birmingham stand viel auf dem Spiel. Wenn Project C ein Erfolg werden sollte, musste Connor mitspielen. Er musste »sein wahres Gesicht zeigen«, wie King gesagt hatte. Aber niemand konnte garantieren, dass er das tatsächlich tun würde. King und Walker hatten gerade eine lange Kampagne im 300 Kilometer südlich gelegenen Albany hinter sich, die fehlgeschlagen war, weil sich der Polizeichef Laurie Pritchett nicht hatte provozieren lassen. Er hatte seine Beamten angewiesen, nicht mit Gewalt oder übermäßigem Einsatz gegen die Aktivisten vorzugehen. Er war stets freundlich geblieben und hatte King zuvorkommend behandelt. Die Journalisten waren aus dem Norden nach Albany gereist, um Zeuge der Konfrontation zwischen Schwarz und Weiß zu werden, doch zu ihrer Überraschung lernten sie einen sympathischen Pritchett kennen. Als King schließlich doch einmal eingesperrt wurde, tauchte am nächsten Tag ein geheimnisvoller, elegant gekleideter Mann auf (der angeblich von Pritchett selbst geschickt worden war), um die Kaution für King zu hinterlegen. Wie konnte King zum Märtyrer werden, wenn er aus dem Gefängnis entlassen wurde, kaum dass er den Fuß hineingesetzt hatte? Pritchett zog sogar in ein Motel in der Innenstadt, um sofort zur Stelle zu sein, falls es zu Ausschreitungen kommen sollte. Während einer Verhandlung mit King kam einmal Pritchetts Sekretärin herein und überreichte ihm ein Telegramm. Jahre später erinnerte sich Pritchett:

» Ich muss ein besorgtes Gesicht gemacht haben, denn King hat mich gefragt, ob ich eine schlechte Nachricht bekommen hätte. Ich habe gesagt: ›Nein, es ist keine schlechte Nachricht, Dr. King. Es ist nur mein zwölfter Hochzeitstag, und meine Frau hat mir dieses Telegramm geschickt.‹ Ich werde seine Antwort nie vergessen, denn das zeigt, wie gut wir uns verstanden haben: ›Heute ist Ihr Hochzeitstag?‹ Und ich habe geantwortet: ›Ja. Und ich war seit drei Wochen nicht mehr zu Hause.‹ Da hat er gesagt: ›Chief Pritchett, Sie können heute Abend ruhig nach Hause gehen. Nein, gehen Sie jetzt gleich. Feiern Sie Ihren Hochzeitstag. Ich gebe Ihnen mein Wort, dass in Albany bis morgen nichts passieren wird. Sie können nach Hause gehen und Ihre Frau zum Essen einladen oder was immer Sie tun wollen, und morgen früh um 10 Uhr treffen wir uns wieder. «[106]

Pritchett war in allen Belangen überlegen. Aber er weigerte sich, King in den Dornenstrauch zu werfen. Es war aussichtslos. Kurze Zeit darauf packte King seine Siebensachen und verließ die Stadt.[107] Walker war klar, dass ein weiterer Rückschlag fatal wäre. Damals sah die überwältigende Mehrheit der Amerikaner die Abendnachrichten, und Walker wollte unbedingt, dass Project C jeden Abend in alle Haushalte übertragen wurde. Aber wenn die Kampagne ins Stocken geriet, würden die Medien das Interesse verlieren und über etwas anderes berichten.

»Walker wusste, dass eins auf dem anderen aufbaute«, schreibt der Historiker Taylor Branch. »Wenn sie stark waren, dann würde die Unterstützung von außen entsprechend größer. Aber wenn es erst einmal losging, durften sie nicht nachlassen ... Die Kampagne in Birmingham durfte auf keinen Fall kleiner sein als die in Albany. Das heißt, sie mussten bereit sein, jeden Tag tausend Menschen und mehr ins Gefängnis zu schicken.«

Nach einigen Wochen verlor die Kampagne jedoch an Fahrt. Viele Schwarze in Birmingham waren zu Recht besorgt, dass sie von ihren weißen Arbeitgebern entlassen würden, wenn sie in Kings Veranstaltungen gesehen würden. Mitte April sprach einer von Kings Helfern während eines Gottesdienstes vor 700 Gläubigen und konnte nur neun überzeugen, an einer Demonstration teilzunehmen. Am nächsten Tag unternahm Andrew Young, ebenfalls ein Mitarbeiter Kings, einen weiteren Versuch und mobilisierte ganze sieben Demonstranten. Die konservative schwarze Tageszeitung von Birmingham bezeichnet Project C als »sinn- und wertlos«. Die Reporter, die sich eingefunden hatten, um über die Konfrontation von Schwarz und Weiß zu berichten, wurden allmählich unruhig. Connor ließ die eine oder andere Verhaftung vornehmen, doch meistens sah er einfach zu. Walker stand in ständigem Kontakt zu King, während dieser zwischen Birmingham und seiner Heimatstadt Atlanta hin und her pendelte. »Du musst Connor irgendwie dazu bringen, sein wahres Gesicht zu zeigen«, sagte King zum hundertsten Mal. Walker schüttelte den Kopf. »Ich habe den Schlüssel noch nicht gefunden, Mr. Leader. Aber ich finde ihn schon noch.«

Am Palmsonntag kam schließlich der Durchbruch. Walker hatte 22 Demonstranten mobilisiert. Der Marsch wurde von Kings Bruder Alfred Daniel angeführt. »Unsere Veranstaltung dauerte länger als geplant«, erinnerte sich Walker. »Wir wollten um 14:30 Uhr losgehen, aber es wurde 16 Uhr. Zu dem Zeitpunkt hatten sich viele Neugierige auf der Straße versammelt, die von der Demonstration wussten. Als wir losgingen, müssen entlang der drei Straßenzüge, auf denen wir demonstrieren wollten, gut 1000 Menschen gewartet haben.«

Als Walker am nächsten Tag die Zeitung aufschlug, um die Berichte über die Ereignisse zu lesen, stellte er zu seiner Überraschung fest, dass die Journalisten die Demonstration falsch dargestellt hatten. In der Agenturmeldung hieß es, in Birmingham seien 1100 Menschen auf die Straße gegangen. »Ich habe Dr. King angerufen und gesagt, ›Dr. King, ich hab's!‹« erinnerte sich Walker. »,Ich kann's Ihnen nicht am Telefon verraten, aber ich hab's!‹ Also haben wir am nächsten Tag unsere Versammlung in die Länge gezogen, bis die Leute am Nachmittag von der Arbeit nach Hause gekommen sind. Die haben sich dann auf dem Gehsteig versammelt, sodass es ausgesehen hat, als wären es ein paar Tausend. Wir waren nur 12, 14, 16, oder 18 Leutchen, aber in der Zeitung stand etwas von 1400.«[108]

Es war eine Kopie der bekanntesten aller Trickster-Geschichten: der Erzählung von »Terrapin«, der bescheidenen Schildkröte, die mit dem Hirsch um die Wette läuft.[109] Die Schildkröte versteckt sich an der Ziellinie und verteilt ihre Verwandten in strategischen Abständen entlang der Strecke. Kurz bevor der Hirsch vorüberläuft, sollen sie sich kurz blicken lassen, damit er meint, die Schildkröte sei ihm immer voraus, und am Ende erklärt sich Terrapin zum Sieger. Der Hirsch lässt sich täuschen, da in seinen Augen eine Schildkröte aussieht wie die andere.

Der Hirsch hatte nichts als Verachtung für die arme Schildkröte übrig. Und genau das war seine Schwäche: Er nahm die Schildkröte gar nicht wahr. Der schwarze Underdog musste die Feinheiten des Ausdrucks der Weißen kennen – die Kopfhaltung, die Stimmlage, die Schärfe. Doch er musste nicht befürchten, dass ihm die weiße Elite Birminghams ein ähnliches Privileg zuteilwerden ließ. »Sie sehen nur mit weißen Augen«, meinte Walker. »Sie können nicht zwischen schwarzen Demonstranten und schwarzen Zuschauern unterscheiden. Sie sehen nur Neger.«[110]

Connor saß jeden Morgen im Molton Hotel, trank seinen Bourbon und prahlte, King würden bald »die Nigger ausgehen«. Aber mit einem Mal schien King über eine ganze Armee zu verfügen. Connor war ein arroganter Mann, der gern durch Birmingham stolzierte und verkündete,

»wir machen hier unsere eigenen Gesetze«. Tausend Demonstranten in seiner Stadt waren natürlich eine Provokation. Aber genau wie der Hirsch in der Trickster-Geschichte hielt er es für unter seiner Würde, sich seinen Gegner genauer anzusehen. »Bull Connor wollte auf jeden Fall verhindern, dass die Nigger vor dem Rathaus aufmarschieren«, sagte Walker. »Ich habe gebetet, dass er versucht, uns aufzuhalten ... Wir hätten Birmingham verloren, wenn er uns erlaubt hätte, vor das Rathaus zu ziehen und dort zu predigen. Wenn er uns einfach durchgewunken hätte, dann hätten wir keine Nachricht gehabt. Es hätte keine Bewegung und keine Öffentlichkeit gegeben.«[111] Du kannst mit mir tun, was du willst, Bruder Fuchs, aber bitte, wirf mich nicht in den Dornenstrauch! Aber genau das ließ sich Connor nicht zweimal sagen.

Einen Monat nach Beginn der Proteste erhöhten Walker und King den Druck. James Bevel, einer der Angehörigen ihres Teams in Birmingham, hatte mit Schülern der Stadt gearbeitet und ihnen die Prinzipien des gewaltlosen Widerstands erklärt. Bevel war ein Rattenfänger: Ein großer Glatzkopf und charismatischer Redner, der in Kippa und Latzhosen auftrat und behauptete, Stimmen zu hören. Am letzten Montag im April verteilte er Flugblätter an allen schwarzen Schulen der Stadt und des Umlandes: »Kommt am Donnerstag um 12 Uhr zur Baptistenkirche in der 16th Street. Bittet nicht um Erlaubnis.« Der beliebteste schwarze DJ der Stadt – ein gewisser Shelley »the Playboy« Stewart – verbreitete in seiner Radiosendung dieselbe Botschaft an seine jugendlichen Zuhörer: »Kids, im Park gibt's eine Party!«[112] Das FBI bekam Wind von dem Plan und informierte Bull Connor, der die Warnung ausgab, wer schwänzte, würde der Schule verwiesen. Die Kinder kamen in Scharen. Später bezeichnete Walker den Tag, an dem die Kinder kamen, als »D-Day«.

Um 13 Uhr öffneten sich die Türen der Kirche, und Kings Leute begannen, die Kinder nach draußen zu schicken. Sie trugen Schilder mit der Aufschrift »Freiheit« oder »Ich sterbe, damit dieses Land mir gehört«. Sie sangen »We Shall Overcome« und »Ain't Gonna Let Nobody Turn Me Around«. Draußen warteten Connors Polizisten. Die Kinder knieten nieder und beteten, dann stiegen sie in die Polizeiautos. Dann trat ein weiteres Dutzend Kinder aus der Tür. Es folgte ein weiteres Dutzend, und ein weiteres Dutzend, und so weiter – bis Connors Männer ahnten, dass sich der Einsatz erhöht hatte.

Ein Polizist sah Fred Shuttlesworth und rief ihm zu: »Hey Fred, wie viele sind es denn noch?«

»Bestimmt noch tausend«, erwiderte Shuttlesworth.

»Guter Gott!«, stöhnte der Beamte.

Bis zum Abend befanden sich 600 Kinder im Gefängnis.

Der nächste Tag war ein doppelter D-Day. Diesmal schwänzten 1500 Kinder die Schule, um zur Baptistenkirche an der 16th Street zu kommen. Wieder strömten sie um 13 Uhr aus der Kirche. Die Straßen rund um den Kelly Ingram Park waren von Polizei und Feuerwehr abgeriegelt. Alle wussten, warum Connor die Feuerwehr geschickt hatte. Ihre Einsatzwagen hatten Hochdruckschläuche – sogenannte Wasserwerfer, wie sie seit den Anfangstagen der nationalsozialistischen Diktatur zur Standardausrüstung der Einsatzpolizei bei Demonstrationen gehören. Walker wusste, wenn die Demonstration außer Kontrolle zu geraten drohte, dann wäre Connor versucht, den Befehl »Wasser marsch« zu geben. Genau das wollte Walker. »Es war heiß in Birmingham«, erklärte er. »Ich habe Bevel gesagt, er soll die Veranstaltung in die Länge ziehen und die Feuerwehrleute draußen schwitzen lassen, bis die Nerven blank liegen.«[113]

Und die Hunde? Es hatte Connor schon lange in den Fingern gejuckt, die Hundestaffeln einzusetzen. Im Frühjahr hatte er damit gedroht, hundert Schäferhunde auf die Bürgerrechtler loszulassen. Als die Situation um den Park zu eskalieren schien, schimpfte er: »Die sollen sehen, wie unsere Hunde arbeiten!« Nichts freute Walker mehr. In den Straßen marschierten Kinder, und Connor wollte die Hunde auf sie hetzen? In Kings Lager wussten alle, was passieren würde, wenn jemand fotografierte, wie ein Polizeihund über ein Kind herfiel.[114]

Connor sah die Kinder näherkommen. »Hier geht es nicht weiter!«, rief er ihnen zu. »Wenn ihr näherkommt, schalten wir das Wasser ein!« Connors Gefängnisse waren überfüllt. Er konnte niemanden mehr verhaften, weil er nicht mehr wusste, wohin mit den Häftlingen. Die

Kinder gingen weiter. Die Feuerwehrleute zögerten. Sie hatten keine Erfahrung im Umgang mit Demonstranten. Connor fauchte den Feuerwehrhauptmann an: »Spritzt oder geht nach Hause!« Die Feuerwehrleute schalteten die Hochdruckschläuche ein. Die Kinder klammerten sich aneinander und wurden vom Wasserstrahl zu Boden geworfen. Der Druck war so groß, dass er einigen die Kleider vom Leib riss und andere gegen Wände und Türen schleuderte.

In der Kirche schickte Walker Wellen von Kindern auf die andere Seite des Parks, um eine zweite Front zu eröffnen. Connor standen keine Feuerwehrautos mehr zur Verfügung. Doch er wollte unbedingt verhindern, dass die Demonstranten durch das »weiße« Birmingham marschierten. »Bringt die Hunde!«, befahl er und schickte acht Hundestaffeln ins Getümmel. »Warum hast du den alten Tiger mitgebracht?«, brüllte er einen der Beamten an. »Hast du keinen fieseren Hund? Der hier ist doch nicht wild genug!« Die Kinder kamen näher. Ein Schäferhund sprang einen Jungen an. Der beugte sich vor und ließ die Arme schlaff herunterhängen, als wollte er sagen: »Hier bin ich, friss mich.« Am Samstag machten sämtliche großen Tageszeitungen des Landes mit diesem Foto auf.

6

Bereitet Ihnen Wyatt Walkers Verhalten Unbehagen? James Forman, seinerzeit eine Schlüsselfigur der Bürgerrechtsbewegung, war bei Walker, als Connor seine Hundestaffeln auf die Kinder hetzte. Forman erzählt, Walker habe vor Freude einen Luftsprung gemacht. »Wir haben eine Bewegung! Wir haben eine Bewegung! Wir haben polizeiliche Gewalt!«[115] Forman war erschrocken. Walker wusste ganz genau, wie gefährlich Birmingham werden konnte. Er war dabei gewesen, als King eine Grabrede auf jeden seiner Mitstreiter gehalten hatte. Wir konnte er sich darüber freuen, dass die Polizei ihre Hunde auf die Demonstranten losließ?«[116]

Nach dem D-Day hagelte es von allen Seiten Kritik.[117] Ein Richter, der die Demonstranten aburteilte, erklärte, »die Menschen gehören eingesperrt, die diese Kinder hier zum Demonstrieren verleitet haben«. Im Kongress bezeichnete einer der Abgeordneten des Bundesstaates Alabama die Teilnahme der Kinder als »eine Schande«. Der Bürgermeister von Birmingham wetterte gegen die »unverantwortlichen und gedankenlosen Agitatoren«, die Kinder als ihr »Werkzeug« missbrauchten. Und Malcolm X, der schwarze Aktivist, der in jeder Hinsicht radikaler war als Martin Luther King, erklärte, »echte Männer bringen keine Kinder in die Schusslinie«. Ein Leitartikel der *New York Times* warf King »waghalsige Abenteuer« vor, und das Nachrichtenmagazin *Time* beschuldigte ihn, Kinder als »Sturmtruppen« einzusetzen. Justizminister Robert F. Kennedy warnte: »Es ist ein Spiel mit dem Feuer, Schulkinder bei Demonstrationen einzusetzen«, und: »Niemand von uns kann es sich leisten, den Preis eines verletzten, verwundeten oder getöteten Kindes zu zahlen.«[118]

Am Freitagabend, nach dem zweiten Tag der Kinderproteste, sprach King in der Baptistenkirche an der 16th Street zu den Eltern der Kinder, die an beiden Tagen festgenommen worden waren. Sie wussten, welchen Gefahren und Erniedrigungen Schwarze in Birmingham ausgesetzt waren. *Jesus hat gesagt, dass er in Memphis kehrtmacht.* Können Sie sich vorstellen, wie sie sich gefühlt haben müssen, während ihre Kinder in Bull Connors Gefängnissen schmachteten? King versuchte, die Gefahren herunterzuspielen. »Sie haben sich nicht nur gegen das Wasser gestellt, sie haben sich unter das Wasser gestellt!«,[119] sagte er. »Und Hunde? Ich sag euch, als ich ein Junge war, wurde ich von einem Hund gebissen – für nichts und wieder nichts! Deswegen macht es mir nichts aus, von einem Hund gebissen zu werden und mich für die Freiheit zu erheben!« Ob die Eltern ihm dies abnahmen, ist nicht bekannt. King war nicht zu bremsen: »Eure Söhne und Töchter sind im Gefängnis. Macht euch keine Sorgen ... Sie leiden für ihre Überzeugungen, und ihr Leiden wird dieses Land zu einem besseren Land machen.« Macht euch keine Sorgen? Taylor Branch berichtet, es seien Gerüchte von »Ratten, Prügel, Betonpritschen, überlaufenden Latrinen,

Übergriffen und brutalen Untersuchungen auf Geschlechtskrankheiten« im Umlauf gewesen. In Zellen, die für acht Personen ausgelegt waren, drängten sich 75 bis 80 Kinder. Einige waren zum Messegelände gekarrt worden und seien im strömenden Regen ohne Essen und Trinken in Pferche eingesperrt. Kings Reaktion? »Im Gefängnis wachsen wir über den Pesthauch des Alltags hinaus. Wenn sie lesen wollen, bringen wir ihnen Bücher. Jedes Mal, wenn ich im Gefängnis bin, kann ich meine versäumte Lektüre nachholen.«

Walker und King hatten alles getan, damit ein Foto wie das des Polizeihundes, der den Jungen attackiert, zustande kam. Doch dazu mussten sie doppeltes Spiel spielen. Bull Connor mussten sie vorgaukeln, dass sie hundertmal mehr Unterstützer hatten, als sie wirklich besaßen. Der Presse gegenüber mussten sie so tun, als seien sie schockiert, dass Connor seine Hunde auf die Demonstranten losließ, während sie im Stillen vor Freude Luftsprünge vollführten. Und den Eltern gegenüber, deren Kinder sie als Kanonenfutter missbrauchten, taten sie so, als kämen ihre Kinder im Gefängnis endlich ein wenig zum Lesen. *Der Hase ist das schlaueste Tier, das der Herrgott erschaffen hat. Er ist nicht der Größte und nicht der Lauteste, aber dafür ist er der Schlaueste.*[120]

Das sollte uns nicht erschrecken. Was blieb Walker und King denn anderes übrig? In der klassischen Fabel von der Schildkröte und dem Hasen, wie sie Lafontaine erzählt, besiegt die Schildkröte den Hasen durch schiere Hartnäckigkeit. Während der arrogante Hase ein Nickerchen einlegt, kriecht sie an ihm vorüber und gewinnt das Rennen. Die Moral der Geschichte ist, dass Ausdauer und Hartnäckigkeit der beste Weg zum Erfolg sind. Doch diese Moral gilt nur in einer Welt, in der Schildkröte und Hase nach denselben Regeln spielen und Einsatz tatsächlich belohnt wird. Aber in einer ungerechten Welt wie der im Birmingham des Jahres 1963 muss die Schildkröte zu einem Trick greifen und ihre Verwandten entlang der Strecke positionieren. Der Trickster wird nicht als Trickster geboren: Die Not macht ihn erst dazu. Während der nächsten großen Bürgerrechtsproteste, die zwei Jahre später in Selma im Bundesstaat Alabama stattfanden, legte ein Fotograf der Zeitschrift *Life* seine Kamera beiseite, um Kindern zu helfen, die von der Polizei misshandelt wurden. Später wurde er von King gerügt: »Die Welt weiß nicht, was passiert ist, weil Sie es nicht festgehalten haben. Das hat nichts mit Kaltblütigkeit zu tun. Doch für uns ist es viel wichtiger, zu zeigen, wie wir verprügelt werden, als sich selbst verprügeln zu lassen.« Er war auf die Bilder angewiesen. Shuttlesworths Reaktion auf die Kritik am Einsatz der Kinder traf es am besten: »Wir müssen das benutzen, was wir haben.«[121]

Legastheniker, die Erfolg haben wollen, befinden sich in einer ähnlichen Situation. Genau das bedeutet es, »unverträglich« zu sein. Gary Cohn stieg in ein fremdes Taxi und gab sich als erfahrener Börsenhändler aus. Es ist erstaunlich, wie viele erfolgreiche Legastheniker ähnliche Erlebnisse hatten. Der Hollywood-Produzent Brian Grazer arbeitete nach seinem Studium drei Monate lang als Praktikant in der Verwaltung von Warner Brothers. Er verteilte die Korrespondenz in den Büros.

» Ich hatte meinen Platz in einem Büro von zwei Gewerkschaftssekretärinnen«, erinnert er sich. »Mein Chef hat für Jack Warner gearbeitet. Es waren seine letzten Monate. Er war ein toller Kerl. Auf der Etage war ein leeres Büro, und ich habe ihn gefragt: ›Kann ich das benutzen?‹, und er hat gesagt: ›Klar!‹ Das war der Anfang des Unternehmens Brian Grazer. Innerhalb von einer Stunde hatte ich meine ganze Arbeit erledigt. Dann konnte ich mir die Verträge von Warner anschauen, wie sie abgeschlossen wurden, was sie beinhalteten. Ich habe das Jahr genutzt, um mir Wissen über das Filmgeschäft anzueignen. Jeden Tag habe ich irgendjemanden angerufen und gesagt: ›Ich bin Brian Grazer von Warner Brothers. Ich würde Sie gern kennenlernen.‹ «

Schließlich wurde er zwar entlassen, doch es war ihm gelungen, aus den drei Monaten ein Jahr zu machen und NBC zwei Ideen im Wert von je 5000 Dollar zu verkaufen.

Grazer und Cohn – zwei Außenseiter mit Lernbehinderungen – spielten mit gezinkten Karten. Sie blufften sich in einen Beruf, der ihnen unter anderen Umständen verschlossen geblieben wäre. Der Mann im

Taxi nahm an, dass niemand den Mut hätte, sich als Banker auszugeben, obwohl das gar nicht stimmte. Und den Leuten, die Brian Grazer anrief, wäre es nie im Traum eingefallen, dass »Brian Grazer von Warner Brothers« in Wirklichkeit »Brian Grazer, der Bürobursche von Warner Brothers« war.

Was sie taten, mag nicht »richtig« gewesen sein, genauso wenig wie es »richtig« war, Kinder in Gefahr zu bringen. Aber wir sollten nicht vergessen, dass Begriffe wie richtig und falsch letztlich von Privilegierten definiert werden, die ein Interesse daran haben, dass die Menschen am unteren Ende der Gesellschaft auch unten bleiben. David hat nichts zu verlieren, und deswegen muss er sich nicht an die Regeln halten, die andere aufgestellt haben. Genauso kommen Menschen, deren Gehirne sich ein wenig von den unseren unterscheiden, an Jobs als Börsenhändler und Filmproduzenten. Und eine kleine Gruppe von Bürgerrechtlern, die keine anderen Waffen hat als ihren Verstand, bekommt eine Chance gegen Bull Connor und seinesgleichen.

»Ich glaube immer noch, dass ich der Schnellste bin«, beschwert sich der verwirrte Hirsch nach einem Wettlauf, in dem Terrapin ihn so betrogen hat, dass er in jedem Wettbewerb der Welt disqualifiziert worden wäre. »Kann sein«, antwortet Terrapin, »aber mit Köpfchen bin ich schneller.«

7

Der Junge auf Bill Hudsons berühmten Foto ist übrigens Walter Gadsden. Er ging auf die Parker High School in Birmingham, war 1,83 Meter groß und 15 Jahre alt. Er war nicht als Demonstrant gekommen, sondern als Zuschauer. Er stammte aus einer konservativen schwarzen Familie, die zwei Zeitungen in Birmingham und Atlanta verlegte, in denen King scharf kritisiert wurde. Gadsden hatte an diesem Nachmittag den Unterricht geschwänzt, um das Schauspiel rund um den Ingram Park zu verfolgen.

Der Polizeibeamte auf dem Foto ist Dick Middleton. Er war ein bescheidener und zurückhaltender Mann. McWhorter schreibt: »Die Beamten der Hundestaffeln waren als aufrechte Männer bekannt, die nichts mit den Maschen und Bestechungen des Streifendienstes zu tun haben wollten. Sie waren auch nicht als Rassisten bekannt.« Der Hund hieß Leo.

Wenden wir uns jetzt den Gesichtern der Umstehenden zu. Sie wirken keineswegs überrascht oder entsetzt, wie man vielleicht erwarten könnte. Sehen Sie sich die Leine an. Sie ist gestrafft, so, als wollte Middleton den Hund zurückhalten. Sehen Sie Gadsdens linke Hand? Sie greift Middletons Unterarm. Und sein linkes Bein? Es sieht aus, als würde er Leo treten, oder? Gadsden berichtete später, er sei mit Hunden aufgewachsen und habe gelernt, sich vor ihnen zu schützen. »Ich habe automatisch das Knie hochgezogen.«[122] Gadsden war also kein Märtyrer, der sich dem Hund passiv auslieferte und sagte: »Hier bin ich, friss mich.« Im Gegenteil, er hält sich an Middleton fest, um kräftiger zutreten zu können. Später hieß es in der Protestbewegung, Walter habe Leo den Kiefer gebrochen. Hudsons Foto zeigte nicht das, was alle Welt dachte. Es war ein weiterer Trick von Br'er Rabbit.

Wir müssen das benutzen, was wir haben.

»Natürlich wurden auch Demonstranten von Hunden gebissen!«, sagte Walker zwanzig Jahre später im Rückblick. »Es waren mindestens zwei oder drei. Aber ein Bild sagt mehr als tausend Worte, Darling.«[123]

TEIL III

Die Grenzen der Macht

Wiederum habe ich unter der Sonne beobachtet:
Nicht den Schnellen gehört im Wettlauf der Sieg,
nicht den Tapferen der Sieg im Kampf,
auch nicht den Gebildeten die Nahrung,
auch nicht den Klugen der Reichtum,
auch nicht den Könnern der Beifall,
sondern jeden treffen Zufall und Zeit.

Das Buch Kohelet (Prediger) 9,11

KAPITEL 7

So bin ich nicht auf die Welt gekommen.
Das hat man mir aufgezwungen.

Rosemary Lawlor

I

Als der Nordirlandkonflikt begann, war Rosemary Lawlor frisch verheiratet. Sie und ihr Mann hatten gerade ein Haus in Belfast gekauft und ein Kind bekommen. Es war der Sommer des Jahres 1969, und Katholiken und Protestanten – die beiden religiösen Gruppierungen, die seit mehr als drei Jahrhunderten in Unfrieden nebeneinander lebten – gingen einander an die Gurgel. Es kam zu Bombenanschlägen und Krawallen. Militante Protestanten – die sogenannten Loyalisten – zogen durch die Straßen und steckten Häusern von Katholiken in Brand. Die Lawlors waren Katholiken, die in Nordirland in der Minderheit waren. Mit jedem Tag wuchs ihre Angst.

» Wenn ich abends nach Hause gekommen bin, hatte jemand was an die Tür geschmiert. ›Katholiken raus‹ oder ›Papst raus‹.«, erinnert sich Lawlor. »An einem Abend hatten wir großes Glück. Jemand hat eine Bombe in den Hof geschmissen, aber sie ist nicht explodiert. Einmal habe ich bei meiner Nachbarin geklopft, und da habe ich bemerkt, dass sie nicht mehr da war. An dem Tag habe ich mitbekommen, dass eine ganze Menge Nachbarn gegangen waren. Als mein Mann Terry von der Arbeit nach Hause gekommen ist, habe ich ihn gefragt: ›Terry, was ist hier los?‹ Und er hat gesagt: ›Wir sind in Gefahr.‹
An dem Abend sind wir weg. Wir hatten kein Telefon. Sie erinnern sich, damals gab es keine Handys. Wir sind einfach losgegangen. Ich

hatte Angst. Ich habe meinen Sohn in den Kinderwagen gelegt. Wir haben ein paar Kleider für ihn und für uns zusammengerafft. Unter dem Kinderwagen war eine Ablage, da haben wir die Sachen reingestopft. Und Terry hat zu mir gesagt. »Okay Rosie, wir gehen jetzt hier raus und lächeln jeden freundlich an, dem wir begegnen.« Ich habe gezittert. Ich war damals 19, frisch verheiratet, neues Baby, neue Welt, neues Leben. Das habe ich alles verloren, einfach so. Und ich konnte nichts dagegen tun. Angst ist etwas ganz Furchtbares, und ich erinnere mich, dass ich riesige Angst hatte. «

Der sicherste Ort war der katholische Stadtteil Ballymurphy im Westen von Belfast, wo Lawlors Eltern lebten. Aber sie hatten kein Auto, und da sich die Stadt in Aufruhr befand, traute sich kein Taxifahrer in ein katholisches Viertel. Schließlich gelang es ihnen, ein Taxi anzuhalten, weil sie dem Fahrer erzählten, ihr Kind sei krank und müsse in ein Krankenhaus. Als sie im Taxi saßen und die Tür geschlossen hatten, sagte Terry: »Nach Ballymurphy.« Der Fahrer sagte: »Nein, da fahre ich auf keinen Fall hin.« Aber Terry hatte einen Schürhaken mitgenommen. Den zog er heraus und drückte dem Fahrer die Spitze an den Hals. »Sie werden uns dorthin fahren.« Der Fahrer brachte sie an den Rand von Ballymurphy und hielt dort an. »Ich fahre nicht weiter, und wenn Sie mich mit dem Ding aufspießen«, sagte er. Die Lawlors packten ihr Baby und ihre Habseligkeiten zusammen und liefen um ihr Leben. Anfang 1970 verschlimmerte sich die Lage. An Ostern kam es in Ballymurphy zu Krawallen. Die Armee wurde mobilisiert und Patrouillen mit Panzerfahrzeugen fuhren durch die Straßen. Rosemary Lawlor schob ihren Kinderwagen an Soldaten mit Maschinengewehren und Tränengasgranaten vorbei. An einem Juni-Wochenende kam es im Nachbarviertel zu einem Feuergefecht, als eine Gruppe katholischer Schützen das Feuer auf protestantische Passanten eröffnete. In Reaktion darauf versuchten protestantische Loyalisten, in der Nähe des Hafens eine katholische Kirche niederzubrennen. Die Schießerei dauerte fünf Stunden. In der ganzen Stadt brannten Hunderte Häuser. Die Bilanz des Wochenendes waren sechs Tote und über 200 Verletzte. Der britische Innenminister flog aus London ein, sah sich das Chaos an und eilte zum Flugzeug zurück. »Um Gottes Willen, ich brauche einen großen Scotch!«, rief er. »Was für ein schreckliches Land.«[124]

» Eine Woche später ging eine Frau durch die Straßen von Ballymurphy. Sie hieß Harriet Carson. »Sie ist später bekannt geworden, weil sie Maggie Thatcher in der City Hall ihre Handtasche über den Kopf geschlagen hat«, erinnert sich Lawlor. »Ich habe sie schon als Kind gekannt. Harriet ist die Straße runter gekommen, hat zwei Topfdeckel gegeneinandergeschlagen und gerufen: ›Kommt raus, kommt raus, kommt raus! Die bringen die Leute von Lower Falls um!‹ Ich bin raus auf die Straße. Meine ganze Familie war schon draußen. Und sie hat geschrien: ›Die haben sie in ihre Häuser gesperrt. Die Kinder haben keine Milch, sie können sich keinen Tee machen, sie haben kein Brot, kommt raus, kommt raus, wir müssen was tun!« «

Lower Falls ist ein katholisches Viertel und liegt direkt unterhalb von Ballymurphy. Lawlor war in Lower Falls zur Schule gegangen. Ihr Onkel lebte dort, genau wie viele ihrer Cousins. In Lower Falls kannte sie genauso viele Menschen wie in Ballymurphy. Die britische Armee hatte eine Ausgangssperre verhängt und den Stadtteil nach Waffen durchsucht.

» Ich habe nicht mal gewusst, was eine Ausgangssperre ist«, erzählt Lawlor. »Ich hatte keine Ahnung. Ich musste erst mal eine Nachbarin fragen: ›Was ist das?‹ Und die hat mir gesagt, sie dürfen nicht raus auf die Straße. Ich war wie vor den Kopf geschlagen. ›Was bedeutet das?‹ ›Die Leute sind in ihren Häusern eingesperrt. Sie können nicht mal raus, um Brot und Milch zu kaufen. Und die Soldaten treten ihnen die Türen ein, sie hauen ihnen die Einrichtung kurz und klein und durchsuchen die Häuser.‹ Ich war sprachlos. Die größte Sorge war, die Leute sind in ihren Häusern eingesperrt, und da sind die Kinder. Damals haben in manchen Häusern 12, 15 Kinder gewohnt. So war das damals. ›Was soll das heißen, sie können nicht raus?‹ Sie waren wütend. «

Heute ist Rosemary Lawlor Mitte 60, eine kräftige Frau mit runden Backen, kurzen weißblonden Haaren und Seitenscheitel. Die gelernte Schneiderin ist geschmackvoll gekleidet und trägt eine bunt geblümte Bluse und weiße, dreiviertellange Hosen. Die Ereignisse, die sie schildert, liegen vierzig Jahre zurück, doch sie erinnert sich noch an jede Einzelheit.

»Mein Vater hat damals gesagt, ›Die Briten werden auf uns losgehen. Die behaupten, sie sind zu unserem Schutz da. Aber die werden auf uns losgehen, du wirst schon sehen.‹ Und er hat hundert Prozent Recht gehabt. Die sind auf uns losgegangen. Mit der Ausgangssperre hat es angefangen.«

2

Just in dem Jahr, in dem Nordirland im Chaos versank, schrieben die beiden Politikwissenschaftler Nathan Leites und Charles Wolf einen politischen Leitfaden für den Umgang mit Gewalt. Leites und Wolf arbeiteten für die RAND Corporation, einen einflussreichen Think Tank, der nach dem Zweiten Weltkrieg vom Pentagon ins Leben gerufen worden war. Ihre Untersuchung trug den Titel *Rebellion and Authority*. Damals explodierte in vielen Teilen der Welt die Gewalt, und Leites und Wolf wurde zur Pflichtlektüre. *Rebellion and Authority* wurde zur Blaupause für den Kampf gegen den Vietcong, für den Umgang der Polizei mit Unruhen und für den »Krieg gegen den Terror«. Die Autoren kamen zu einer ganz einfachen Schlussfolgerung:

» Wir gehen in unserer Analyse von der Annahme aus, dass sich die Bevölkerung, sowohl Einzelpersonen als auch Gruppen, rational verhält, dass sie also die Kosten und Nutzen bestimmter Handlungen gegeneinander abwägt und auf dieser Grundlage ihre Entscheidungen trifft ... Um auf das Verhalten der Bevölkerung einzuwirken, sind weder Sympathie noch Mystik nötig, sondern lediglich ein besseres Verständnis dessen, welche Kosten und Nutzen Einzelpersonen und Gruppen gegeneinander abwägen und wie sie dies tun.«[125]

Mit anderen Worten: Die Kontrolle von Aufständischen ist nichts anderes als eine Rechenaufgabe. Wenn es in den Straßen von Belfast zu Krawallen kommt, dann nur deshalb, weil es die Randalierer nicht teuer genug zu stehen kommt, wenn sie Fensterscheiben einwerfen oder Häuser in Brand stecken. Wenn Leites und Wolf schreiben, »um auf das Verhalten der Bevölkerung einzuwirken, sind weder Sympathie noch Mystik nötig«, behaupten sie, dass es nur darauf ankommt, diese Kosten-Nutzen-Rechnung zu verändern. Die Machthaber müssen sich nicht den Kopf über die Motive oder Gefühle der Aufständischen zerbrechen. Sie müssen nur hart genug durchgreifen, damit es sich die Unruhestifter zweimal überlegen.

Der General der britischen Streitkräfte in Nordirland war ein Mann, der den Seiten von *Rebellion and Authority* entstiegen zu sein schien. Er hieß Ian Freeland, hatte sich im Zweiten Weltkrieg in der Normandie verdient gemacht und später in Zypern und Sansibar gegen Aufständische gekämpft. Er war ein schneidiger, aufrechter Offizier mit kantigem Kinn und eiserner Faust und »vermittelte ganz den Eindruck eines Mannes, der nicht nur wusste, was zu tun war, sondern der es auch tat«.[126] Bei seiner Ankunft in Nordirland ließ er keinen Zweifel daran, dass seine Geduld sehr begrenzt war. Er fürchtete sich nicht davor, zur Gewalt zu greifen. Vom britischen Premierminister hatte er die Anweisung erhalten, »hart und sichtbar gegen Randalierer und Bewaffnete vorzugehen«.

Am 30. Juli 1970 erhielt die britische Armee einen Hinweis. Im Stadtteil Lower Falls, in der Balkan Street 24, seien Waffen und Sprengstoffe versteckt. Unverzüglich schickte Freeland fünf Panzerwagen mit Soldaten und Polizisten in die Balkan Street. Bei der Durchsuchung des Hauses wurden tatsächlich Schusswaffen und Munition gefunden. Währenddessen versammelte sich draußen eine Menschenmenge. Steine flogen, und aus Steinen wurden Molotowcocktails. Es begann eine Straßenschlacht. Um 22 Uhr hatte die Armee genug. Ein Helikopter kreiste über dem Viertel und forderte die Einwohner auf, in ihren Häusern zu bleiben, da sie andernfalls verhaftet würden. Kaum hatten sich die Straßen geleert, begann die Armee, jedes einzelne Haus zu durchzusuchen. Jeder Widerstand wurde sofort geahndet. Am nächsten Morgen fuhr ein triumphierender General zusammen mit zwei protestantischen Regierungsbeamten und einer Gruppe Journalisten in offenen Jeeps durch das Viertel und besichtigte die leergefegten Straßen – wie »die britischen Kolonialherren in Indien auf Tigerjagd«,[127] wie ein Soldat es später ausdrückte.

Die britische Armee war mit besten Absichten nach Nordirland gekommen. Die Polizei war nicht mehr Herr der Lage, und die Armee sollte die Aufgaben einer Friedenstruppe übernehmen und einen Puffer zwischen Katholiken und Protestanten bilden. Es war kein Auslandseinsatz: Sie befanden sich auf britischem Boden, die Menschen sprachen ihre Sprache. Mit ihren Ressourcen, Waffen, Soldaten und ihrer Erfahrung stellte die Armee die Aufständischen weit in den Schatten. Als Freeland an jenem Morgen durch die menschenleeren Straßen von Lower Falls fuhr, war er überzeugt, dass er und seine Männer im Spätsommer wieder nach Hause fahren konnten. Doch er sollte sich furchtbar irren. Aus ein paar schwierigen Monaten sollten dreißig Jahre Blutvergießen und Chaos werden.

In Nordirland begingen die Briten einen ganz einfachen Fehler: Sie nahmen an, weil sie den Aufständischen an Ressourcen, Waffen, Soldaten und Erfahrung weit überlegen waren, könne es ihnen vollkommen gleichgültig sein, was die Menschen in Nordirland von ihnen hielten. Genau wie Leites und Wolf war auch General Freeland überzeugt, er müsse keinerlei Sympathie aufbringen, um auf das Verhalten der Bevölkerung einzuwirken. Doch der General täuschte sich.

»Es heißt, die meisten Revolutionen würden nicht von Revolutionären verursacht, sondern von der Dummheit und Brutalität der Staatsmacht«, sagte Seán MacStiofáin, erster Führer der provisorischen irisch-republikanischen Armee IRA im Rückblick auf diese ersten Jahre des Nordirlandkonflikts. »In Nordirland hatten wir von beidem mehr als genug.«[128]

3

Um zu verstehen, welchen Fehler die Briten in Nordirland machten, könnte man die Situation mit einem Klassenzimmer vergleichen. Stellen Sie sich eine Vorschulklasse vor, einen Raum mit bunten Wänden, an denen Kinderzeichnungen hängen. Vor einer Gruppe von Kindern steht eine Lehrerin, die wir Stella nennen wollen.

Der Unterricht wird im Rahmen eines Projekts der University of Virginia aufgezeichnet, und es gibt ausreichend Videomaterial, um zu verstehen, wie sich Stella und die Kinder verhalten. Aber schon nach wenigen Minuten wird klar, dass hier einiges schiefläuft.

Stella sitzt auf einem Stuhl vor der Gruppe. Sie liest laut aus einem Buch vor, das sie schräg vor sich hält: »sieben süße Tomaten, acht saftige Oliven, neun saure Äpfel«. Vor ihr steht ein Mädchen, das mitliest, doch der Rest der Klasse versinkt im Chaos – eine Miniversion von Belfast im Sommer 1970. Ein Mädchen schlägt auf dem Fußboden Räder. Ein Junge schneidet Grimassen. Die meisten Kinder scheinen überhaupt nicht aufzupassen. Einige Kinder haben sich umgedreht und wenden Stella den Rücken zu.

Welchen Eindruck bekämen Sie, wenn Sie in dieses Klassenzimmer kämen? Vermutlich kämen Sie spontan zu dem Schluss, dass es sich um eine besonders ungezogene Gruppe handelt. Vielleicht befindet sich die Schule in einem armen Viertel, oder die Kinder kommen aus Problemfamilien. Vielleicht haben die Kinder nie gelernt, was Autorität und Lernen bedeuten. Leites und Wolf würden Stella vermutlich empfehlen, hart durchzugreifen. Kinder brauchen Strenge. Sie brauchen Regeln. Wenn im Klassenzimmer keine Ordnung herrscht, wie sollen die Kinder dann etwas lernen?

In Wirklichkeit befindet sich die Schule nicht in einem Problemviertel. Und die Kinder sind auch nicht ungezogener als andere. Zu Beginn des Unterrichts sind sie still und aufmerksam und wollen etwas lernen. Erst nach einer ganzen Weile werden die Kinder unaufmerksam, und zwar in Reaktion auf Stellas Verhalten. Stella trägt die Schuld an dem Chaos. Warum? Weil sie keine Ahnung hat, wie man eine Klasse führt.

Stella lässt eines der Mädchen laut mitlesen, weil sie hofft, die Kinder auf diese Weise einzubeziehen. Dadurch wird die Lektüre jedoch unerträglich langsam und hölzern. »Schauen Sie sich nur mal ihre Körpersprache an«, sagt Bridget Hamre, eine der Bildungsforscherinnen der University of Virginia, während wir uns gemeinsam das Video ansehen. »Sie redet nur mit dem einen Kind, die anderen Kinder können sich nicht beteiligen.« Und ihr Kollege Robert Pianta fügt hinzu: »Das hat keinen Rhythmus, kein Tempo, das geht völlig ins Leere. Was sie da macht, hat keinerlei pädagogischen Wert.«

Erst in diesem Moment gerät der Unterricht aus den Fugen. Der kleine Junge schneidet Grimassen. Stella bekommt gar nicht mit, dass das Mädchen seine Räder schlägt. Drei oder vier Kinder rechts von Stella versuchen noch, dem Unterricht zu folgen. Doch Stella ist so auf ihr Buch fixiert, dass sie überhaupt nicht in der Lage ist, auf diese Kinder einzugehen. Zu ihrer Linken haben sich inzwischen fünf oder sechs Kinder umgedreht. Aber nicht, weil sie ungezogen sind – sie sind einfach verwirrt. Sie könne Stella nicht sehen, weil ihnen das lesende Mädchen die Sicht versperrt. Sie haben gar nicht die Möglichkeit, sich am Unterricht zu beteiligen. Wir verstehen Autorität oft als eine Reaktion auf Ungehorsam: Ein Kind stört und die Lehrerin ruft es zur Ordnung. Stellas Unterricht lässt jedoch einen ganz anderen Schluss zu: Rebellion könnte umgekehrt eine Reaktion auf die Autorität sein. Wenn die Lehrerin versagt, wird das Kind ungehorsam.

»Viele Leute sprechen von Verhaltensproblemen«, sagt Hamre. Wir schauen zu, wie sich eines der Mädchen auf dem Stuhl windet, herumhampelt, Grimassen schneidet und alles tut, um nur ja nicht zur Lehrerin sehen zu müssen. »Aber das Problem ist weniger das Verhalten der Kinder als die Unfähigkeit der Lehrerin, sie in den Unterricht einzubeziehen. Wenn die Lehrerin etwas Interessantes machen würde, dann wären diese Kinder sehr wohl in der Lage, aufmerksam teilzunehmen. Die Lehrerin sollte sich also keine Gedanken darüber machen, wie sie das Verhalten der Kinder kontrollieren kann, sondern sie sollte lieber darüber nachdenken, wie sie den Unterricht so interessant gestalten kann, dass die Kinder erst gar nicht stören.«

Als Nächstes zeigen mir Pianta und Hamre ein Video, in dem eine Lehrerin den Schülern einer dritten Klasse Hausaufgaben gibt. Sie verteilt eine Kopie der Aufgaben an sämtliche Schüler und lässt sie dann die Anweisungen gemeinsam laut lesen. Pianta ist entsetzt. »Achtjährige Kinder im Chor die Aufgaben lesen zu lassen ist im Grunde eine Frechheit. Was soll das bringen? Was sollen die Kinder lernen?« Lesen können sie schließlich schon.

Während sie die Aufgaben lesen, hebt ein Junge in der ersten Reihe die Hand. Die Lehrerin fasst ihn am Handgelenk und drückt seine Hand nach unten. Ein anderes Kind beginnt, die Aufgaben zu machen – eine nachvollziehbare Entscheidung angesichts der Sinnlosigkeit der gemeinsamen Lektüre. Die Lehrerin ermahnt es scharf: »Das sind Hausaufgaben, mein Lieber!« Das ist eine Disziplinarmaßnahme. Das Kind hat gegen die Regeln verstoßen. Die Lehrerin reagiert unverzüglich und entschlossen. Ohne Ton würde die Szene wie eine perfekte Umsetzung von Leites und Wolf wirken. Wenn man aber die Worte der Lehrerin hört und sich in die Situation des Kindes versetzt, wird klar, dass die Maßnahme das Gegenteil des erwünschten Effekts bewirkt. Der Junge lernt nicht, dass es wichtig ist, sich an die Regeln zu halten. Er ist wütend und frustriert. Warum? Weil die Strafe vollkommen willkürlich ist. Er kann sich nicht äußern und seine Sicht der Dinge darstellen. Er will doch etwas lernen. Wenn der Junge sich nicht an die Anweisungen hält, dann liegt das an den Anweisungen, also an der Lehrerin. Genauso, wie Stella dafür sorgt, dass ein lernwilliges und aufmerksames Kind Räder auf dem Fußboden schlägt. Wenn Menschen in Autoritätspositionen ein bestimmtes Verhalten von anderen erwarten, dann hängt ihr Erfolg vor allem von ihrem eigenen Verhalten ab.

Das ist das sogenannte Legitimitätsprinzip. Legitimität setzt dreierlei voraus: Zuerst müssen die Menschen, die der Autorität Folge leisten sollen, das Gefühl haben, dass sie eine Stimme haben und dass diese Stimme gehört wird. Zweitens müssen die Regeln berechenbar sein, das heißt, wir müssen davon ausgehen können, dass das, was heute gilt, auch morgen noch Gültigkeit hat. Und drittens muss die Autorität gerecht sein, das heißt, sie muss alle gleich behandeln.[129]

Eltern kennen diese drei Prinzipien. Wenn Sie wollen, dass der kleine Johnny aufhört, seine Schwester zu schlagen, dann können Sie nicht einmal ein Auge zudrücken und ihn beim nächsten Mal anschreien. Und sie müssen seine Schwester genauso zur Ordnung rufen, wenn sie ihn schlägt. Und wenn er sagt, dass er seine Schwester nicht geschlagen hat, dann muss er die Möglichkeit bekommen, sich zu verteidigen. Das Wie der Bestrafung ist genauso wichtig wie die Bestrafung selbst. Dass es in Stellas Unterricht hoch hergeht, ist nicht weiter verwunderlich. Wenn Sie an Ihre eigene Schulzeit denken, dann werden Sie sich erinnern, dass sich Lehrer den Respekt der Kinder erarbeiten müssen.

Das Legitimitätsprinzip gilt jedoch nicht nur im Unterricht, sondern auch bei der Durchsetzung von Recht und Ordnung in der Gesellschaft. Das ist allerdings nicht immer ganz so einfach nachvollziehbar. Wir kennen unsere Eltern und Lehrer, weshalb es uns einleuchtet, dass das Legitimitätsprinzip zu Hause und in der Schule eine wichtige Rolle spielt. Aber fällt die Entscheidung, eine Bank zu überfallen oder jemanden zu erschießen, nicht in eine ganz andere Kategorie? Genau das meinten jedenfalls Leites und Wolf, als sie behaupteten, der Kampf gegen Kriminelle und Aufständische erfordere »weder Sympathie noch Mystik«. Ihrer Ansicht nach ist die Entscheidung, Gesetze zu befolgen, das Ergebnis einer völlig rationalen Kosten-Nutzen-Rechnung. Es handelt sich nicht um eine persönliche Angelegenheit. Aber genau da liegt der Irrtum, denn wenn wir Kriminelle und Aufständische dazu bringen wollen, sich an die Spielregeln zu halten, ist die Legitimität genauso wichtig wie im Klassenzimmer.

4

Sehen wir uns ein weiteres Beispiel an. In den vergangenen Jahren wurde der New Yorker Stadtteil Brownsville Schauplatz eines Experiments. Brownsville hat etwas über 100 000 Einwohner und liegt in der östlichen Ecke von Brooklyn, hinter den eleganten Häusern von Park Slope und den Synagogen von Crown Heights.[130] Über ein Jahrhundert lang war es eine der heruntergekommensten Ecken von New York City. In Brownsville gibt es insgesamt achtzehn städtische Wohnprojekte, mehr als in jedem anderen Stadtteil. Sie beherrschen die Skyline: Straßenzug um Straßenzug finstere, gesichtslose Türme aus Backstein und Beton. Während in den letzten zwei Jahrzehnten die Kriminalität im Rest der Stadt dramatisch zurückgegangen ist, hinkt Brownsville hinterher. Hier ziehen nach wie vor Gangs von Jugendlichen durch die Straßen und überfallen Passanten. Hin und wieder schickte die Polizei ein Großaufgebot von Polizisten nach Brownsville, doch die Situation besserte sich, wenn überhaupt, nur vorübergehend. Im Jahr 2003 wurde eine junge Frau namens Joanne Jaffe Leiterin der Housing Police, der für die sozialen Wohnprojekte zuständigen Polizeitruppe. Sie beschloss, etwas Neues auszuprobieren.

Jaffe ließ eine Liste aller Jugendlichen von Brownsville zusammenstellen, die in den zurückliegenden zwölf Monaten mindestens einmal festgenommen worden waren. Die Suche ergab 106 Namen, die 180 Festnahmen entsprachen. Jaffe schätzt, dass ein Jugendlicher, der wegen eines Überfalls festgenommen wird, zwischen 20 und 50 andere Delikte auf der Kappe hat, die der Polizei nie gemeldet wurden. Das heißt, ihre Gruppe von 106 Jugendlichen war vermutlich für bis zu 5000 Delikte verantwortlich.

Dann stellte sie eine Sondereinheit zusammen, die zu jedem Jugendlichen auf der Liste Kontakt aufnehmen sollte. »Wir haben ihnen gesagt, ihr kommt in ein Programm«, erklärt Jaffe. »Ihr habt eine einfache Wahl. Wir wollen alles tun, damit ihr wieder zur Schule geht und einen Abschluss macht, wir wollen euren Familien helfen und in Erfahrung bringen, was sie brauchen. Wir bieten euch Jobs, Ausbildung, Krankenversicherung, alles, was wir können. Wir wollen mit euch zusammenarbeiten. Aber das kriminelle Verhalten muss aufhören. Wenn ihr wieder verhaftet werdet, tun wir alles, um euch hinter Gitter zu bringen. Es ist mir egal wie lächerlich das Vergehen ist. Wir schauen euch auf die Finger.«

Das Programm hieß J-RIP, »Juvenile Robbery Intervention Program«. Oberflächlich betrachtet war es nichts anderes als ein typisches polizeiliches Bewährungsprogramm. Doch das Büro der Sondereinheit befand sich nicht auf der Wache, sondern in einem Wohnwagen auf dem Parkplatz eines Wohnprojekts. Die Mitarbeiter hatten jedes nur erdenkliche Überwachungsinstrument zur Verfügung. Für jeden Jugendlichen erstellten sie Listen mit möglichen Komplizen. Von Facebook luden sie Fotos von Freunden mit Verbindungen zu Gangs herunter. Sie sprachen mit Geschwistern und Müttern und erstellten für jeden eine Wandkarte, auf der sie ihre Netzwerke mit ihren Freunden und Bekannten eintrugen – ähnlich wie ein Geheimdienst, der die Bewegungen von Terrorverdächtigen verfolgt.

» Meine Leute sind rund um die Uhr im Einsatz«, sagt Jaffe. »Wenn einer der Jugendlichen verhaftet wird, schicke ich eine Mannschaft los, wenn es sein muss. Es ist mir egal, ob es in der Bronx ist oder ob es mitten in der Nacht ist. Es muss spürbare Konsequenzen geben. Sie müssen wissen, was sie erwartet. Es muss schnell passieren. Wenn du verhaftet wirst, stehe ich vor dir. Wenn ich dich zu Hause besuche, kannst du mir ruhig die Tür vor der Nase zuschlagen. Aber auf der Straße sehen wir uns wieder. Ich grüße dich. Ich bringe alles über dich in Erfahrung. Wenn du von Brooklyn in die Bronx fährst, weiß ich, in welchem Zug du sitzt. Wir sagen zu Johnny, komm morgen ins J-RIP-Büro, und wenn Johnny kommt, sagen wir ihm: ›Du bist gestern in der Bronx erwischt worden. Du hast eine Vorladung bekommen.‹ Und er sagt: ›Hä?‹ Und wir sagen: ›Du warst mit Raymond Rivera und Mary Jones zusammen.‹ ›Woher wissen Sie das?‹ Irgendwann haben sie gedacht, wir sind überall. Wir hatten für jeden eine Akte und haben ihnen gezeigt, was wir alles über sie wissen. Wir haben gesagt: ›Das sind deine Kumpel. Hier sind die gesamten Informationen über dich. Hier sind deine Bilder. Wir wissen, dass du da und da zugehörst. Wir wissen, dass du zu einer Bande gehören könntest. Wir kennen deine Welt.‹ Wir wussten, wo sie zur Schule gehen sollten und mit wem sie in der Schule abhängen. Wenn sie nicht zum Unterricht erschienen sind, haben wir einen Anruf bekommen. Dann sind die Mitarbeiter los und haben sie aufgeweckt und sie aus der Falle geholt. «

Doch das war noch längst nicht alles. Jaffe tat auch Dinge, die wenig mit typischer Polizeiarbeit zu tun haben. Sie verwendete beispielsweise viel Zeit auf die Auswahl geeigneter Beamter für ihre Sondereinheit. »Da kann man doch nicht einfach irgendwelche Beamten hinschicken«, sagt sie und erinnert eher an eine Sozialarbeiterin als an eine Polizeichefin. »Ich wollte Beamte, die Kinder mögen, die keinen Hauch negativer Einstellung mitbringen und die in der Lage sind, Jugendliche zu beeinflussen und aufs richtige Gleis zu setzen.« Als Leiter der Sonderheit wählte sie schließlich David Glassberg, einen umgänglichen Mann und früheren Drogenermittler, der selbst Kinder hatte.

Von Anfang an wollte sie auch unbedingt einen Kontakt zu den Familien der Jugendlichen herstellen. Das erwies sich jedoch als erstaunlich schwierig. Im ersten Anlauf verschickte sie Briefe an jede Familie und lud sie zu einem Treffen in den Räumlichkeiten einer Kirche ein. Niemand kam. Also gingen Jaffe und ihr Team von Tür zu Tür. Auch das brachte nichts. »Wir haben alle 106 Familien besucht, aber sie haben uns nicht mal reingelassen.«

Es dauerte Monate, bis sie einen ersten Durchbruch erzielte.

» Wir hatten einen Knaben, nennen wir in Johnny Jones. Das war ein schlimmer Finger. Er war damals 14 oder 15 und hat bei seiner 17- oder 18-jährigen Schwester gelebt. Seine Mutter hat in Queens gewohnt. Sogar die Mutter hatte einen Hass auf uns. Wir hatten niemanden, zu dem wir Kontakt aufnehmen konnten. Im November des ersten Jahres, 2007, am Mittwoch vor Thanksgiving, ist David Glassberg zu mir ins Büro gekommen.

Er hat zu mir gesagt: ›Die Jungs haben zusammengelegt, um Johnny Jones und seiner Familie heute Abend ein Thanksgiving-Essen zu spendieren.‹

Und ich habe gesagt: ›Du machst Witze, oder?‹ Es war ein richtig böser Bube.

Und er sagt: ›Weißt du, warum? Diesen Knaben haben wir wahrscheinlich verloren, aber in der Familie sind noch sieben andere Kinder. Für die mussten wir etwas tun.‹

Ich hatte Tränen in den Augen. Dann hat er gesagt: › Und da sind noch die ganzen anderen Familien. Was sollen wir tun?‹ Es war 22 Uhr am Abend vor Thanksgiving, und ich habe gesagt, ›Dave, was hältst du davon, wenn ich zum Polizeipräsidenten gehe und sehe, ob ich 2000 Dollar bekomme, damit wir jeder Familie einen Truthahn kaufen können? Meinst du, wir schaffen das?‹« Also ging sie in die Zentrale und bat den Polizeipräsidenten um ein kurzes Gespräch. »›Das und das hat Dave Glassberg mit seinem Team gemacht. Ich möchte 125 Truthähne kaufen. Gibt es Geld für so was?‹ Und er hat Ja gesagt. Glassberg und seine Leute haben Überstunden gemacht. Sie haben gefrorene Truthähne und Kühlwagen aufgetrieben und sind noch in der Nacht von Tür zu Tür gefahren. Wir haben jeden in eine Tüte gesteckt und einen Zettel dazugelegt: ›Von unserer Familie für Ihre Familie. Happy Thanksgiving!‹ «

Jaffe sitzt in ihrem Büro im Polizeihauptquartier von Manhattan, als sie mir das erzählt. Sie trägt ihre Uniform, eine große und respekteinflößende Frau mit einer dichten schwarzen Mähne und einem unüberhörbaren Brooklyner Dialekt.

» Wir haben geklopft«, erzählt sie weiter. »Die Mutter oder Oma hat aufgemacht und gesagt: ›Johnny, die Polizei ist da.‹ Ich habe gesagt: ›Hallo, Mrs. Smith, ich bin Chief Jaffe. Wir haben etwas für Thanksgiving für Sie. Wir wollten Ihnen nur ein schönes Thanksgiving wünschen. Und sie so: ›Was ist das?‹ Und dann haben sie gesagt: ›Kommen Sie rein, kommen Sie rein‹, und haben uns reingezerrt. In den Wohnungen war es heiß, und sie haben gerufen: ›Johnny, komm her, die Polizei ist da!‹ Und dann sind diese ganzen Leute rumgerannt, haben uns umarmt und geweint. Ich habe fünf Familien besucht, und überall dasselbe, Umarmungen und Tränen. Und ich habe immer gesagt, ich weiß, manchmal ist die Polizei zum Hassen. Das verstehe ich. Aber auch wenn es so aussieht, als würden wir Sie immer ärgern, wenn wir zu Ihnen kommen – wir sorgen uns um Sie und wir wollen, dass Sie ein schönes Thanksgiving haben. «

Aber warum war Jaffe so darauf versessen, die Familien der Jugendlichen in ihrem Programm kennenzulernen? Weil sie zu Recht annahm, dass die Polizei in Brownsville keinerlei Legitimität genoss. In den Vereinigten Staaten hat einen erschreckend hoher Anteil der schwarzen Männer mindestens eine Haftstrafe verbüßt. (Um nur eine Zahl zu nennen: Von allen männlichen Afroamerikanern, die Ende der 1970er Jahre zur Welt kamen und keinen Highschool-Abschluss haben, waren 69 Prozent mindestens einmal hinter Gittern.) Brownsville ist ein Viertel, in dem viele schwarze Schulabbrecher leben, und das bedeutete, dass jeder der jugendlichen Straftäter in Jaffes Programm mindestens einen männlichen Verwandten – ob Vater, Bruder, Onkel oder Cousin – hatte, der eine Haftstrafe verbüßt hatte.[131] Wenn so viele Menschen in ihrem unmittelbaren Umfeld hinter Gittern waren, erscheint Ihnen das Gesetz dann noch gerecht oder berechenbar? Haben Sie das Gefühl, gehört zu werden? Als Jaffe nach Brownsville kam, war ihr klar, dass die Polizei als Feind wahrgenommen wurde. Und wenn die Polizei der Feind war, wie sollte sie dann 15- und 16-Jährige, die bereits eine kriminelle Laufbahn eingeschlagen hatten, auf einen anderen Kurs bringen? Sie konnte ihnen drohen und ihnen drastisch vor Augen führen, was ihnen blühte, wenn sie sich nicht änderten. Doch es handelte sich um Jugendliche, die von Natur aus stur und widerspenstig sind und bereits einige Diebstähle und Überfälle auf dem Konto hatten. Warum sollten diese Jugendlichen auf sie hören? Jaffe stand für eine Institution, die ihre Väter, Brüder und Cousins hinter Gitter gebracht hatte. Sie musste sich ihren Respekt zurückgewinnen, und dazu brauchte sie die Unterstützung der Familien. Ihre kleine Thanksgiving-Ansprache – *ich weiß, manchmal ist die Polizei zum Hassen. Das verstehe ich. Aber auch wenn es so aussieht, als würden wir Sie immer ärgern, wenn wir zu Ihnen kommen – wir sorgen uns um Sie und wir wollen, dass Sie ein schönes Thanksgiving haben* – war nichts anderes als der Versuch, die Legitimität wiederzuerlangen. Die Familien, die sich oft seit Generationen auf der falschen Seite des Gesetzes befanden, sollten erkennen, dass das Gesetz auch auf ihrer Seite sein konnte.

Nachdem die Truthähne ein solcher Erfolg gewesen waren, verteilte Jaffee zu Weihnachten Spielsachen. Mitarbeiter ihrer Sondereinheit spielten mit den Jugendlichen Basketball. Sie luden sie zum Sushi-Essen ein. Sie organisierten Ferienjobs. Sie fuhren die Jugendlichen zu Arztterminen. Dann veranstalteten sie ein Weihnachtsessen, zu dem sie die Jugendlichen mit ihren Familien einluden. »Wissen Sie, was ich an Weihnachten mit meinen Jugendlichen mache?«, fragt Jaffe. »Vor ihren Freunden müssen sie immer die harten Jungs spielen. Also umarme ich jeden Einzelnen. Ich sag immer: ›Komm her, lass dich umarmen!‹« Jaffe ist eine imposante Erscheinung. Stellen Sie sich vor, wie sie mit ausgebreiteten Armen auf einen schlaksigen Jugendlichen zugeht. Die Jungs verschwinden in ihren Armen.

Das klingt wie eine Geschichte aus einem kitschigen Hollywoodfilm, nicht wahr? Wenn sich die Polizei in aller Welt weigert, Jaffes Vorbild nachzuahmen, dann liegt das auch daran, dass ihre Methoden einfach falsch scheinen. Johnny Jones war ein schlimmer Finger. Belohnt man ihn nicht auch noch, wenn man seiner Familie Essen und Geschenke bringt? Wären Sie nicht sprachlos, wenn die Polizeipräsidentin Ihrer Stadt verkündet, sie wolle die Kriminalität bekämpfen, indem sie die Verwandten der Kriminellen umarme und zum Essen einlade? Aber sehen wir uns an, was in Brownsville passierte.

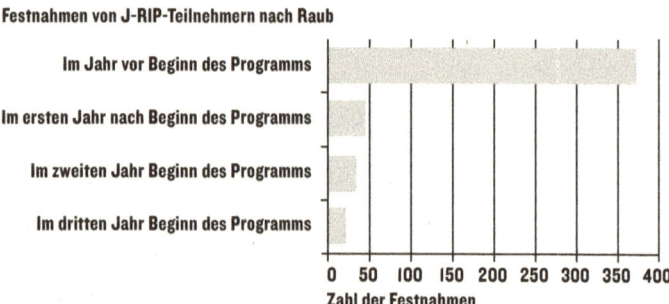

Festnahmen von J-RIP-Teilnehmern nach Raub

	Zahl der Festnahmen
Im Jahr vor Beginn des Programms	
Im ersten Jahr nach Beginn des Programms	
Im zweiten Jahr Beginn des Programms	
Im dritten Jahr Beginn des Programms	

0 50 100 150 200 250 300 350 400
Zahl der Festnahmen

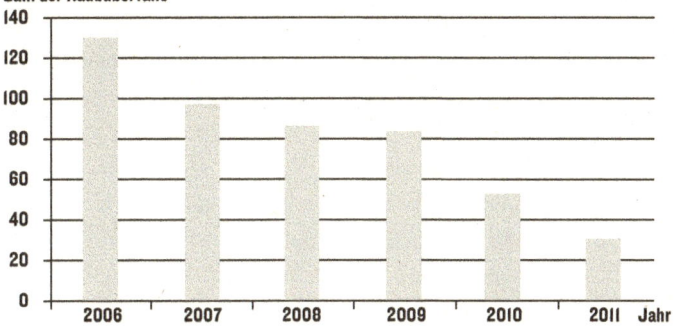

Zahl der Raubüberfälle in Brownsville

Als Leites und Wolf schrieben: »um auf das Verhalten der Bevölkerung einzuwirken, sind weder Sympathie noch Mystik nötig«, waren sie offenbar überzeugt, dass der Staat über grenzenlose Macht verfügt. Wer Ordnung herstellen wolle, müsse sich keine Gedanken darüber machen, was die Menschen, denen er die Ordnung aufzwingen wolle, von ihm hielten. Aber Leites und Wolf hatten sich gründlich getäuscht. Jaffe ist einer von zahllosen Beweisen, dass sich die Mächtigen sehr wohl Gedanken darüber machen müssen, was die anderen von ihnen halten, und dass diejenigen, die Befehle erteilen wollen, sehr wohl von der Meinung der Menschen abhängig sind, die sie herumkommandieren wollen.

Als General Freeland nach Lower Falls kam, war ihm dies nicht klar. Er unternahm keinerlei Anstrengungen, zu verstehen, wie sich die Ereignisse aus Sicht von Menschen wie Rosemary Lawlor darstellten. Er dachte, er habe einen Aufstand niedergeschlagen, als er durch die leergefegten Straßen fuhr wie ein britischer Kolonialherr auf Tigerjagd. Wenn er sich die Mühe gemacht hätte, den Berg hinauf nach Ballymurphy zu fahren, wo Harriet Carson ihre Nachbarinnen zusammentrommelte, dann wäre ihm klar geworden, dass der Aufstand gerade erst begonnen hatte.

5

In Nordirland ist der Juli der Höhepunkt der »Marching Season«, der Saison, in der die protestantischen Loyalisten ihre Jahrhunderte zurückliegenden Siege über die Katholiken der Insel mit großen Aufmärschen feiern.[132] Sie veranstalten Prozessionen, Flaggenparaden, Marschmusikparaden, Flötenparaden, Dudelsackparaden, Akkordeonparaden und Paraden, in denen die Teilnehmer in dunklen Anzügen mit Schärpen und Melonen durch die Straßen marschieren. Es sind Hunderte Aufmärsche mit Zehntausenden Teilnehmern. Höhepunkt ist jedes Jahr ein riesiger Umzug am 12. Juli, mit dem der Sieg Wilhelms von Oranien in der Schlacht am Boyne im Jahr 1690 gefeiert wird – der Sieg, mit dem die Protestanten die Vorherrschaft über Irland erlangten.[133]

In der Nacht zum 12. Juli werden im ganzen Land riesige Feuer entzündet und Partys gefeiert. Wenn die Flammen am höchsten lodern, werden Symbole der irischen Katholiken verbrannt; in der Vergangenheit war dies oft der Papst oder ein besonders verhasster katholischer Würdenträger. Zur Melodie von »Clementine« singen die Feiernden:

Build a bonfire,
Build a bonfire,
Stick a Catholic on the top,
Put the Pope right in the middle
And burn the fucking lot.[134]

Nordirland ist kein sonderlich großes Land. Die Städte sind dicht und kompakt, und wenn die Loyalisten jeden Sommer mit ihren Melonen, Schärpen und Flöten durch die Straßen marschieren, kommen sie unweigerlich auch an Vierteln vorüber, in denen die Menschen leben, deren Niederlage sie feiern. Die Hauptverkehrsstraße des katholischen Teils von West-Belfast liegt oft nur wenige Fußminuten von der Verkehrsader entfernt, die durch das Herz des protestantischen Teils von West-Belfast führt. In manchen Vierteln stoßen die Hinterhöfe von katholischen und protestantischen Straßen aneinander, und an diesen Stellen werden die Häuser durch riesige Metallgitter voneinander getrennt, um zu verhindern, dass die Nachbarn sich mit Steinen oder Molotowcocktails bewerfen. In der Nacht vor dem 12. Juli, wenn die Loyalisten in der ganzen Stadt riesige Scheiterhaufen entzünden, können die Menschen in den katholischen Vierteln den Rauch riechen, die Gesänge hören und zusehen, wie ihre Flagge verbrannt wird.

In der Marching Season kommt es immer zu Gewalt. Einer der Vorfälle, der schließlich zum Nordirlandkonflikt führte, ereignete sich zwei Tage nach einem Umzug durch ein katholisches Viertel und den zugehörigen Krawallen. Auf dem Nachhauseweg durch den Westen von Belfast randalierten die Marschierer und brannten Dutzende Häuser nieder.[135] Die Schießereien, die Freelands Geduld im folgenden Sommer derart auf die Probe stellten, ereigneten sich in der Regel während der Märsche der Protestanten.

Können Sie sich vorstellen, wie sich die Einwohner von Lower Falls gefühlt haben müssen, als sie eines Tages aus dem Fenster blickten und sahen, wie Polizei und Armee in ihrem Viertel aufmarschierten? Auch sie hatten ein großes Interesse daran, dass in Belfast Recht und Ordnung herrschten. Aber genauso wichtig war ihnen, wie Recht und Ordnung durchgesetzt wurden. Der 12. Juli, an dem ihre Fahne und ihr Papst auf riesigen Scheiterhaufen verbrannt wurden, stand kurz bevor. Die Institution, die die beiden Seiten während der Marching Season auseinanderhalten sollte, war die Polizei, die Royal Ulster Constabulary. Doch die RUC bestand fast ausschließlich aus Protestanten. Während die Loyalisten katholische Häuser in Brand steckten, ergriffen die Beamten der RUC »keine wirkungsvollen Maßnahmen«, wie ein von der britischen Regierung einberufener Untersuchungsausschuss befand. Journalisten berichteten, während der Ausschreitung seien Loyalisten auf Polizisten zugegangen und hätten diese gebeten, ihnen ihre Waffen zu leihen. Das war einer der Gründe, weshalb die britische Regierung die Armee nach Nordirland geschickt hatte, um dort als unparteiischer Schlichter zu fungieren. Doch auch England und Schottland waren mehrheitlich protestantisch, weshalb die belagerten Katholiken Nordirlands annehmen mussten, dass die Soldaten

Partei für die Protestanten ergreifen würden. Als zu Ostern des Jahres ein großer protestantischer Umzug durch Ballymurphy führte, bildeten die Soldaten ein Spalier zwischen den Marschierenden und den Anwohnern – angeblich, um einen Puffer zu bilden. Doch die Soldaten standen mit dem Gesicht zu den Anwohnern auf dem Gehsteig und drehten den Loyalisten den Rücken zu – so, als müssten sie die Protestanten vor den Katholiken schützen und nicht umgekehrt.

General Freeland versuchte, in Belfast Recht und Ordnung herzustellen. Doch er hätte sich zunächst fragen sollen, ob er dazu überhaupt die nötige Legitimität besaß. Denn die hatte er nicht. Er repräsentierte eine Institution, die in den Augen der katholischen Nordiren mit genau den Leuten sympathisierte, die im Vorjahr die Häuser ihrer Freunde und Verwandten niedergebrannt hatten. Aber wenn das Recht von jemandem durchgesetzt werden soll, der keine Legitimität besitzt, dann reagieren die Menschen nicht mit Gehorsam. Im Gegenteil: Sie wehren sich.[136]

Das große Rätsel des Nordirlandkonflikts ist, warum die Briten so lange brauchten, um das zu verstehen. Im Jahr 1969 kamen bei 73 Schießereien und 8 Bombenanschläge insgesamt 13 Menschen ums Leben.[137] Im darauffolgenden Jahr wollte Freeland hart durchgreifen und warnte, wer einen Molotowcocktail werfe, werde erschossen. Die Folge? Der Historiker Desmond Hamill schreibt:

» Die IRA rächte sich, indem sie ankündigte, wenn Katholiken erschossen würden, dann würde sie Soldaten erschießen. Die Protestant Ulster Volunteer Force, eine illegale paramilitärische Einheit der Loyalisten, antwortete prompt und drohte, für jeden von der IRA erschossenen Soldaten einen Katholiken zu erschießen. Die *Times* zitierte einen Bürger von Belfast mit den Worten: ›Wer hier nicht verwirrt ist, der hat keine Ahnung, was wirklich los ist.‹ «[138]

Im Jahr 1970 kam es zu 213 Schießereien und 155 Bombenanschlägen mit 25 Toten. Die Briten blieben hart und schlugen härter zu. Im Jahr 1971 kam es zu 1756 Schießereien und 1020 Bombenanschlägen mit

184 Toten. Die Briten erklärten, nun sei Schluss. Die Armee griff zu einer Internierungspolitik. Die bürgerlichen Rechte wurden außer Kraft gesetzt, das Land wurde von Soldaten überschwemmt, und die Armee erhielt das Recht, jeden Terrorverdächtigen zu verhaften und auf unbestimmte Zeit einzusperren, ohne Anklage und ohne Gerichtsverfahren. Unter dieser Politik wurden so viele junge katholische Männer verhaftet und interniert, dass in einem Viertel wie Ballymurphy jeder einen Bruder, Vater oder Cousin hatte, der im Gefängnis saß. Wenn so viele Menschen in Ihrer Umgebung hinter Gittern sind, erscheint Ihnen das Gesetz dann noch gerecht oder berechenbar? Haben Sie noch das Gefühl, gehört zu werden? Doch die Situation wurde nicht besser. Im Jahr 1972 kam es zu 1495 Schießereien, 531 bewaffneten Überfällen und 1931 Bombenanschlägen mit 497 Toten. Unter diesen 497 Toten war auch ein 17-jähriger Junge namens Eamon. Eamon war Rosemary Lawlors kleiner Bruder.[139]

»Eines Tages hat Eamon an die Tür geklopft«, erinnert sich Lawlor. »Er hat gesagt, ich würde gern ein oder zwei Tage bei uns unterkommen. Und ich habe gesagt: ›Warum kommst du nicht einfach?‹ Aber er hat gesagt: ›Wenn Mama das mitkriegt, bekommt sie einen Anfall.‹ Dann hat er mir und meinem Mann anvertraut, dass er von der Armee verfolgt wird. Wenn er vor die Tür gegangen ist, wenn er irgendwo um die Ecke gebogen ist, egal, wo er war, überall haben sie ihn angehalten und bedroht.«

Hatte Eamon Kontakte zur IRA? Seine Schwester wusste es nicht, und es war ihr auch egal. »In den Augen der Armee waren wir doch alle verdächtig«, sagt sie. »So war's doch. Und dann ist Eamon erschossen worden. Ein britischer Soldat hat ihn erschossen. Er und ein anderer haben zusammen eine Zigarette geraucht, es hat geknallt, und es hat Eamon getroffen. Er hat noch 11 Wochen gelebt. Am 15. Januar ist er gestorben, mit 17 Jahren.« Ihr kommen die Tränen. »Mein Vater hat seine Arbeit im Hafen aufgegeben. Meine Mutter war völlig zerstört. Das ist jetzt 40 Jahre her. Es tut immer noch weh.«

Rosemary Lawlor war eine junge Frau und Mutter. Sie hatte erwartet, ein normales Leben in einer modernen Stadt zu leben. Doch dann verlor sie ihr Haus. Sie wurde bedroht und schikaniert. Ihre Verwandten im Nachbarviertel wurden in ihren Häusern eingesperrt. Ihr Bruder wurde ermordet. Sie hatte sich ein anderes Leben vorgestellt und verstand nicht, was passierte. »Das war doch mein Leben, mein neues Leben«, sagt sie. »Und dann kam das. Das war einfach nicht richtig. Die Leute, mit denen ich in die Schule gegangen bin, verlieren alles, weil ihr Haus niedergebrannt wird. Die Armee, die uns beschützen soll, geht auf uns los und haut alles kurz und klein. Da war bei mir das Maß voll. Das meine ich nicht im Scherz. Man kann doch nicht im Haus herumsitzen und nichts tun, während so was passiert.«

»Die Leute sprechen vom ›Nordirlandproblem‹«, fährt sie fort. »Aber das war doch ein Krieg! Die Armee hat mit Panzern und Waffen und was weiß ich was vor der Tür gestanden. Wir haben in einem Kriegsgebiet gelebt! Die Armee hat mit allen Mitteln versucht, uns zu unterdrücken. Aber wir waren wie Stehaufmännchen, wir haben uns immer wieder hochgerappelt. Verstehen Sie mich nicht falsch: Es hat wehgetan, umgehauen zu werden. Eine Menge Leute haben großes Leid erfahren. Ich habe lange unter meiner Wut gelitten, sehr lange, und ich habe mich bei meinen Kindern dafür entschuldigt. Aber die Umstände waren schuld. Das war nicht ich. So bin ich nicht auf die Welt gekommen. Das hat man mir aufgezwungen.«

6

Als General Freelands Soldaten aufmarschierten, liefen die Einwohner sofort zur St. Peter's Cathedral, der Kirche des Viertels.[140] Wie so viele katholische Stadtteile im Westen Belfasts war Lower Falls zutiefst religiös. St. Peter's war das Herz des Viertels. Selbst wochentags fanden sich 400 Menschen zur Frühmesse ein. Der Pfarrer war der wichtigste Mann des Stadtteils. Der eilte nun herbei, um mit den Soldaten zu sprechen und sie zu warnen: Wenn sie die Durchsuchung nicht so schnell wie möglich über die Bühne brächten, würde es Ärger geben.

Nach einer Dreiviertelstunde kamen die Soldaten mit ihrer Beute zurück: 15 Pistolen, ein Gewehr, eine Maschinenpistole und eine Ladung Sprengstoff und Munition. Die Patrouille packte ihre Sachen zusammen und brach auf. Sie bog in eine Seitenstraße, die aus Lower Falls führte. In der Zwischenzeit hatte sich eine kleine Menschenmenge versammelt, und als die Panzerwagen um die Ecke bogen, warfen einige junge Männer Steine nach den Soldaten. Die Patrouille hielt an. Die Menge wurde wütend. Die Soldaten schossen Tränengasgranaten. Die Menge wurde wütender. Aus Steinen wurden Molotowcocktails und aus Molotowcocktails Schüsse. Ein Taxifahrer behauptete, er habe einen Mann beobachtet, der mit einer Maschinenpistole in Richtung Balkan Street lief. Die Demonstranten errichteten Straßensperren, um die Armee zu behindern. Eine Straße weiter wurde ein Lastwagen angezündet, um die Durchfahrt zu blockieren. Die Soldaten verschossen so viele Tränengasgranaten, dass der Wind das Gas durch das ganze Viertel trieb. Die Menge wurde immer wütender.

Warum hatte die Patrouille angehalten? Warum war sie nach den ersten Steinwürfen nicht einfach weitergefahren? Der Pfarrer hatte sie ausdrücklich gewarnt, sich nicht länger als nötig in dem Viertel aufzuhalten. Nun ging der Pfarrer wieder zu den Soldaten, um mit ihnen zu verhandeln. Wenn sie aufhörten, Tränengas zu verschießen, dann würde die Menge keine Steine mehr werfen. Die Soldaten hörten ihm gar nicht zu. Sie hatten Anweisung, hart und sichtbar gegen Randalierer und Bewaffnete vorzugehen. Der Pfarrer wandte sich um und ging zurück zu den Demonstrierenden. Währenddessen verschossen die Soldaten erneut Tränengas. Eine Granate landete zu Füßen des Priesters, der über die Straße torkelte, sich an eine Hauswand lehnte und nach Luft schnappte. In einem Viertel, das so fromm war, dass an einem normalen Werktag 400 Menschen zum Gottesdienst erschienen, hatte die Armee auf den Pfarrer geschossen.

Danach begannen die Krawalle. Freeland forderte Verstärkung an. Um 8000 Menschen unter Kontrolle zu bringen, die in engen Häusern an schmalen Straßen lebten, schickte die Armee 3000 Soldaten. Aber nicht einfach irgendwelche Soldaten. In dieses erzkatholische Viertel schickte Freeland die Soldaten der Royal Scots, eines Bataillons, das wie kein anderes den Protestantismus repräsentiert. Über dem Viertel kreisten Helikopter und forderten die Anwohner über Lautsprecher auf, in ihren Häusern zu bleiben. An jeder Ausfahrt wurden Straßensperren errichtet. Die Armee verhängte eine Ausgangssperre und begann mit einer systematischen Durchsuchung sämtlicher Häuser. Soldaten im Alter von 20 und 21 Jahren, die durch die Steine und Molotowcocktails in ihrem Stolz gekränkt worden waren, drangen in ein Haus nach dem anderen ein, schlugen Löcher in Wände und Decken und durchwühlten Schlafzimmer. Einer dieser Soldaten erinnerte sich später an die Ereignisse dieser Nacht:

» Ein Mann im Schlafanzug kam aus dem Haus und fluchte. Er schwenkte eine Lampe und schlug Stan damit auf den Kopf. Stan wich dem nächsten Schlag aus und drosch mit seinem Gewehrkolben auf den Mann ein. Mir war klar, dass viele der Jungs die Gelegenheit nutzten, um ihrem Ärger über die Ereignisse Luft zu machen. Sie schlugen Schädel ein und zertrümmerten Häuser von oben bis unten. Die Häuser wurden zu Schutthaufen, aber aus dem Nebel tauchen immer wieder kleine Details auf: zertrampelte Klassenfotos und Familienporträts mit lachenden Kindern, zerbrochene Kreuze und Nippes, weinende Kinder, das knirschende Glas eines Papstbildes, gedeckte Tische und hässliche Tapeten, bunte Spielsachen und das Rauschen von Fernsehern und Radios, bemalte Wandteller, Schuhe, ein Körper im Flur, der gegen die Wand gedrückt wird … In diesen Momenten wusste ich, dass wir Eindringlinge waren. «[141]

In dieser Nacht wurden 337 Menschen festgenommen und 60 verletzt. Charles O'Neill, ein behinderter Veteran der Royal Air Force, wurde von einem Panzerfahrzeug überrollt und getötet. Als er am Boden lag, schlug ein Soldat mit einem Gummiknüppel nach einem Passanten und sagte: »Geh weiter, du irischer Bastard. Es sind noch nicht genug von euch gestorben.« Um 20 Uhr wurde ein Junge namens William Burns auf der Falls Road von einem Soldaten erschossen; er stand neben einem Freund, der das Fenster seines Ladens mit Brettern vernagelte. Als seine Schwester kam, um seinen Körper mitzunehmen, sagten ihr die Soldaten, sie habe nichts auf der Straße verloren. Um 23 Uhr glaubte ein Mann namens Patrick Elliman, das Schlimmste sei vorüber, und ging in Hausschuhen auf die Straße, um seinen üblichen Abendspaziergang zu machen. Er starb im Kugelhagel. In einem der Berichte über die Ereignisse während der Ausgangssperre heißt es:

» In dieser Nacht drangen britische Soldaten in das Haus des erschossenen Mannes ein und schlugen dort ihr Quartier auf, nachdem die aufgelöste Schwester ein paar Häuser weiter zu einem anderen Bruder gegangen war. Diese pietätlose Besetzung des verlassenen Hauses wurde am nächsten Tag entdeckt, als der Bruder zusammen mit seiner Tochter und seinem Schwiegersohn das Haus aufsuchte und sah, dass die Tür eingetreten und ein Fenster eingeschlagen worden war, Sachen auf dem Boden herumlagen, Rasierzeug auf dem Sofa lag und benutzte Tassen in der Spüle standen. Die Nachbarn berichteten, die Soldaten hätten auch im Obergeschoss geschlafen. «

Eingetretene Türen, zerschlagene Fenster, schmutziges Geschirr in der Spüle ... Nach Ansicht von Leites und Wolf zählten allein Regeln und rationale Prinzipien. Doch in Wirklichkeit kommt es nur auf die vielen Hundert winzigen Handlungen an, mit denen die Mächtigen ihre Legitimität herstellen oder aushöhlen – etwa wenn sie im Bett eines Mannes schlafen, den sie eben erschossen haben, und seine Habseligkeiten aus den Schränken reißen.

Am Sonntagmorgen war die Lage in Lower Falls verzweifelt. Es war ein Arbeiterviertel. Viele der Erwachsenen waren arbeitslos oder gingen Gelegenheitsjobs nach. Die Straßen waren schmal, die Häuser kleine, billig gebaute Reihenhäuser aus dem 19. Jahrhundert, mit einem Schlafzimmer im Obergeschoss und einem Klo im Hinterhof. Die Häuschen waren dunkel und feucht. Die wenigsten Familien hatten einen Kühlschrank und mussten täglich ihr Brot kaufen, weil es ihnen sonst verschimmelte. Doch die Ausgangssperre dauerte inzwischen

36 Stunden, und den Familien ging das Essen aus. Die katholischen Familien im Westen von Belfast sitzen so eng aufeinander und sind durch Heirat und Verwandtschaft so eng miteinander verbunden, dass sich die Nachricht von der Notlage in Lower Falls schnell verbreitete. Harriet Carson lief durch Ballymurphy und schlug Topfdeckel aufeinander. Ihr folgte eine Frau namens Maire Drumm[142] mit einem Kuhhorn. Sie liefen durch die Straßen der katholischen Viertel im Westen von Belfast und riefen den Frauen zu: »Kommt raus! Füllt eure Kinderwagen mit Brot und Milch! Die Kinder haben nichts zu essen!«

Die Frauen strömten in Gruppen zu zwei, vier, zehn und zwanzig zusammen, bis sich mehrere Tausend Frauen versammelt hatten. »Einige hatten noch die Lockenwickler im Haar und Schals um den Kopf«, erinnert sich Lawlor. »Wir haben uns untergehakt und gesungen: ›We shall overcome.‹«

»Als wir am Eingang zu Lower Falls angekommen sind, war die Stimmung geladen. Die Briten haben mit ihren Helmen und Gewehren im Anschlag dagestanden. Sie hatten die Gummiknüppel in der Hand. Wir sind in die Grosvenor Road gebogen und haben gesungen und gerufen. Ich glaube, die Briten waren geschockt. Sie konnten nicht glauben, dass diese Frauen mit ihren Kinderwagen es mit ihnen aufnehmen wollten. Ich erinnere mich an einen Soldaten, der sich am Kopf gekratzt hat. Wahrscheinlich hat er gedacht: ›Was machen wir nur mit diesen Frauen? Sollen wir jetzt gegen die vorgehen, oder was?‹ Dann sind wir in die Slate Street gebogen, wo die Schule war – meine Schule. Und da waren die Briten. Sie kamen aus der Schule geschossen, und es gab ein Handgemenge. Die haben uns die Haare ausgerissen. Die Briten haben uns einfach geschnappt und gegen die Wand geschmissen. Sie haben uns geschlagen. Und wenn eine hingefallen ist, musste sie schnell wieder aufstehen, damit sie nicht zusammengetreten wurde. Sie waren brutal. Ich habe mich auf ein Auto gestellt, um zu sehen, was weiter vorn los ist. Dann habe ich einen Mann gesehen, der hatte noch den Rasierschaum im Gesicht und hat sich die Hosenträger hochgezogen – und plötzlich haben die Soldaten aufgehört, uns zu verprügeln.«

Der Mann mit dem Rasierschaum im Gesicht war der Kommandant

des Kontrollpostens an der Slate Street. An diesem Tag war er womöglich die einzige Stimme der Vernunft auf britischer Seite und der Einzige, der das Ausmaß der sich anbahnenden Katastrophe erkannte. Eine Einheit schwer bewaffneter Soldaten schlug auf eine Gruppe von Frauen mit Kinderwagen ein, die den Kindern in Lower Falls Essen bringen wollten.[143] Er gebot seinen Männern Einhalt.

»Der Frauen sind immer noch die Straße heruntergekommen, und die Frauen ganz hinten hatten keine Ahnung, was vorne passiert ist. Es sind immer mehr geworden. Frauen haben geweint. Leute sind aus ihren Häusern gekommen und haben Frauen reingeholt, es hat so viele Verletzte gegeben. Sobald die Leute raus auf die Straße gekommen sind, haben die Briten die Kontrolle verloren. Alle sind rausgekommen, es waren Hunderte. Es war wie ein Dominoeffekt. Erst sind sie in einer Straße rausgekommen, dann sind in der nächsten die Türen aufgegangen, und dann in der nächsten und in der nächsten. Die Briten haben aufgegeben. Die Frauen sind nachgedrängt, wir haben gedrängt und gedrängt und gedrängt, bis wir drin waren. Und wir haben es geschafft und haben die Ausgangssperre gebrochen. Ich habe oft drüber nachgedacht. Mein Gott, wir haben uns alle so gefreut. Wir haben es geschafft.

Ich erinnere mich noch, wie ich heimgekommen bin. Plötzlich war ich ganz nervös und habe gezittert. Später habe ich mit meinem Vater darüber gesprochen. Ich habe zu ihm gesagt, ›Du hast Recht. Sie sind auf uns losgegangen.‹ Und er hat gesagt: ›Ja. Die britische Armee. Dazu ist sie gut.‹ Und er hatte Recht. Sie sind auf uns losgegangen. Und so hat es angefangen.«

KAPITEL 8

Jeder von uns hat irgendwann mal was Schreckliches getan, oder hat zumindest das Bedürfnis gehabt.

Wilma Derksen

I

An einem Juni-Wochenende des Jahres 1992 kam die Tochter von Mike Reynolds von der Universität nach Hause, um eine Hochzeit zu besuchen. Kimber war 18 Jahre alt, hatte langes honigblondes Haar und studierte an einer Designhochschule in Los Angeles. Ihre Familie wohnte in Fresno, einige Stunden nördlich von Los Angeles. Nach der Hochzeit blieb sie noch, um sich mit ihrem Schulfreund Greg Calderon zu treffen. Sie trug Shorts und Stiefel und das rot-schwarz karierte Sportjackett ihres Vaters.

Kimber und Greg trafen sich vor dem Restaurant Daily Planet im Tower District von Fresno. Sie tranken einen Kaffee und schlenderten dann zu ihrem Auto. Es war 22:41 Uhr. Kimber öffnete die Beifahrertür, ließ Greg einsteigen und ging dann hinüber zur Fahrerseite. In diesem Moment rollten ein paar Häuser weiter zwei junge Männer auf einem gestohlenen Motorrad von einem Parkplatz. Die beiden trugen Integralhelme. Der Fahrer Joe Davis hatte ein langes Vorstrafenregister wegen verschiedener Drogen- und Waffendelikte und war gerade auf Bewährung aus dem Gefängnis entlassen worden. Hinter ihm saß Douglas Walker, der insgesamt sieben Haftstrafen verbüßt hatte. Beide Männer waren drogensüchtig. Einige Stunden zuvor hatten sie versucht, auf der Hauptstraße von Fresno, ein Auto zu überfallen. »Ich habe echt nicht viel gedacht«, gab Walker Monate später zu Protokoll, als er gefragt wurde, was ihm an diesem Abend durch den Kopf ging.

»Es kommt, wie es kommt. Es ist einfach plötzlich passiert. Wir waren halt unterwegs. Mehr kann ich Ihnen nicht sagen.«

Walker und David hielten neben Kimber an und drückten sie mit dem Gewicht des Motorrads gegen das Auto. Greg sprang aus dem Wagen und lief von hinten um den Wagen. Walker versperrte ihm den Weg. Davis riss Kimbers Handtasche an sich. Dann zog er eine Pistole heraus und hielt sie Kimber ans rechte Ohr. Sie wehrte sich. Er drückte ab. Davis und Walker sprangen wieder auf das Motorrad und rasten über eine rote Ampel. Gäste des Daily Planet liefen auf die Straße. Jemand versuchte, die Blutung zu stillen. Greg fuhr zum Haus von Kimbers Eltern, doch es gelang ihm nicht, sie zu wecken. Er rief an, doch er bekam nur den Anrufbeantworter. Um 2:30 Uhr kam er schließlich durch. Mike Reynolds hörte, wie seine Frau schrie: »In den Kopf! Jemand hat ihr in den Kopf geschossen!« Kimber starb am Tag darauf.

»Väter und Töchter verbindet eine ganz besondere Beziehung«, erzählt Mike Reynolds, als er sich an diese furchtbare Nacht erinnert. Seither ist er sichtbar gealtert, er hinkt und hat kaum noch Haare auf dem Kopf. Er sitzt am Schreibtisch seines Arbeitszimmers in seinem großzügigen Haus im kalifornischen Landhausstil, keine fünf Autominuten von der Straße entfernt, an der seine Tochter erschossen wurde. An der Wand hinter ihm hängt ein Foto von Kimber. Nebenan in der Küche hängt ein Gemälde von Kimber, die mit Engelsflügeln in den Himmel auffährt. »Mit seiner Frau kann man sich streiten«, fährt er mit bewegter Stimme fort. »Aber die Tochter ist wie eine Prinzessin. Sie kann nichts falsch machen. Und der Vater ist der, der alles wieder gut macht, von einem kaputten Dreirad bis zum gebrochenen Herzen. Papa macht alles wieder gut, aber als das passiert ist, da konnte ich gar nichts wieder gut machen. Ich habe ihr die Hand gehalten, als sie gestorben ist. Ich habe mich sehr hilflos gefühlt.« In diesem Moment schwor er sich etwas. »Alles, was ich seither getan habe, hängt mit dem Versprechen zusammen, das ich Kimber auf dem Sterbebett gegeben habe«, erklärt Reynolds. »Ich kann dir nicht das Leben retten, habe ich gesagt. Aber ich kann alles tun, was in meiner Macht steht, damit das niemandem mehr passiert.«

2

Als Reynolds aus dem Krankenhaus nach Hause kam, erhielt er einen Anruf von Ray Appleton, dem Sprecher einer beliebten Radiosendung von Fresno. »Die ganze Stadt hat getobt«, erinnert sich Appleton. »Damals hatte Fresno mit die höchste Mordrate im ganzen Land. Aber das war derart dreist, direkt vor Millionen Menschen, vor einem beliebten Restaurant. Am Abend habe ich gehört, dass Kimber gestorben war, und habe Mike angerufen. Ich habe zu ihm gesagt: ›Wenn du bereit bist, auf Sendung zu gehen, dann sag mir Bescheid.‹ Und er hat gesagt: ›Wie wär's heute?‹ Und damit hat alles angefangen, 14 Stunden nach dem Tod seiner Tochter.«

Reynolds beschreibt die zwei Stunden in Appletons Radiosendung als die schwersten seines Lebens. Er weinte. »Ich habe noch nie so viel Verzweiflung gesehen«, erinnert sich Appleton. Anfangs nahmen die beiden Anrufe von Freunden der Familie entgegen, die ihr Mitgefühl ausdrücken wollten. Doch dann sprachen die beiden darüber, was der Mord über den Zustand des Rechtsstaats in Kalifornien aussagte, und nun trafen Anrufe aus dem ganzen Bundesstaat ein.

Wieder zu Hause, berief Reynolds ein Treffen ein. Er lud alle ein, die seiner Ansicht nach etwas bewegen konnten. Sie saßen in seinem Garten um einen langen Holztisch neben dem Grill. »Es waren drei Richter, ein paar Leute von der Polizei, Anwälte, der Sheriff, Leute aus dem Büro des Staatsanwalts, Leute aus der Gemeinde und der Schule«, erzählt er. »Wir haben uns gefragt: ›Warum passiert so was? Was ist die Ursache?‹«

Dabei kamen sie zu dem Schluss, dass Gesetzesbrecher in Kalifornien zu milde bestraft wurden und zu schnell auf Bewährung freikamen. Wiederholungstäter wurden genauso behandelt wie Erststraftäter. Douglas Walker, der Beifahrer des Motorrads, war schon als Dreizehnjähriger zum ersten Mal mit dem Gesetz in Konflikt geraten, als er beim Verkauf von Heroin erwischt wurde. Diesmal hatte er Hafturlaub erhalten, um bei seiner schwangeren Frau sein zu können, und war nicht mehr zurückgekommen. War das nicht absurd?

Die Gruppe erarbeitete einen Gesetzentwurf. Reynolds bestand darauf, ihn allgemeinverständlich zu formulieren und so kurz wie möglich zu halten. Er wurde als »Three Strikes Law« bekannt, das Gesetz der drei Schläge. Der Entwurf verlangte, dass jeder, der in Kalifornien zum zweiten Mal wegen eines schweren Verbrechens verurteilt wurde, das Doppelte des üblichen Haftmaßes erhalten sollte. Und wer ein drittes Mal verurteilt wurde, egal für welches Verbrechen, sollte keine Chance mehr bekommen und lebenslänglich hinter Gittern verschwinden.[144] Es sollte keine Ausnahmen und keine Schlupflöcher mehr geben.

Reynolds und seine Gruppe sammelten Unterschriften für einen Volksentscheid im gesamten Bundesstaat. Zahllose Initiativen versuchen, bei Wahlen Volksentscheide durchführen zu lassen, doch die allermeisten kommen nie so weit. Three Strikes traf dagegen einen Nerv. Erstaunliche 72 Prozent der Wähler stimmten dem Referendum zu, und im Frühjahr 1994 setzte der Gouverneur seine Unterschrift unter Three Strikes. Das Gesetz entsprach fast wortwörtlich dem Entwurf, der im Garten von Mike Reynolds aufgesetzt worden war. Der Kriminalwissenschaftler Franklin Zimring bezeichnete es als »das größte Strafrechtsexperiment in der Geschichte der Vereinigten Staaten«. Im Jahr 1989 saßen 76 000 Menschen in kalifornischen Gefängnissen. Diese Zahl sollte sich in den nächsten zehn Jahren verdoppeln, während gleichzeitig die Verbrechensrate des Bundesstaates rasant zurückging. Zwischen 1994 und 1998 sank die Zahl der Morde um 41,1 Prozent, der Vergewaltigungen um 10,9 Prozent, der Raubüberfälle um 38,7 Prozent, der Tätlichkeiten um 22,1 Prozent, der Einbruchsdiebstähle um 29,9 Prozent und der Autodiebstähle um 36,6 Prozent. Mike Reynolds hatte seiner sterbenden Tochter versprochen, er wolle verhindern, dass andere ihr Schicksal teilen müssten. Und sein Schmerz hatte eine Revolution bewirkt.

»Damals sind in Kalifornien pro Tag zwölf Menschen ermordet worden. Heute sind es etwa sechs«, sagt Reynolds. »Das heißt, dass heute jeden Tag sechs Menschen überleben, die ohne dieses Gesetz vielleicht nicht mehr am Leben wären.« An den Wänden seines Büros hängen Fotos, die ihn mit Politikern und Prominenten zeigen, daneben Plaketten, signierte Urkunden und gerahmte Briefe, die alle Zeugnis von der außergewöhnlichen Rolle ablegen, die Reynolds im bevölkerungsreichsten Bundesstaat der Vereinigten Staaten gespielt hat. »Vielleicht bekommt man im Laufe eines Lebens ein oder zwei Mal die Gelegenheit, jemandem das Leben zu retten«, fährt er fort. »Vielleicht jemanden aus einem brennenden Gebäude zu befreien oder vor dem Ertrinken zu retten oder sonst was Verrücktes. Aber wer hat schon die Möglichkeit, sechs Menschenleben pro Tag zu retten? Ich habe wirklich großes Glück.«

Er macht eine Pause, als wolle er Revue passieren lassen, was sich in den zwanzig Jahren seit seinem Schwur ereignet hat. Er ist ein redegewandter und überzeugender Mann. Es ist unschwer zu erkennen, warum er in Ray Appletons Radiosendung trotz oder gerade wegen seines überwältigenden Schmerzes so unwiderstehlich wirkte. Er fährt fort: »Denken Sie mal an den Erfinder des Sicherheitsgurts. Wissen Sie, wie er heißt? Ich weiß es nicht. Ich habe keine Ahnung. Aber denken Sie mal, wie viele Leute dank der Sicherheitsgurte und Airbags und kindersicheren Arzneimittelflaschen noch am Leben sind. Die Liste ist endlos. Einfache Dinge, die von ganz normalen Leuten erfunden werden und unzählige Leben gerettet haben. Das tun wir nicht für Auszeichnungen und Schulterklopfen. Wir interessieren uns nur für Ergebnisse, und diese Ergebnisse sind mein größter Lohn.«

Die Briten kamen mit den besten Absichten nach Nordirland und fanden sich in Chaos und Blutvergießen wieder, das dreißig Jahre dauerte. Sie erreichten ihr Ziel nicht, weil sie nicht verstanden, dass Macht ihre Grenzen hat. Sie muss über Legitimität verfügen, da sie sonst das Gegenteil dessen bewirkt, was sie erreichen will. Mike Reynolds brachte es in seinem Heimatstaat zu ungewöhnlichem Einfluss. Wenige kalifornische Bürger seiner Generation haben das Leben so vieler Menschen verändert wie er. In seinem Fall scheint die Macht ihr Ziel erreicht zu haben. Werfen wir nur einen Blick auf die Verbrechensstatistiken von Kalifornien. Er hat sein Ziel erreicht, oder?

Weit gefehlt.

3

Blicken wir noch einmal zurück zu der Theorie der umgekehrten Parabel, die wir in Kapitel 3 kennengelernt haben. Umgekehrte Parabeln verkörpern Grenzen. Sie verdeutlichen, dass mehr nicht automatisch besser ist. Im Gegenteil, ab einem gewissen Punkt bedeutet das Mehr, das die Mächtigen für ihre größte Stärke halten, wieder eine Verschlechterung. Die umgekehrte Parabel beschreibt zum Beispiel den Zusammenhang zwischen Klassenstärken und schulischer Leistung und zwischen Reichtum und der Qualität der Kindererziehung. Vor einigen Jahren stellten Wissenschaftler mithilfe der umgekehrten Parabel eine andere These auf, die Mike Reynolds und seine Three Strikes in eine Jahrzehnte dauernde Kontroverse verwickelte. Was wäre, wenn der Zusammenhang zwischen Bestrafung und Verbrechen ebenfalls die Form einer umgekehrten Parabel annimmt? Wenn also ein hartes Durchgreifen gegen die Kriminalität ab einem gewissen Punkt die Verbrecher nicht weiter abschreckt, sondern das Gegenteil bewirkt?

Als die Three Strikes verabschiedet wurden, dachte niemand an diese Möglichkeit. Reynolds und seine Mitstreiter gingen davon aus, dass jeder weitere eingesperrte Straftäter und jedes weitere Jahr Haftstrafe einen Rückgang der Kriminalitätsrate bewirken würde.

»Vor den Three Strikes betrug die Strafe für vorsätzlichen Mord gerade einmal 16 Jahre, und von denen saßen die Mörder ganze acht ab«, erklärt Mike Reynolds. »Verbrechen war ein gutes Geschäft. Die menschliche Psyche geht den Weg des geringsten Widerstands. Und dieser Weg ist das, was einfach ist, und es ist einfacher, zu stehlen und zu rauben und Drogen zu nehmen, als 40 Stunden die Woche zu malochen und sich mit Kunden herumzuärgern. Wer braucht so was schon? Man kann doch einfach mit einer Pistole herumfuchteln und in kürzester Zeit beliebig viel Geld bekommen, und wenn man erwischt wird, handelt man in 95 Prozent der Fälle eine verkürzte Haftzeit heraus. Man wirft mir jenes vor, ich gebe dieses zu, also lass uns verhandeln. Und am Ende sitze ich sowieso nur die Hälfte ab. Wenn man das alles zusammennimmt, dann kann man eine ganze Menge anstellen, bevor man erwischt und verurteilt wird.«

Die Rechnung, die Reynolds hier aufmacht, erinnert an den Abschreckungsklassiker von Leites und Wolf: Wir gehen in unserer Analyse von der Annahme aus, dass sich die Bevölkerung, sowohl Einzelpersonen als auch Gruppen, rational verhält, dass sie also die Kosten und Nutzen gegeneinander abwägt, die sich aus bestimmten Handlungen ergeben, und auf dieser Grundlage ihre Entscheidungen trifft. Nach Ansicht von Reynolds war in Kalifornien der Nutzen eines Verbrechens deutlich größer als der Preis, den die Verbrecher dafür zu zahlen hatten. Die Lösung war seiner Ansicht nach, den Preis des Verbrechens so lange in die Höhe zu schrauben, bis es nicht mehr einfacher war, zu stehlen und zu rauben, als einer ehrlichen Arbeit nachzugehen. Und wer sich selbst angesichts dieser höheren Kosten für eine kriminelle Laufbahn entschied, der kam einfach lebenslänglich hinter Gitter und wurde auf diese Weise daran gehindert, weitere Straftaten zu begehen. Reynolds und die kalifornischen Wähler waren von dieser Logik überzeugt.

Aber stimmt das so? An diesem Punkt kommt wieder die Theorie der umgekehrten Parabel ins Spiel. Beginnen wir mit der ersten Annahme, dass Verbrecher auf den höheren Preis des Verbrechens reagieren, indem sie weniger Verbrechen begehen. Das mag zutreffen, wenn die Strafen wirklich niedrig sind. Eine der am besten dokumentierten Fallstudien zu dieser Frage ist der 17-stündige Streik der Polizei von Montreal im Herbst 1969. Montreal war und ist eine der sichersten Städte des Kontinents und liegt in einem Land, das als eines der gesetzestreuesten und stabilsten der Welt gilt. Was passierte? Es brach Chaos aus. Am helllichten Tag wurden so viele Banken überfallen, dass schließlich fast alle Geldinstitute der Stadt schlossen. Plünderer fielen über die Innenstadt her und warfen Schaufensterscheiben ein. Ein alter Konkurrenzkampf zwischen den städtischen Taxifahrern und dem Fahrdienst Murray Hill um die Kunden am Flughafen artete in Handgreiflichkeiten aus, die an die Revierstreitigkeiten von Gangstern erinnerten. Die Taxifahrer stürmten Murray Hill mit Molotowcocktails, woraufhin der Sicherheitsdienst von Murray Hill das Feuer eröffnete. Also zündeten die Taxifahrer einen Bus an und ließen ihn durch das geschlossene Tor in das Fahrzeugdepot von Murray Hill krachen. Wir reden hier über Kanada. Doch sobald die Polizei die Arbeit wieder aufnahm, war die Ordnung wiederhergestellt. Die Strafandrohung wirkte anscheinend.

Es ist also offenbar durchaus ein Unterschied, ob man für eine kriminelle Handlung gewisse Strafen zu erwarten hat oder nicht. Solange wir uns auf der linken Seite der umgekehrten Parabel befinden, sind Interventionen durchaus sinnvoll. Doch ab einem gewissen Punkt verlieren die Maßnahmen ihre Wirkung, und genau das passiert nach Ansicht von Kriminologen im Fall der Bestrafung. Vor einigen Jahren führten die Kriminologen Richard Wright und Scott Decker Befragungen unter 86 Häftlingen durch, die wegen bewaffneten Raubüberfalls verurteilt worden waren.[145] Dabei erhielten sie vor allem Antworten wie diese:

»Ich habe mich bemüht, nicht daran zu denken, dass ich erwischt werden könnte. Das lenkt einen zu sehr ab. Man kann sich doch auf nichts mehr konzentrieren, wenn man dauernd denkt: ›Was passiert, wenn's schiefgeht?‹ Ich hatte mich entschieden, einen Überfall zu machen, und dann habe ich mich nur noch darauf konzentriert.«

Oder wie diese:

»Deswegen nehmen wir Drogen. Du nimmst Drogen und wirst dumm im Kopf. Dann stolperst du nicht über die Angst, dass du geschnappt werden könntest. Es kommt, wie es kommt ... Das ist dir in dem Moment egal.«

Selbst auf Nachfrage von Decker und White zeigten die Kriminellen »kein Interesse an den angedrohten Strafen«. So weit blickten sie einfach nicht in die Zukunft. Nach dem Mord an seiner Tochter wollte Reynolds, dass alle potenziellen Kriminellen in Kalifornien vor Furcht erzitterten und genau drüber nachdachten, ehe sie ein Verbrechen begingen. Aber wenn Mörder so ticken, greift diese Strategie nicht. Joe

Davis und Douglas Walker, die Kimber vor dem Daily Planet überfielen, waren drogensüchtig. Einige Stunden zuvor hatten sie versucht, am helllichten Tag ein Auto zu überfallen. Und erinnern Sie sich an das, was Walker während seiner Vernehmung sagte? *Ich habe echt nicht viel gedacht. Es kommt, wie es kommt. Es ist einfach plötzlich passiert. Wir waren halt unterwegs. Mehr kann ich Ihnen nicht sagen.* Glauben Sie im Ernst, dass so jemand über irgendetwas genau nachdenkt? »Ich habe mit Freunden der Familie gesprochen, die Joe und seinen Bruder gekannt haben, und sie haben ihn gefragt, warum er Kimber erschossen hat«, berichtet Mike Reynolds. »Er hat gesagt, dass er die Handtasche schon hatte, das war also nicht das Thema. Er hat sie erschossen, weil sie ihn komisch angeschaut hat. Er hat sie erschossen, weil er gedacht hat, dass sie ihn nicht ernst nimmt.« Doch damit widerspricht Reynolds der Logik von Three Strikes. Joe Davis erschoss Kimber Reynolds, weil sie ihm nicht den Respekt entgegenbrachte, den er erwartete, während er ihr die Pistole an die Schläfe drückte und ihre Handtasche in der Hand hielt. Wie um Himmels Willen soll die Androhung einer längeren Haftstrafe jemanden abschrecken, der so tickt? Ab einem gewissen Punkt spielt es einfach keine Rolle mehr, wie hoch die Strafe ist. Vielleicht haben Sie und ich Angst vor einer längeren Haftstrafe, weil wir etwas zu verlieren haben. Aber Kriminelle haben nichts zu verlieren. Wie der Kriminologe David Kennedy schreibt:

» Es kann durchaus sein, dass diejenigen, die heute bereit sind – sei es im Affekt, sei es aus einer problematischen Situation heraus –, angesichts einer schweren, aber als unwahrscheinlich wahrgenommenen Bestrafung ein Risiko einzugehen, auch morgen bereit sein werden, angesichts einer schwereren, aber immer noch als unwahrscheinlich angesehenen Bestrafung dasselbe Risiko einzugehen. «[146]

Das zweite Argument für die Three Strikes, dass jedes Jahr, das ein Krimineller hinter Gittern verbringt, ein Jahr weniger ist, in dem er Verbrechen begehen kann, ist genauso problematisch. Die Rechnung geht nicht auf. Im Jahr 2011 waren beispielsweise kalifornische Verbrecher zum Zeitpunkt ihrer dritten Verurteilung durchschnittlich 43 Jahre alt. Vor der Verabschiedung von Three Strikes hätte der Mann vermutlich 5 Jahre abgesessen und wäre im Alter von 48 Jahren wieder auf freiem Fuß gewesen. Nach dem neuen Gesetz verbringt er mindestens 25 Jahre im Gefängnis und wird frühestens mit 68 entlassen. Die Frage ist nun: Wie viele Verbrechen begeht ein Krimineller zwischen dem 48. und dem 68. Lebensjahr? Nicht allzu viele. Die folgenden Grafiken zeigen den Zusammenhang zwischen Alter und Verbrechen:[147]

Schwere Körperverletzung und Mord im Jahr 1985

Verhaftungen pro 100 000 Einwohner

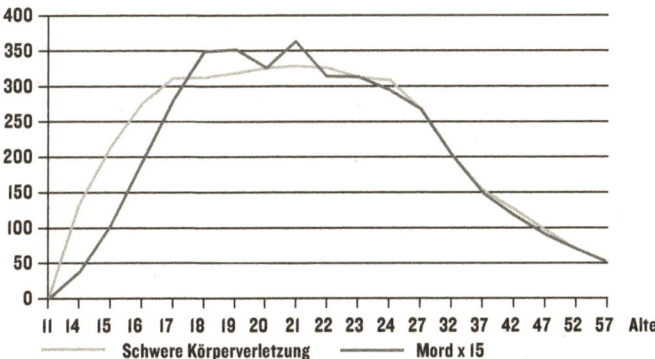

Schwere Körperverletzung — Mord x 15

Raubüberfall und Einbruchdiebstahl im Jahr 1985

Verhaftungen pro 100 000 Einwohner

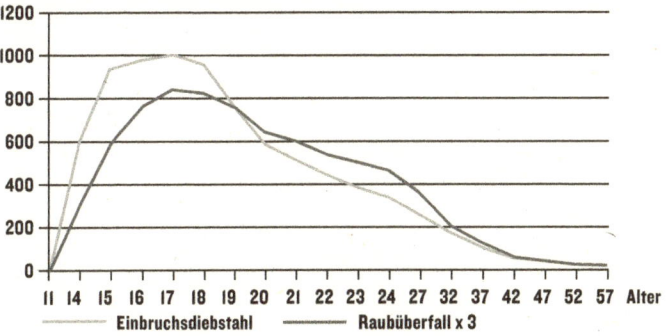

Einbruchsdiebstahl — Raubüberfall x 3

Die Androhung längerer Haftstrafen mag bei jüngeren Männern wirken. Aber wenn jemand auf die dreißig zugeht, dienen die längeren Haftstrafen nur noch dazu, uns vor Leuten zu schützen, die inzwischen ohnehin weniger gefährlich sind. Einmal mehr müssen wir feststellen, dass eine zunächst vielversprechende Strategie ab einem bestimmten Punkt nicht mehr greift.

Damit kommen wir zur entscheidenden Frage: Hat auch die Kurve, die den Zusammenhang zwischen Verbrechen und Bestrafung darstellt, eine »rechte Seite«? Gibt es einen Punkt, ab dem härteres Durchgreifen die Situation verschlechtert? Der Kriminologe Todd Clear behauptet dies jedenfalls, und sein Gedankengang sieht vereinfacht ungefähr so aus:

Haftstrafen wirken sich direkt auf die Verbrechensstatistik aus. Sie bringen einen Menschen hinter Gittern, wo er keinen Schaden mehr anrichten kann. Sie haben jedoch auch indirekte Auswirkungen, denn sie ziehen das gesamte Umfeld dieses Menschen in Mitleidenschaft. Viele der inhaftierten Männer sind beispielsweise Väter (in den Vereinigten Staaten hat sogar schon ein Viertel aller minderjährigen Straftäter Kinder). Für ein Kind hat die Inhaftierung des Vaters verheerende Auswirkungen. Natürlich sind viele Kriminelle miserable Väter, aber viele sind es auch nicht. Mit ihrem Einkommen – sowohl aus den Verbrechen als auch aus regulären Arbeiten – unterstützen sie ihre Familien. Für ein Kind hat die Haftstrafe des Vaters ähnliche Auswirkungen wie sein Tod oder eine Scheidung. Jugendliche mit einem inhaftierten Elternteil werden vier- bis fünfmal so häufig straffällig und leiden mehr als dreimal so häufig an schweren psychischen Störungen.

Sobald der Betroffene seine Zeit abgesessen hat, kommt er in seine alte Umgebung zurück. Es ist nicht unwahrscheinlich, dass er durch die Zeit im Gefängnis psychischen Schaden genommen hat. Die Wahrscheinlichkeit, dass er Arbeit findet, ist sicher nicht größer geworden. In seiner Zeit hinter Gittern hat er viele nichtkriminelle Freunde verloren und kriminelle Freunde hinzugewonnen. Und wieder zu Hause, belastet er die Familie, die seine Inhaftierung zerstört hat. Gefängnisstrafen verursachen Kollateralschäden. In den meisten Fällen nutzt die

Haftstrafe, mehr als sie schadet. Es ist also durchaus sinnvoll, Menschen einzusperren, doch Clear betont, wenn man zu viele Menschen zu lange wegsperrt, kommt ein Moment, an dem der Kollateralschaden größer ist als der Nutzen.[148]

Zusammen mit seiner Kollegin Dina Rose testete Clear seine Hypothese in Tallahassee im Bundesstaat Florida.[149] Sie untersuchten die Stadt Viertel für Viertel und verglichen die Zahl der Menschen, die in einem Jahr inhaftiert wurden, mit der Zahl der Verbrechen im folgenden Jahr. Daraus ermittelten sie, ab wann die umgekehrte Parabel nach unten knickt. Dabei kamen sie zu dem Schluss: »Wenn mehr als 2 Prozent der Bevölkerung eines Stadtviertels im Gefängnis sitzt, kehren sich die Auswirkungen der Haftstrafen auf die Kriminalitätsrate um.«

Genau darum ging es Jaffe in Brownsville. Der Schaden, den sie mit Truthähnen und Umarmungen kitten wollte, wurde nicht etwa durch einen Mangel an Recht und Ordnung verursacht. Die Ursache war im Gegenteil ein Zuviel an Recht und Ordnung. Weil so viele Väter und Brüder und Cousins im Gefängnis saßen, war das Gesetz der Feind. Brownsville befand sich auf dem absteigenden Ast der umgekehrten Parabel. In Kalifornien waren 1989 rund 76 000 Menschen hinter Gittern. Zehn Jahre später hatte sich diese Zahl vor allem dank den Three Strikes verdoppelt. Zu Beginn des 21. Jahrhunderts war der Anteil der Häftlinge an der Gesamtbevölkerung in Kalifornien fünf- bis achtmal so hoch wie in Kanada oder Westeuropa. Wäre es nicht möglich, dass die Three Strikes einige Teile von Kalifornien zu Brownsvilles gemacht hat?

Reynolds ist überzeugt, dass er mit seinem Feldzug pro Tag sechs Menschenleben gerettet hat. Tatsächlich ging die Zahl der Verbrechen nach Verabschiedung des Gesetzes drastisch zurück. Aber auf den zweiten Blick wird klar, dass dieser Rückgang schon vorher begonnen hatte. In den 1990er Jahren ging die Zahl der Verbrechen in Kalifornien zwar deutlich zurück, doch dieses Phänomen war auch in vielen anderen Teilen der Vereinigten Staaten zu beobachten – auch dort, wo die Gesetze nicht verschärft wurden. Je intensiver sich Kriminologen mit Three Strikes auseinandersetzten, umso unklarer wurden die Auswirkungen des Gesetzes. Einige Experten kamen zu dem Schluss, es habe die Verbrechensrate gesenkt. Andere meinten, es habe zwar gewirkt, doch das Geld, das der Staat für den Bau zusätzlicher Gefängnis ausgegeben habe, wäre anderswo besser angelegt gewesen. Eine Untersuchung kam sogar zu dem Schluss, Three Strikes habe zwar zu einem Rückgang der Verbrechensrate insgesamt geführt, bei den Gewaltverbrechen habe es jedoch paradoxerweise einen Anstieg bewirkt. Die meisten Untersuchungen erkennen jedoch überhaupt keine Auswirkungen, und einige Untersuchungen behaupten sogar, Three Strikes habe einen Anstieg der Kriminalität bewirkt.[150] Der Bundesstaat Kalifornien führte das größte Strafrechtsexperiment in der Geschichte der Vereinigten Staaten durch, und 25 Jahre und zig Milliarden Dollar später konnte niemand sagen, ob es etwas gebracht hatte oder nicht.[151] Im November 2012 gaben die Kalifornier schließlich auf. In einer Volksabstimmung wurde das Gesetz radikal zurückgenommen.[152]

4

Wilma Derksen war zu Hause und räumte das Wohnzimmer im Keller auf, als ihre Tochter Candace anrief.[153] Es war ein Freitagnachmittag im November, ein Jahrzehnt, bevor Kimber Reynolds zum letzten Mal das Haus ihrer Eltern verließ. Die Derksens lebten in Winnipeg, einer Stadt in den Weiten der kanadischen Prärie, und um diese Jahreszeit herrschte draußen Frost. Candace war dreizehn. Sie kicherte und flirtete mit einem Klassenkameraden. Sie bat ihre Mutter, sie abzuholen. Wilma dachte kurz nach. Die Derksens hatten nur ein Auto. Wilma musste ihren Mann Cliff von der Arbeit abholen, aber der machte erst in einer Stunde Feierabend. Außerdem hatte sie noch zwei kleinere Kinder, eines war neun und das andere zwei Jahre alt, die sich im Hintergrund kabbelten. Sie hätte erst diese beiden ins Auto verfrachten müssen, um dann Candace und schließlich ihren Mann abzuholen. Sie würde eine Stunde lang mit drei hungrigen Kindern im Auto sitzen. Aber es gab einen Bus. Candace war kein Kind mehr. Das Haus war ein einziges Chaos.

»Candace, hast du Geld für den Bus?«

»Ja.«

»Ich kann dich gerade nicht abholen«, sagte die Mutter.

Derksen saugte das Wohnzimmer fertig. Sie faltete die Wäsche und räumte auf. Dann hielt sie inne. Irgendetwas stimmte nicht. Sie sah auf die Uhr. Candace sollte längst zu Hause sein. Draußen war es kälter geworden und es hatte angefangen zu schneien. Sie erinnerte sich, dass sich Candace nicht sonderlich warm angezogen hatte. Unruhig ging sie zwischen dem Flur- und dem Küchenfenster hin und her und sah abwechselnd auf die Straße und in den Hinterhof. Candace konnte aus beiden Richtungen kommen. Die Minuten vergingen. Inzwischen war es Zeit, ihren Mann abzuholen. Sie packte die beiden Kinder ins Auto und fuhr langsam die Talbot Avenue entlang, die zu Candace' Schule führte. Sie starrte in die Fenster des Minisupermarkts, wo ihre Tochter manchmal herumtrödelte. Als sie an der Schule ankam, waren die Türen verschlossen. »Mama, wo ist Candace?«, fragte ihre neunjährige Tochter. Sie fuhren zu Cliffs Büro.

»Ich kann Candace nicht finden«, sagte Wilma zu ihrem Mann. »Ich mache mir Sorgen.«

Auf dem Rückweg suchten die vier beide Straßenseiten ab. Wieder zu Hause, riefen sie Freunde an. Seit dem Nachmittag hatte niemand das Mädchen gesehen. Wilma fuhr zu dem Klassenkameraden, mit dem Candace geflirtet hatte, ehe sie zu Hause angerufen hatte. Er sagte, er habe gesehen, wie sie die Talbot Avenue entlanggegangen sei. Die Derksens riefen die Polizei an. Um 23 Uhr klingelten zwei Beamte an der Tür. Sie setzten sich an den Esstisch und fragten Wilma und ihren Mann, ob Candace zu Hause glücklich gewesen sei.

Die Derksens organisierten einen Suchtrupp und versammelten Mitglieder aus der Kirchengemeinde, Eltern von Klassenkameraden und jeden, der ihnen einfiel. In ganz Winnipeg hängten sie Plakate auf und starteten die größte Suchaktion in der Geschichte der Stadt. Sie beteten. Sie weinten. Sie schliefen nicht. Ein Monat verging. Zur Ablenkung gingen sie mit ihren beiden Kindern ins Kino und sahen *Pinocchio* – bis zu der Szene, in der sich der alte Gepetto verzweifelt auf die Suche nach seinem verlorenen Sohn macht.

Im Januar, sieben Wochen nach dem Verschwinden von Candace, waren die Derksens auf der Polizeiwache, als zwei Beamte, die mit dem Fall betraut waren, Cliff beiseitenahmen. Einige Minuten später holten sie Wilma dazu und brachten sie in einen Raum. Cliff zögerte einen Moment lang, dann sagte er: »Wilma, sie haben Candace gefunden.«

Ihr Leichnam lag in einem Schuppen keine 500 Meter von ihrem Haus entfernt. Sie war an Händen und Füßen gefesselt. Sie war erfroren.

5

Die Derksens erlebten denselben Schock wie Mike Reynolds. Winnipeg reagierte mit derselben Empörung auf die Ermordung von Candace wie Fresno auf die Ermordung von Kimber. Sie trauerten, genau wie Mike Reynolds getrauert hatte. Doch hier enden die Gemeinsamkeiten zwischen beiden Tragödien auch schon.

Als die Derksens von der Polizeiwache nach Hause kamen, füllte sich ihr Haus mit Freunden und Verwandten. Sie blieben den ganzen Tag. Um 22 Uhr waren nur noch die Derksens und einige enge Freunde übrig. Sie saßen in der Küche und aßen Kirschkuchen, als es klingelte.

»Ich habe gedacht, dass vielleicht irgendjemand seine Handschuhe vergessen hat«, erzählt Wilma Derksen. Sie sitzt in einem Stuhl im Garten ihres Hauses in Winnipeg. Sie spricht langsam und stockend, während sie sich an den längsten Tag ihres Lebens zurückerinnert. Sie öffnete die Tür. Draußen stand ein Fremder. »Er hat nur gesagt: Ich bin auch Vater eines ermordeten Kindes.«

Der Mann war Mitte 50, eine Generation älter als die Derksens. Seine Tochter war einige Jahre zuvor in einer Bäckerei ermordet worden. Der Fall hatte damals in Winnipeg große Wellen geschlagen. Ein Verdächtiger namens Thomas Sophonow war festgenommen und nach drei langen Verhandlungen verurteilt worden. Nachdem er vier Jahre seiner Strafe abgesessen hatte, wurde das Urteil von einem Berufungsgericht aufgehoben. Der Mann saß in der Küche. Sie gaben ihm ein Stück Kirschkuchen und dann fing er an.

» Wir haben um den Tisch herum gesessen und ihn nur angestarrt. Ich erinnere mich, wie er uns die gesamte Geschichte erzählt hat, alle drei Gerichtsverfahren. Er hatte ein schwarzes Büchlein dabei, so wie ein Reporter. Kein Detail hat er ausgelassen. Sogar die Rechnungen hatte er dabei, die er bezahlt hatte. Er hat sie nebeneinander auf den Tisch gelegt. Er hat über Sophonow geredet und darüber, wie unmöglich die Prozesse waren. Er hat darüber geredet, wie wütend er ist, dass es keine Gerechtigkeit gibt und dass das System nicht in der Lage ist, jemanden schuldig zu sprechen. Er wollte uns eines klarmachen: Der Prozess hatte ihn zerstört. Er hatte seine Familie zerstört. Er konnte nicht mehr arbeiten. Seine Gesundheit war er am Ende. Er hat uns aufgezählt, welche Medikamente er nehmen musste. Ich habe gedacht, der bekommt in dem Moment einen Herzinfarkt. Ich glaube nicht, dass er geschieden war, aber so, wie er geredet hat, war die Ehe am Ende. Über seine Tochter hat er eigentlich so gut wie gar nichts gesagt. Er war irgendwie total besessen von dem Gedanken der Gerechtigkeit. Das konnte man spüren. Er hat dauernd gesagt: ›Ich sag Ihnen das, damit Sie wissen, was Ihnen bevorsteht.‹ «

Es war weit nach Mitternacht, als er aufhörte. Er sah auf die Uhr. Dann stand auf und ging.

» »Es war ein entsetzlicher Tag«, sagt Wilma. »Sie können es sich vielleicht vorstellen. Wir waren alle durchgedreht und irgendwie, ich weiß nicht, wie ich's erklären soll, völlig betäubt. Aber dieses Erlebnis ist durch die Betäubung durchgedrungen. Es war derart eindringlich. Ich hatte das Gefühl, das ist wichtig. Ich kann's nicht erklären. Ich hatte das Gefühl, merk's dir gut, das ist wichtig für dich. Dir passiert gerade was Furchtbares, aber hör hier genau zu.« «

Der Fremde hatte sein Schicksal als unvermeidlich dargestellt. *Ich sag Ihnen das, damit Sie wissen, was Ihnen bevorsteht.* Doch die Derksens verstanden es nicht als Prophezeiung, sondern als Warnung. Das könnte ihnen bevorstehen. Sie könnten ihre Gesundheit, ihren Verstand und einander verlieren, wenn sie sich von der Ermordung ihrer Tochter auffressen ließen.

»Wenn er nicht in diesem Moment gekommen wäre, dann wäre vielleicht alles ganz anders gelaufen«, meint Wilma. »Im Rückblick würde ich sagen, er hat uns dazu gezwungen, eine andere Möglichkeit zu suchen. Wir haben uns gefragt, wie kommen wir da raus?«

Die Derksens legten sich schlafen, auch wenn sie kaum ein Auge zumachten. Am nächsten Tag war die Beerdigung von Candace. Sämtliche Zeitungen und Fernsehsender der Provinz waren da. Das Verschwinden von Candace Derksen hatte die Stadt gepackt.

Als ein Reporter fragte, was sie fühlten, wenn sie an den Täter dachten, antwortete Cliff: »Wir möchten wissen, wer das getan hat, um ihm vielleicht etwas von der Liebe geben zu können, die ihm fehlt«, sagte Cliff.

Dann antwortete Wilma. »Unsere Hauptsorge war, Candace zu finden. Wir haben sie gefunden.« Dann fuhr sie fort: »Ich kann Ihnen noch nicht sagen, dass ich dem Täter vergebe«, doch die Betonung lag auf »noch nicht.« »Jeder von uns hat irgendwann mal was Schreckliches getan oder hat zumindest das Bedürfnis gehabt.«

6

Hat sich Wilma Derksen heldenhafter verhalten als Mike Reynolds? Oder weniger heldenhaft? Aber das ist vermutlich die falsche Frage. Beide handelten in bester Absicht, und beide gingen mutig ihren Weg. Was die beiden unterscheidet, ist ihre Vorstellung dessen, was man mit weltlicher Macht erreichen kann. Die Derksens wehrten sich gegen jeden Racheinstinkt, den sie als Eltern hatten, weil sie nicht glaubten, dass sie damit etwas bezwecken würden. Sie glaubten nicht an die Macht der Riesen. Sie waren als Mennoniten aufgewachsen. Die Mennoniten sind Pazifisten und Außenseiter. Wilmas Familie war aus Russland eingewandert, wo sich viele Mennoniten im 18. Jahrhundert niedergelassen hatten. Während der Revolution und unter Stalin wurden die Mennoniten wiederholt und grausam verfolgt. Viele Dörfer wurden dem Erdboden gleich gemacht. Hunderte erwachsene Männer wurden nach Sibirien deportiert, ihre Bauernhöfe geplündert und niedergebrannt, und ganze Dorfgemeinschaften flohen nach Nordamerika. Sie zeigt mir das Foto einer Großtante, das noch in Russland aufgenommen worden war. Sie erinnert sich daran, wie ihre Großmutter dieses Bild in der Hand hielt, wenn sie von ihrer Schwester erzählte und dabei weinte. Die Großtante hatte in der Sonntagsschule unterrichtet und war bei den Kindern sehr beliebt gewesen. Während der Revolution waren sie und die Kinder von bewaffneten Männern verschleppt und ermordet worden. Wilmas Großvater wurde jede Nacht von Alpträumen über die Erlebnisse in Russland aus dem Schlaf gerissen und stand morgens auf, um seiner Arbeit nachzugehen. Sie erinnert sich daran, dass ihr Vater beschloss, einen Mann nicht zu verklagen, der ihm viel Geld schuldete, weil er die Sache auf sich beruhen lassen wollte. »Das glaube ich, und danach leben wir«, sagte er.

Einige Religionen verehren Helden und Propheten. Die Mennoniten haben Dirk Willems, der im 16. Jahrhundert wegen seiner religiösen Überzeugungen zum Tode verurteilt worden war. Aus Lumpen knotete er ein Tau, seilte sich aus dem Fenster des Gefängnisturms ab, in dem er einsaß, und entkam über die gefrorenen Seen. Ein Wächter verfolgte ihn. Willems rettete sich ans sichere Ufer, doch der Wächter brach durch das Eis. Willems blieb stehen, ging zurück und zog den Mann aus dem Wasser. Für diese gute Tat wurde er wieder eingesperrt, gefoltert und schließlich auf dem Scheiterhaufen verbrannt, während er siebzigmal »Oh mein Herr, mein Gott« rief.[154]

»Als Kind habe ich gelernt, dass es eine andere Möglichkeit gibt, mit Unrecht umzugehen«, sagt Derksen. »In der Schule haben wir die Geschichte der Verfolgung kennengelernt. Wir hatten ein Bild vom Märtyrertum, das bis ins 16. Jahrhundert zurückreicht. Die gesamte Philosophie der Mennoniten besteht darin, zu vergeben und zu vergessen.« Für die Mennoniten ist die Vergebung ein zentrales Gebot: *Wie auch wir vergeben unseren Schuldigern.* Es ist aber auch eine sehr praktische Strategie, die auf der Erkenntnis beruht, dass staatliche Vergeltungsmaßnahmen nur eine sehr begrenzte Wirkung haben. Die Mennoniten glauben an die umgekehrte Parabel.

Mike Reynolds war diese Skepsis gegenüber der staatlichen Autorität fremd. Er war überzeugt, dass Staat und Gesetz für Gerechtigkeit sorgen und den Tod seiner Tochter sühnen würden.

Einmal kommt Reynolds auf Jerry DeWayne Williams zu sprechen, der verhaftet wurde, weil er auf der Uferpromenade des Redondo Beach vier Kindern ein Stück Pizza weggenommen hatte. Williams war zuvor in fünf Fällen verurteilt worden, unter anderem wegen Raub, Drogenbesitz und Verstoß gegen die Bewährungsauflagen. Damit war das Pizzastück mehr als sein drittes Vergehen, und Williams wurde zu lebenslänglicher Haft verurteilt. Er sollte länger einsitzen als sein Zellengenosse, der einen Mord begangen hatte.[155]

Williams' Fall war der Anfang vom Ende für den Feldzug von Mike Reynolds. Er verkörperte alles, was an den Three Strikes falsch war. Das Gesetz nahm keinen Unterschied zwischen einem Pizzadieb und einem Mörder vor.

Mike Reynolds wollte nicht verstehen, warum der Fall von Jerry Williams einen solchen Aufschrei provozierte. Aus seiner Sicht hatte Williams gegen ein Grundprinzip verstoßen: Er hatte wiederholt das Gesetz gebrochen und damit sein Recht auf Freiheit verwirkt. So einfach war das. »Schauen Sie, wer dreimal verurteilt wird, der hat es auch verdient«, sagt er. Er wollte, dass das Gesetz an Wiederholungstätern ein Exempel statuierte. »Jedes Mal, wenn die Medien über einen Idioten berichten, der wegen einer Scheibe Pizza lebenslänglich bekommt, trägt das mehr zur Verhinderung von Verbrechen bei als irgendetwas anderes.«

Zu Beginn des Nordirlandkonflikts gingen die Briten von demselben Prinzip aus. Der Staat darf nicht zulassen, dass Leute Bomben bauen,

Schusswaffen besitzen und sich am helllichten Tag gegenseitig erschießen. Unter diesen Umständen kann keine Zivilgesellschaft überleben. General Freeland hatte allen Grund, hart gegen Randalierer und Bewaffnete vorzugehen.

Doch Freeland und Reynolds erlagen einem Denkfehler. Sie wollten nicht wahrhaben, dass die Durchsetzung von Recht und Ordnung trotz bester Absichten ab einem bestimmten Punkt zum Bumerang wird. Die Durchsuchung des ersten Hauses in Lower Falls mag noch sinnvoll gewesen sein. Doch nach der Durchsuchung des gesamten Viertels eskalierte die Lage. Mitte der 1970er Jahre war jeder katholische Haushalt in Nordirland durchschnittlich zweimal durchsucht worden, in manchen Gegenden sogar bis zu zehn Mal.[156] Zwischen 1972 und 1977 wurde jeder vierte katholische Mann in Nordirland zwischen 16 und 44 Jahren mindestens einmal verhaftet. Selbst wenn sich jeder dieser Männer verdächtig gemacht haben sollte, kann dieses Ausmaß an staatlicher Gewalt keinen Erfolg mehr bringen.[157]

Dass Macht ihre Grenzen hat, ist nicht leicht zu verstehen. Um diese Lektion zu lernen, müssen die Menschen an den Schalthebeln der Macht akzeptieren, dass ihre vermeintlich größte Stärke – zum Beispiel die Möglichkeit, jedes beliebige Haus zu durchsuchen, jeden beliebigen Menschen zu verhaften und ihn beliebig lange einzusperren – an echte Grenzen stößt. Caroline Sacks und die Befürworter kleinerer Schulklassen erleben auf ihre Weise, dass sich ein vermeintlicher Vorteil als Nachteil entpuppen kann. Doch es ist eine Sache, diese Grenzen anzuerkennen, wenn es um Schulpolitik geht und darum, sich zwischen einer guten und einer sehr guten Universität zu entscheiden. Aber es ist eine ganz andere Sache, wenn jemand im Krankenhaus gesessen und die Hand seiner sterbenden Tochter gehalten hat. »Papa macht alles wieder gut, aber als das passiert ist, da konnte ich gar nichts wieder gut machen«, sagt Reynolds. Also versprach er seiner Tochter, er werde dafür sorgen, dass damit Schluss war. Das kann man ihm nicht zum Vorwurf machen. Das Tragische ist nur, dass er seinen Mitbürgern in Kalifornien damit mehr schadete als nutzte.

Über die Jahre sind viele Menschen nach Fresno gekommen, um mit

Reynolds über die Three Strikes zu sprechen. Die lange Fahrt von Los Angeles durch die Ebene des Central Valley ist eine Art Pilgerweg geworden. Reynolds hat es sich zur Gewohnheit gemacht, seine Besucher zum Daily Planet zu führen, dem Restaurant, in dem seine Tochter gegessen hatte, ehe sie auf der gegenüberliegenden Straßenseite erschossen wurde. Ich hatte von diesen Besuchen gehört, ehe ich mich auf den Weg nach Fresno gemacht hatte.[158] Irgendwann stritt sich Reynolds mit der Besitzerin. Sie sagte, er solle mit seinen Besichtigungstouren aufhören. Er schade ihrem Geschäft. »Wann hört das endlich auf?«, fragte sie ihn. Reynolds war wütend. »Natürlich schadet es ihrem Geschäft. Aber es hat unser Leben zerstört. Ich habe ihr gesagt, dass ich damit aufhöre, wenn meine Tochter zurückkommt.«

Zum Abschluss unseres Gesprächs sagt mir Reynolds, er wolle mir zeigen, wo seine Tochter ermordet wurde. Ich kann nicht Ja sagen. Es ist zu viel. Reynolds beugt sich über den Tisch und legt seine Hand auf meinen Arm. »Haben Sie einen Geldbeutel dabei?«, fragt er. Dann gibt er mir ein Passbild seiner Tochter. »Das Bild wurde einen Monat vor ihrer Ermordung aufgenommen. Stecken Sie es in Ihren Geldbeutel und denken Sie an sie, wenn Sie ihn öffnen. Manchmal brauchen Geschichten wie die hier ein Gesicht.« Seine Trauer würde nie enden. »Das Mädchen hatte alles. Dass so was passiert. Dass jemand sie einfach so kaltblütig umbringt. Das ist doch scheiße. Das muss aufhören.«

7

Im Jahr 2007 erhielten die Derksens einen Anruf von der Polizei. »Ich habe zwei Monate lang nicht darauf reagiert«, sagt Wilma Derksen. Worum sollte es auch gehen? Seit der Ermordung von Candace waren zwanzig Jahren vergangen. Die Familie hatte versucht, darüber hinwegzukommen. Was sollte es bringen, an alten Wunden zu rühren? Schließlich vereinbarte sie einen Termin. Die Polizisten kamen zu ihr nach Hause und sagten: »Wir haben den Mörder gefunden.«

Der Schuppen, in dem Candace entdeckt worden war, war die ganze Zeit über in der Asservatenkammer aufbewahrt worden. Nun hatten die Ermittler die DNA vom Tatort einem Mann namens Mark Grant zugeordnet. Grant hatte nicht weit von den Derksens entfernt gewohnt. Wegen eines langen Registers von Sexualdelikten hatte er den Großteil seines Erwachsenenlebens im Gefängnis verbracht. Im Januar 2011 wurde er vor Gericht gestellt.

Wilma Derksen hatte Angst. Sie hatte keine Ahnung, wie sie reagieren würde. Die Erinnerung an die Schrecken war verblasst, und nun würde alles wieder hervorgezerrt werden. Sie saß im Gerichtssaal. Grant wirkte aufgedunsen, er hatte ein teigiges Gesicht und weiße Haare. Er sah krank aus. »Seine Wut auf uns, sein Hass, das war alles so unverständlich«, sagt sie. »Ich habe nicht verstanden, warum er wütend auf uns war, denn eigentlich hätten wir doch wütend auf ihn sein sollen. Ich glaube, ich habe ihm erst gegen Ende der ersten Anhörung ins Gesicht schauen können, und dann habe ich zu mir gesagt, du bist der Mann, der Candace umgebracht hat. Wir haben uns angesehen, und ich habe es nicht glauben können. Ich habe gedacht: Wer bist du? Wie hast du das tun können? Wie kannst du nur so sein?

Der schlimmste Moment war – ich muss gleich weinen – der schlimmste Moment ...« – sie unterbricht sich, dann entschuldigt sie sich für ihre Tränen. »Mir ist plötzlich klar geworden, dass er Candace gefesselt hat und was das bedeutet ...« Sie hält wieder inne. »Ich bin eine naive Mennonitin. Und als mir klar geworden ist, dass es ihm Lust bereitet hat, Candace zu fesseln und leiden zu sehen, dass es ihm Spaß gemacht hat, sie zu foltern ... Ich weiß nicht, ob Sie mich verstehen. Für mich ist das noch schlimmer als eine Vergewaltigung, verstehen Sie? Das ist unmenschlich. Ich kann verstehen, wenn Lust irgendwie in eine andere Richtung geht. Aber das? Das ist furchtbar! Das Schlimmste!«

Es war eine Sache, einem anonymen Täter zu vergeben. Als Candace ermordet wurde, hatte der Mörder weder Namen noch Gesicht. Aber jetzt kannte sie ihn.

»Wie kann man so jemandem vergeben?«, fährt sie fort. »Meine Geschichte war jetzt viel komplizierter. Ich musste mich mit all diesen

Gefühlen auseinandersetzen und habe gedacht: Warum stirbt der nicht einfach? Warum bringt ihn nicht jemand um? Das ist krank. Das ist Rache. Und irgendwie wäre es auch so, als würde ich ihn quälen, weil ich sein Schicksal in meinen Händen habe.

In der Kirche bin ich dann mal ein bisschen ausgerastet. Ich war mit Freunden da, und ich habe mich über diesen ganzen sexuellen Wahnsinn aufgeregt. Am nächsten Morgen hat mich eine Freundin angerufen und gesagt, warum treffen wir uns nicht zum Frühstück. Aber im Café hat sie dann gesagt, hier können wir nicht reden, warum gehen wir nicht zu mir. Also sind wir zu ihr, und sie hat mir von ihrer Pornosucht erzählt und von Fesselung und SM. Sie war in dieser Welt gewesen. Sie hat es verstanden und mir davon erzählt. Und dann ist mir klar geworden, dass ich sie liebe. Wir haben zusammen in der Gemeinde gearbeitet. Aber diese ganze Störung, das alles, davon habe ich nie was mitbekommen.«

Derksen hat lange mit mir gesprochen, und die Emotionen haben sie erschöpft. Sie spricht jetzt mit leiser und weicher Stimme. »Sie hat sich Sorgen gemacht. Sie hatte Angst. Sie hat gesehen, wie wütend ich war. Sie hatte Angst, dass ich in diesem Zorn gefangen bleibe und dass ich ihn jetzt gegen sie richten würde. Dass ich sie ablehnen würde.« Sie wusste, um ihrer Freundin zu vergeben, musste sie Grant vergeben. Aus moralischer Bequemlichkeit konnte sie keine Ausnahmen machen.

»Ich habe mich dagegen gewehrt. Ich wollte nicht. Ich bin keine Heilige. Ich bin niemand, der einfach so vergibt und vergisst. Das ist das Letzte, was man wollte. Es wäre so viel einfacher gewesen, zu sagen ...« Sie macht eine Faust. »Weil ich so viele Leute auf meiner Seite gehabt hätte. Ich könnte jetzt was weiß ich für eine Verfechterin sein. Ich hätte eine große Organisation hinter mir.« Wilma Derksen hätte es so machen können wie Mike Reynolds. Sie hätte ihre eigene Initiative ins Leben rufen können. Doch sie wollte nicht. »Am Anfang wäre es bestimmt leichter gewesen. Aber dann wäre es schwerer geworden. Ich glaube, ich hätte Cliff verloren, und die Kinder. Irgendwie würde ich anderen das antun, was er Candace angetan hat.«

Ein Mann bringt die geballte Staatsmacht hinter seine Trauer und stürzt einen Staat in ein fruchtloses und teures Experiment. Eine Frau widersteht den Verheißungen der Macht, findet die Kraft zur Vergebung – und rettet so ihre Freundschaft, ihre Familie und ihren Verstand. Die Welt steht Kopf.

KAPITEL 9

Wir fühlen uns verpflichtet, Ihnen mitzuteilen,
dass sich Juden unter uns befinden.

André Trocmé

I

Als Frankreich im Juni 1940 kapitulierte, gestatteten die deutschen
Besatzer den Franzosen die Einrichtung einer Regierung in der süd-
französischen Stadt Vichy. Regierungschef war Marschall Philippe Pétain, ein Held des Ersten Weltkriegs, der mit diktatorischen Vollmach-
ten ausgestattet wurde. Pétain arbeitete aktiv mit den Deutschen
zusammen. Er nahm den Juden alle Rechte und verbot ihnen die Aus-
übung ihrer Berufe. Er setzte Antidiskriminierungsgesetze außer
Kraft, trieb die französischen Juden zusammen und transportierte sie
in Internierungslager. Daneben ergriff er eine Reihe weiterer größerer
und kleinerer autoritärer Maßnahmen und ließ zum Beispiel die französischen Schulkinder jeden Morgen vor der Flagge des Vichy-Regimes mit Hitlergruß salutieren. Angesichts der anderen Veränderungen, die die deutsche Besatzung mit sich brachte, schien dieser
morgendliche Fahnenappell noch das kleinste aller Übel. Die meisten
Franzosen spielten mit. Nicht so die Bewohner der Ortschaft Le Cham-
bon-sur-Lignon.[159]

Le Chambon ist eines von gut einem Dutzend Dörfern auf dem Vivarais-Plateau im französischen Zentralmassiv. Die Winter sind kalt und
schneereich. Die nächste größere Ortschaft liegt im Tal, viele Kilometer entfernt. Es ist eine einsame Gegend, in der sich vereinzelte Gehöf-
te zwischen Nadelwälder ducken. Jahrhundertelang war Le Chambon
Zufluchtsort für verschiedene protestantische Gruppen, allen voran

die Hugenotten. Der Pastor des Ortes war ein Mann namens André Trocmé, ein erklärter Pazifist. Am Sonntag nach der Kapitulation Frankreichs predigte Trocmé in der hugenottischen Kirche von Le Chambon:

» Es ist unsere Pflicht, unsere Feinde zu lieben, ihnen zu vergeben und ihnen Gutes zu tun. Doch wir dürfen uns dabei nicht selbst aufgeben oder zu Feiglingen werden. Wir widersetzen uns jedem Befehl unserer Feinde, der den Geboten der Bibel widerspricht. Dies tun wir ohne Furcht, aber auch ohne Stolz und Hass. «[160]

Der Hitlergruß vor dem Vichy-Regime war nach Ansicht von Trocmé ein gutes Beispiel für etwas, das den Geboten der Bibel widersprach. Er und sein Pastorenkollege Édouard Theis hatten einige Jahre zuvor in Le Chambon eine Schule namens Collège Cévenol gegründet. Sie beschlossen, dass es auf dem Schulhof keinen Fahnenmast und keinen Hitlergruß geben würde.

Schon bald verlangte das Vichy-Regime von allen Lehrern des Landes einen Treueeid. Trocmé, Theis und die übrigen Lehrer von Cévenol weigerten sich. Pétain verlangte, dass in jeder Schule sein Bild zu hängen habe. Trocmé und Theis schüttelten nur den Kopf. Am 1. August 1941, dem ersten Jahrestag der Einsetzung des Vichy-Regimes, sollten im ganzen Land die Kirchenglocken geläutet werden. Trocmé sagte der Küsterin, einer Frau namens Amélie, sie solle sich nicht die Mühe machen. Zwei reiche Touristen kamen und beschwerten sich. »Die Glocke gehört nicht dem Marschall, sondern Gott«, sagte Amélie trocken. »Sie wird zu Ehren Gottes geläutet oder gar nicht.«[161]

Im Winter und Frühling des Jahres 1940/41 verschlechterte sich die Situation der Juden in Europa rapide. Irgendwann stand eine Frau vor Trocmés Tür. Sie zitterte vor Kälte und vor Angst. Sie sei Jüdin, sagte sie, und ihr Leben sei in Gefahr. Sie hatte gehört, Le Chambon sei ein gastfreundlicher Ort. »Also habe ich zu ihr gesagt: ›Kommen Sie rein‹«, erinnerte sich André Trocmés Frau Magda Jahre später. »Und damit hat alles angefangen.«[162]

Bald kamen immer mehr jüdische Flüchtlinge nach Le Chambon. Trocmé fuhr mit dem Zug nach Marseille, um sich mit einem Quäker namens Burns Chalmers zu treffen. Die Quäker hatten die humanitäre Betreuung der Internierungslager übernommen, die damals in Südfrankreich errichtet wurden. Diese Lager wurden von Ratten und Läusen heimgesucht, und die Menschen lebten unter entsetzlichen Bedingungen. In einem Lager starben zwischen 1940 und 1944 etwa 1100 Juden. Viele der Überlebenden wurden früher oder später nach Osteuropa verschleppt und in den Konzentrationslagern der Nationalsozialisten ermordet. Den Quäkern gelang es, Menschen aus diesen Lagern zu befreien, vor allem Kinder. Aber sie wussten nicht, wohin sie sie schicken sollten. Trocmé schlug vor, sie nach Le Chambon zu bringen. Aus dem Rinnsal von Juden, die den Berg heraufkamen, wurde eine Flut.

Im Sommer 1942 stattete der Vichy-Jugendminister Georges Lamirand Le Chambon einen Besuch ab. Nach dem Vorbild der deutschen Hitlerjugend wollte Pétain in ganz Frankreich Ausbildungslager für französische Jugendliche errichten.

Lamirand kam in marineblauer Uniform und mit großem Hofstaat den Berg herauf. Auf der Tagesordnung stand ein Festessen, dann ein Marsch zum Stadion und eine Begegnung mit der Jugend des Ortes, und schließlich ein großer Empfang. Das Festessen verlief wenig erfreulich. Das Essen war dem Minister nicht vornehm genug. Trocmés Tochter verschüttete, natürlich unabsichtlich, Suppe auf Lamirands Uniform. Während des Umzugs war der Ort wie ausgestorben. Am Stadion war nichts vorbereitet worden: Die Kinder rannten umher, drängten sich um die Abordnung und starrten sie an. Während des Empfangs stand einer der Bauern auf und las einen Satz aus dem 13. Kapitel des Römerbriefs vor: »Bleibt niemand etwas schuldig; nur die Liebe schuldet ihr einander immer. Wer den andern liebt, hat das Gesetz erfüllt.«

Dann trat eine Abordnung von Schülern auf Lamirand zu und präsentierte ihm vor den versammelten Bürgern des Ortes einen Brief. Das Schreiben hatten sie mit Trocmés Hilfe aufgesetzt. Im Sommer hatte die Polizei des Vichy-Regimes auf Anordnung der deutschen Besatzer in Paris 28 000 Juden verhaftet. Die Verhafteten waren in der Radrennhalle Vélodrome d'Hiver im Süden der Stadt unter menschenunwürdigen Bedingungen untergebracht worden, ehe sie in das Konzentrationslager Auschwitz deportiert wurden. In ihrem Brief machten die Schüler klar, dass sie damit nichts zu tun haben wollten. Sie schrieben:

» Herr Minister, wir haben von den erschreckenden Szenen gehört, die sich vor drei Wochen in Paris abgespielt haben, wo die französische Polizei auf Anweisung der Besatzungsmacht alle jüdischen Familien von Paris in ihren Häusern verhaftet hat und im Vél d'Hiv festhält. Väter wurden ihren Familien entrissen und nach Deutschland geschickt. Kinder wurden den Müttern entrissen, die dasselbe Schicksal erlitten wie ihre Ehemänner ... Wir sind in Sorge, dass die Deportation der Juden bald auch im Süden beginnt.
Wir fühlen uns verpflichtet, Ihnen mitzuteilen, dass sich Juden unter uns befinden. Wir unterscheiden jedoch nicht zwischen Juden und Nichtjuden. Das widerspricht der Lehre der Bibel.
Wenn unsere Kameraden, die keine Schuld haben, in einer anderen Religion geboren zu sein, den Befehl zu Deportation oder Zwangsuntersuchung erhielten, würden sie diesem Befehl nicht Folge leisten, und wir würden sie verstecken, so gut wir können. «

Wir haben Juden unter uns. Aber ihr kriegt sie nicht.

2

Warum kamen die Nationalsozialisten nicht einfach nach Le Chambon, um ein Exempel zu statuieren? Bei Kriegsausbruch hatte das Collège Cévenol 18 Schüler, im Jahr 1944 waren es 350. Man musste kein Hellseher sein, um zu wissen, woher die zusätzlichen 332 Kinder kamen. Niemand machte einen Hehl daraus. Wir fühlen uns verpflichtet, Ihnen mitzuteilen, dass sich Juden unter uns befinden. Die Mitarbeiterin eines Hilfswerks beschrieb, wie sie mehrere Male im Monat mit dem Zug aus Lyon kam und jedes Mal ein gutes Dutzend jüdischer Kinder mitbrachte. Sie ließ sie ihm Hotel May in der Nähe des Bahnhofs und ging durch das Dorf, bis sie alle untergebracht hatte. Das verstieß ganz offensichtlich gegen die Gesetze von Vichy-Frankreich. Bei anderen Gelegenheiten hatten die Deutschen keinen Zweifel gelassen, dass sie in der »Judenfrage« nicht zu Kompromissen bereit waren. Irgendwann kam auch die Polizei des Vichy-Regimes nach Le Chambon, und durchsuchte drei Wochen lang den Ort und die Umgebung nach jüdischen Flüchtlingen. Sie nahmen zwei Personen fest und setzten eine davon wenig später wieder auf freien Fuß. Warum trieben sie nicht einfach sämtliche Einwohner zusammen und deportierten sie nach Auschwitz?

In seinem Buch *Dass nicht unschuldig Blut vergossen werde*, in dem er die Ereignisse in Le Chambon beschreibt, mutmaßt Philip Hallie, der Ort habe gegen Kriegsende unter dem Schutz des Gestapo-Majors Julius Schmahling gestanden. Außerdem habe der Ort unter den Angehörigen der Vichy-Polizei viele Freunde gehabt. Manchmal erhielt André Trocmé mitten in der Nacht einen Anruf, am folgenden Tag stehe eine Razzia bevor. Wenn eine Polizeipatrouille nach einem Hinweis auf versteckte Flüchtlinge ins Dorf kam, genehmigte sie sich zunächst im Café einen ausgiebigen Imbiss, damit auch der Letzte im Ort von ihrer Anwesenheit erfuhr. Die Deutschen hatten genug zu tun, vor allem als ab Anfang 1943 die Ostfront einbrach. Sie hatten vermutlich keine Lust, sich mit ein paar widerspenstigen Bergdörflern herumzuschlagen. Aber die eigentliche Antwort ist das, was ich in diesem Buch zeigen wollte: Eine Ortschaft, eine Bewegung oder ein Volk auszulöschen ist gar nicht so einfach, wie es scheint. Die Mächtigen sind nicht so mächtig, wie sie wirken, und die Schwachen nicht so schwach. Die Hugenotten von Le Chambon waren Nachfahren der ersten französischen Protestanten, und sie hatten sich schon früher als zäh erwiesen. Ein König nach dem anderen versuchte, sie zu einer Rückkehr in die katholische

Kirche zu zwingen. Die Hugenotten wurden verfolgt, gefangen genommen und ermordet. Tausende Männer wurden hingerichtet, Frauen wurden lebenslang eingesperrt. Kinder wurden zwangsweise in katholische Familien gesteckt, um ihnen ihren Glauben zu nehmen. Die Verfolgungen dauerten über ein Jahrhundert lang. Ende des 17. Jahrhunderts flohen 200 000 Hugenotten in andere europäische Staaten und nach Nordamerika. Die wenigen, die zurückblieben, waren gezwungen, in den Untergrund zu gehen. Sie hielten ihre Gottesdienste im Geheimen und in abgelegenen Wäldern ab. Sie zogen sich in einsame Bergdörfer auf dem Vivarais-Plateau zurück. Sie gründeten ein Seminar in der Schweiz und schmuggelten Pastoren über die Grenze. Sie lernten die Kunst der Ausflucht und Verstellung. Sie blieben und lernten, wie die Londoner während des Luftkriegs, dass sie im Grunde gar keine Angst hatten. Sie hatten nur Angst vor der Angst.

Im übrigen Frankreich konnten die Menschen an nichts anderes denken. Doch die Einwohner von Le Chambon schienen unbeeindruckt. Als die ersten jüdischen Flüchtlinge kamen, besorgten sie ihnen falsche Papiere, was nicht weiter schwierig war in einer Gemeinschaft, die seit Jahrhunderten ihre wahren Überzeugungen vor dem Staat verbirgt. Sie versteckten die Juden an Orten, an denen sie seit Generationen Flüchtlinge versteckt hatten, und schmuggelten sie auf Schleichwegen in die Schweiz, die sie seit drei Jahrhunderten benutzt hatten. Bis Kriegsende waren mehrere Tausend Juden über Le Chambon geflohen.[163] Magda Trocmé berichtete weiter: »Manchmal werde ich gefragt, wie ich diese Entscheidung getroffen habe. Aber es gab gar nichts zu entscheiden. Die Frage war doch, sind wir alle Brüder oder nicht. Ist es ein Unrecht, die Juden den Behörden auszuliefern, oder nicht? Dann lasst uns helfen!«[164]

Mit ihrem Versuch, die Hugenotten auszurotten, hatten die Franzosen ein Widerstandsnest geschaffen, das nicht kleinzukriegen war. Oder wie André Trocmé es einmal ausdrückte: »Wie sollten die Nazis je mit solchen Leuten fertig werden?«[165]

3

André Trocmé kam im Jahr 1901 zur Welt. Er war groß und kräftig und hatte eine lange Nase und scharfe blaue Augen. Er arbeitete unermüdlich und war überall in Le Chambon anzutreffen. Seine Tochter Nelly hatte das Gefühl, »aus allen Poren verströmte er Pflichtgefühl«. Er bezeichnete sich selbst als Pazifist, aber wenn er tatsächlich einer war, ließ er es sich nicht anmerken. Er und seine Frau Magda waren bekannt für ihre lautstarken Streitereien. Viele beschrieben den Pastor als *un violent vaincu par Dieu* – ein gewalttätiger Mann, der von Gott bezwungen worden war. »Weh dem, der in Milde beginnt«, schrieb er in sein Tagebuch. »Er wird in Lauheit und Feigheit enden und nie einen Fuß in den großen und befreienden Strom des Christentums setzen.«

Sechs Monate nach dem Besuch von Minister Lamirand wurden Trocmé und Theis verhaftet und in ein Internierungslager verschleppt. Dort wurden ihnen »sämtliche Besitzgegenstände abgenommen und die Nasen vermessen, um festzustellen, ob sie Juden waren«, so Hallie. Nach gut einem Monat erhielten sie die Mitteilung, sie dürften gehen, aber nur, wenn sie erklärten, »alle Anweisungen von staatlichen Behörden zu befolgen, zur Sicherheit Frankreichs und zum Wohl der Nationalen Revolution von Marschall Philippe Pétain.« Trocmé und Theis weigerten sich. Der Lagerleiter ging ungläubig auf die beiden zu. Die meisten der Lagerinsassen sollten in den Gaskammern der Deutschen ums Leben kommen. Wenn sie bereit waren, ein Papier mit ein paar patriotischen Floskeln zu unterschreiben, durften diese beiden Männer nach Hause gehen.

»Was soll das?«, schrie der Lagerleiter. »Dieser Eid hat nichts mit eurem Gewissen zu tun! Der Marschall will das Wohl Frankreichs!«

»Aber in einem Punkt stimmen wir nicht mit dem Marschall überein«, erwiderte Trocmé. »Er liefert die Juden an die Deutschen aus. Wenn wir nach Hause kommen, werden wir nach wie vor dagegen sein, und wir werden die Anweisungen der Regierung weiter missachten. Wie sollten wir das hier unterschreiben können?«

Der Lagerleiter gab schließlich auf und schickte sie nach Hause.

Im weiteren Verlauf des Krieges nahm die Gestapo Le Chambon ins Visier, und Trocmé und Theis mussten fliehen. Theis schloss sich der Résistance an und verbrachte den Rest des Krieges damit, Juden über die Alpen in die Schweiz zu schmuggeln. »Natürlich war das nicht vernünftig«, erklärte er Haille. »Aber ich musste es einfach tun.«

Trocmé zog mit einem falschen Ausweis von einem Ort zum anderen. Trotz aller Vorsichtsmaßnahmen wurde er bei einer Razzia im Bahnhof von Lyon verhaftet. Er wurde unruhig – nicht aus Furcht vor der Entdeckung, sondern weil er nicht wusste, was er mit seinen falschen Papieren tun sollte. Haille schreibt:

» Auf seinem Ausweis stand der Name Béguet, und man würde ihn fragen, ob dies sein richtiger Name war. Dann hätte er lügen müssen, um seine wahre Identität zu verbergen. Aber er konnte nicht lügen. Wenn er log, um seine Haut zu retten, dann bedeutete dies, ›in einen dieser Kompromisse zu gleiten, die zu machen Gott mich nicht berufen hatte‹, schrieb er in seinen Aufzeichnungen über dieses Ereignis. Falsche Ausweise zu verwenden, um das Leben anderer und selbst sein eigenes zu retten, war eine Sache. Aber es war etwas ganz anderes, vor einem Menschen zu stehen und ihn aus bloßem Selbsterhaltungstrieb anzulügen. «

Ist es aus moralischer Sicht wirklich ein Unterschied, einen Ausweis mit einem falschen Namen bei sich zu tragen oder einem Polizisten einen falschen Namen zu nennen? Vielleicht nicht. Trocmé war damals mit einem seiner kleinen Söhne unterwegs. Er war noch in der Rettung von Flüchtlingen aktiv. Er hätte viele gute Gründe gehabt, zu einer Notlüge zu greifen.

Aber darum geht es nicht. Trocmé war ein unverträglicher Mensch, genau wie Emil Freireich, Wyatt Walker und Fred Shuttlesworth. Das Schöne an den Unverträglichen ist, dass sie nicht dieselben Berechnungen anstellen wie andere Menschen. Wyatt Walker und Frank Shuttlesworth hatten nichts zu verlieren. Wenn man ausgebombt und vom Ku Klux Klan verprügelt wurde, kann es ja eigentlich kaum noch schlimmer kommen, oder? Emil Freireich wurde verwarnt, er sollte mit seinen Experimenten aufhören, und wurde von Kollegen verspottet. Er hielt sterbende Kinder im Arm und jagte ihnen Nadeln in die Schienbeine. Aber er hatte Schlimmeres durchgemacht. Die Hugenotten, die sich vor allem um ihr Eigeninteresse kümmerten, waren längst zu anderen Religionen konvertiert oder geflohen. Übrig blieben die Sturköpfe und Quertreiber.

Der Polizeibeamte, der Trocmé verhaftete, fragte ihn nicht nach seinem Namen. Trocmé überredete die Beamten, ihn zum Bahnhof zurückzubringen, wo er seinen Sohn traf und durch einen Seiteneingang entkam. Aber wenn er gefragt worden wäre, ob er Béguet hieß, hätte er ihnen die Wahrheit gesagt: »Nein, ich bin nicht Monsieur Béguet. Ich bin Pastor André Tocmé.« Es war ihm egal. Wie soll ein Goliath mit jemandem fertig werden, der so denkt? Man konnte ihn natürlich töten. Doch das ist genau der Ansatz, mit dem die Briten in Nordirland so spektakulär scheiterten und mit dem das Three-Strikes-Gesetz in Kalifornien Schiffbruch erlitt. Übermäßige Gewaltanwendung schafft Legitimitätsprobleme, und Gewalt ohne Legitimität bewirkt nicht Gehorsam, sondern Widerstand. Man konnte André Trocmé zwar töten, doch vermutlich wäre ein anderer André Trocmé an seine Stelle getreten.

Als Trocmé zehn Jahre alt war, unternahm seine Familie einmal eine Landpartie. Zusammen mit seinen beiden Brüdern und einem Cousin saß er auf dem Rücksitz des Autos, seine Eltern saßen vorn. Sein Vater wurde ungeduldig, weil ein Auto vor ihnen so langsam fuhr, und scherte aus, um zu überholen. Seine Mutter rief: »Paul, Paul, nicht so schnell! Es gibt ein Unglück!« Der Wagen überschlug sich. Der junge André befreite sich aus dem Wrack. Sein Vater, seine Brüder und sein Cousin waren wohlauf. Seine Mutter nicht. Er sah sie, wie sie in zehn Metern Entfernung reglos am Boden lag. Vor einem nationalsozialistischen Offizier zu stehen ist nichts im Vergleich dazu, seine Mutter tot am Straßenrand liegen zu sehen. Später schrieb Trocmé:

» Wenn ich seither so viel gesündigt habe, wenn ich so einsam war, wenn meine Seele so verwirrt war, wenn ich an allem gezweifelt habe, wenn ich ein Fatalist war, wenn ich ein pessimistisches Kind war, das täglich den Tod erwartete und fast suchte, wenn ich mich dem Glück nur zögernd und spät geöffnet habe und wenn ich ein nüchterner Mann bin, der nicht in der Lage ist, laut und herzlich zu lachen, dann, weil du mich an diesem 24. Juni auf dieser Straße verlassen hast.

Aber wenn ich an ewige Wahrheiten glaube ... wenn ich mich ihnen anvertraut habe, dann ebenfalls, weil ich allein war, weil du nicht mehr da warst, mein Gott zu sein und mein Herz mit reichem und unbändigem Leben zu füllen. «

Es waren nicht die Reichen und Privilegierten, die in Frankreich die Juden aufnahmen. Es waren die Lädierten am Rande der Gesellschaft. Das sollte uns daran erinnern, dass Leid und Unglück nur begrenzte Macht über uns haben. Die Bombardierung einer Stadt hinterlässt Tod und Zerstörung – doch sie schafft auch eine Gemeinschaft von Überlebenden. Der Tod eines Vaters oder einer Mutter bedeutet Leid und Verzweiflung – doch hin und wieder erwächst aus dieser Verzweiflung eine unbeugsame Kraft. Ein genetischer Zufall nimmt einem Menschen die Fähigkeit zu lesen – doch sie schenkt ihm die Gabe des Zuhörens. Wir sehen den Riesen und den Hirten im Tal von Elah, und wie gebannt starren wir den Mann mit dem Schwert und der glänzenden Rüstung an. Doch vieles von dem, was wir in dieser Welt lieben und schätzen, kommt von diesem Hirten, der über mehr Kraft und Entschlossenheit verfügt, als wir ihm zutrauen.

Der älteste Sohn von Magda und André Trocmé hieß Jean-Pierre. Er war ein sensibler und begabter junger Mann. André Trocmé hing sehr an ihm. Eines Abends kurz vor Kriegsende besuchte die Familie eine Lesung des Gedichts »Ballade der Gehenkten« von François Villon. Als sie am nächsten Abend nach Hause kamen, fanden sie Jean-Pierre aufgeknüpft im Badezimmer. Trocmé taumelte in den Wald und rief: »Jean-Pierre! Jean-Pierre!« Später schrieb er: »Bis heute trage ich einen Tod in mir, den Tod meines Sohnes, und ich fühle mich wie eine enthauptete Tanne. Einer Tanne wächst die Spitze nicht mehr nach. Sie bleibt für immer verdreht, verkrüppelt.« Doch er scheint innegehalten zu haben, als er diese Worte schrieb, denn was in Le Chambon geschah, lässt vermuten, dass das noch nicht die ganze Wahrheit war. Dann schrieb er: »Sie wächst in die Breite, genau wie ich.«

Dank

Dieses Buch hat der Weisheit und Großzügigkeit anderer Menschen viel zu verdanken. Ich danke meinen Eltern, meiner Agentin Tina Bennett, meinem Redakteur beim *New Yorker* Henry Finder, Geoff Shandler, Pamela Marshall und dem ganzen Team von Little Brown, Helen Conford bei Penguin und so vielen Freunden, dass ich sie hier nicht alle aufzählen kann: Charles Randolph, Sarah Lyall, Jacob Weisberg, die Lyntons, Terry Martin, Tali Farhadian, Emily Hunt und Robert McCrum. Ein besonderer Dank gilt meinen Korrekturlesern Jane Kim und Carey Dunne und meinem theologischen Berater Jim Loepp Thiessen von der Gathering Church in Kitchener, Ontario. Und wie immer Bill Phillips. Du bist der Maestro.

M.

Anmerkungen

1   Wie Sie wahrscheinlich vermutet haben, gibt es eine umfangreiche Forschungs-
    literatur zum Duell zwischen David und Goliath. Um vorab nur einen Titel zu
    nennen: John A Beck, »David and Goliath, A Story of Place: The Narrative-Geogra-
    phical Shaping of 1 Samuel 17.« Westminster Theological Journal. 68 (2006),
    S. 321–30.

2   Siehe Moshe Garsiel, »The Valley of Elah Battle and the Duel of David with Goli-
    ath: Between History and Artistic Theological Historiography«, in: Homeland
    and Exile. Brill, 2009.
    Im Altertum hätte niemand daran gezweifelt, dass David einen taktischen Vor-
    teil hatte, sobald klar war, dass er ein geübter Schleuderer war. Der römische Mi-
    litärhistoriker Flavius Vegetius Renatus schreibt:
    »Steine aus der Hand oder mit der Schleuder zu werfen, ist ebenfalls eine den
    angehenden Soldaten notwendige Übung.
    Die Erfindung der Schleuder wird den Bewohnern der balearischen Inseln (Mal-
    lorca und Menorca) zugeeignet, und da schon die Mütter ihre kleinen Söhne un-
    terwiesen haben, wie sie mit Schleudern der Steine in die Ferne umzugehen hät-
    ten, so sollen sie es hierin sehr weit gebracht haben. Auch unsere Vorältern
    bedienten sich der Schleuder im Kriege gegen den Feinde, und mit so gedeihli-
    chem Erfolge, dass sie, ungeachtet der Schutzwaffen, mehr wirkten als die befie-
    derten Pfeile, denn sie veranlassten zwar keine blutenden Wunden, aber doch
    solche Quetschungen, Prellungen und erschütternde Beschädigungen, dass Er-
    starrung des getroffenen Teiles, Bewusstlosigkeit und selbst der Tod unmittelba-
    re Folgen hievon gewesen sind.
    Schon das hier Gesagte mag dartun, wie notwendig, wie nützlich die Übungen
    mit der Schleuder den angehenden Soldaten seien; ja selbst Bequemlichkeit ist
    hier nicht zu verkennen, da eine Schleuder mit sich zu führen keine Last ist, und
    wenn man auf steinigem und kiesigem Boden die Waffen stets bei der Hand hat,
    auch solche Steine oder Kiesel, aus freier Hand geworfen, selbst dann vortreffli-
    che Dienste leisten, wenn ein Berg, oder schon eine Anhöhe, die der Feind erstür-
    men oder wegnehmen will, verteidigen, oder ein feindlicher Angriff auf eine
    Burg oder Stadt zu vereiteln oder abzuschlagen ist.«
    (Flavius Vegetius Renatus, Fünf Bücher über Kriegswissenschaft und Kriegskunst
    der Römer. Aus dem Lateinischen von Felix Joseph Lipowsky, Sulzbach, 1827)

3   Der neuzeitliche Weltrekord für das Schleudern eines Steins wurde 1981 von Lar-
    ry Bray aufgestellt und liegt bei 437 Metern. Auf diese Entfernung leidet natürlich
    die Zielgenauigkeit.

4   Siehe Baruch Halpern, David's Secret Demons. Eerdmans Publishing, 2001. S. 11.

5   Siehe Eitan Hirsch, Jaime Cuadros und Joseph Backofen. »David's Choice: A Sling
    and Tactical Advantage«. The International Symposium on Ballistics. Jerusalem,
    Israel. 21.–24. Mai 1995.
    In Hirschs Aufsatz wimmelt es vor Absätzen wie diesem:

»Experimente mit Kadavern sowie Simulationen ergeben, dass ein Aufprall mit einer Energie von 72 Joule ausreicht, um den Schädel zu durchschlagen (ohne auf der anderen Seite auszutreten), wenn ein Stahlgeschoss mit einem Durchmesser von 6,35 Millimetern seitlich und mit einer Geschwindigkeit von 370 m/s eindringt. Ein Geschoss muss den Schädel jedoch nicht einmal durchschlagen; es genügt, wenn es einen Teil der Stirn eindrückt und im besten Fall einen Bruch des Knochens bewirkt, oder aber die betreffende Person ohnmächtig schlägt. Der Aufprall auf der Stirn provoziert eine Deformation der Blutgefäße und des Hirngewebes ... da das Gehirn aufgrund seiner Trägheit die Bewegung des Schädels nicht mitvollzieht. Um diese Wirkung zu erreichen, genügt ein Aufprall mit einer sehr viel niedrigeren Energie von 40 beziehungsweise 20 Joule.«

Diese Analyse stellte Hirsch in einem wissenschaftlichen Forum vor. In einer Email fügte er hinzu:

»Einen Tag nach dem Vortrag sprach mich ein Teilnehmer an und berichtete mir, an der Stelle des Tals, an der das Duell stattfand, fänden sich Steine aus Bariumsulfat mit einer Dichte von 4,2 Gramm pro Kubikzentimeter (verglichen mit 2,4 in normalen Steinen). Wenn David einen dieser Steine gegen Goliath zum Einsatz brachte, hatte er einen Vorteil über die in den Tabellen angegebenen Werte hinaus.«

6   Siehe Robert Dohrenwend, »The Sling: Forgotten Firepower of Antiquity.« Journal of Asian Martial Arts. 11/2, 2002. Dohrenwends Artikel bietet eine gute Einführung zur Nutzung der Schleuder.

Auch der israelische General Moshe Dayan, der Kopf des überraschenden Siegs der israelischen Streitkräfte im Sechstagekrieg des Jahres 1967, schrieb einen Aufsatz über die Geschichte von David und Goliath. Nach Ansicht von Dayan »trat David nicht mit einer unterlegenen, sondern im Gegenteil mit einer überlegenen Waffen gegen Goliath an. Seine Leistung bestand nicht darin, dass er sich gegen einen Stärkeren in den Kampf wagte, sondern darin, dass er verstand, dass ein Schwächerer, der den Umgang mit einer Waffe beherrscht, sich einen erheblichen Vorteil verschaffen kann.« Siehe Moshe Dayan, »Spirit of the Fighters«, in Courageous Actions – Twenty Years of Independence. Band 11. 1968. S. 50–52.

7   Der Gedanke, dass Goliath an Akromegalie gelitten haben könnte, kam zuerst auf in C. E. Jackson, S. C. Talbert und H. D. Caylor, »Hereditary hyperparathyroidism.« Journal of the Indiana State Medical Association, 1960, 53. S. 1313-6. Weitergeführt wurde er von David Rabin und Pauline Rabin in einem Brief an das New England Journal of Medicine vom 20. Oktober 1983. In der Folge kamen eine Reihe von Medizinern zu demselben Schluss. In einem Brief an die Zeitschrift Radiology (Juli 1990) schreibt Stanley Sprecher:

»Goliaths Größe rührt zweifelsohne von einer Akromegalie in Zusammenhang mit einem Hypophysenadenom. Besagtes Hypophysenadenom war offensichtlich ausreichend groß, um durch den Druck auf den Sehnerv die Sehfähigkeit zu beeinträchtigen, weshalb Goliath nicht in der Lage war, den jungen David im Auge zu behalten, während dieser in umkreiste. Der Stein drang durch einen deutlich geschwächten Stirnknochen ein, der durch die Vergrößerung der Stirnhöhlen, wie sie mit der Akromegalie häufig einhergeht, ausgedünnt war. Der Stein traf die vergrößerte Hypophyse und verursachte eine Blutung, die wiederum einen transtentorialen Prolaps bewirkte und zum Tod führte.«

Die umfassendste Beschreibung von Goliaths Behinderung bietet der israelische Neurologe Vladimir Berginer. Dieser betont auch den verdächtigen Schildträger. Siehe Vladimir Berginer und Chaim Cohen. »The Nature of Goliath's Visual Disorder and the Actual Role of His Personal Bodyguard«. Journal of Ancient Near Eastern Studies. 43 (2006) S. 27–44.

Berginer und Cohen schreiben: »Wir nehmen an, dass der Begriff ‹Schildträger› ein euphemistischer Ehrentitel war, den die Philister dem Mann gaben, der den sehbehinderten Goliath führen musste, um den heroischen Krieger nicht zu kränken. Vielleicht gaben sie ihm sogar einen Schild, um seine wahre Funktion zu tarnen!«

8   Große Teile des Kapitels habe ich wörtlich aus meinem zuvor veröffentlichten Artikel »How David Beats Goliath: When Underdogs Break the Rules«, New Yorker, 11. Mai 2009 übernommen.

9   Siehe Ivan Arreguin-Toft, How the Weak Win Wars. Cambridge University Press, 2006, S. 18.

10 T. E. Lawrence, The Seven Pillars of Wisdom. Wordsworth Editions, 1999. Deutsche Ausgabe: Die sieben Säulen der Weisheit. München: Deutscher Taschenbuch Verlag, 1970.

11 Man sollte erwähnen, dass Roger Craig nicht einfach nur ein früherer Footballspieler war, sondern Profispieler und einer der besten Verteidiger in der Geschichte des American Football.

12 Eine der bekanntesten Untersuchungen zu den Auswirkungen der Reduzierung der Klassenstärken war das STAR-Projekt, das in den 1980er Jahren in Tennessee durchgeführt wurde. Im Rahmen von STAR wurden 6.000 Kinder nach dem Zufallsprinzip verschieden großen Klassen zugeteilt und bis zum Ende der dritten Klasse beobachtet. Die Untersuchung ergab, dass die Kinder in den kleineren Klassen geringfügig aber statistisch signifikant bessere Leistungen zeigten als die Kinder in größeren Klassen. Wenn die Vereinigten Staaten und andere Länder in der Folge Milliarden für kleinere Schulklassen ausgaben, dann vor allem wegen der Ergebnisse von STAR.

Das STAR-Projekt hatte jedoch seine Mängel. Es gibt beispielsweise Hinweise auf ungewöhnliche Bewegungen zwischen den großen und kleinen Klassen der Untersuchung. Offenbar gelang es einer Reihe besonders motivierter Eltern, ihre Kinder von den großen in die kleinen Klassen versetzen zu lassen, während schlechtere Kinder aus diesen Klassen aussortiert wurden. Noch problematischer ist die Tatsache, dass es sich nicht um einen Blindversuch handelte. Die Lehrer der kleineren Klassen wussten, dass ihre Schüler getestet werden würden. In den Sozialwissenschaften gelten die Ergebnisse aus Nicht-Blindversuchen jedoch als zweifelhaft. Eine Kritik von STAR finden Sie in: Eric Hanushek, »Some Findings From an Independent Investigation of the Tennessee STAR Experiment and From Other Investigations of Class Size Effects«. Educational Evaluation and Policy Analysis. Summer 1999, Bd. 21(2), S. 143–163. Das macht »natürliche Experimente« wie sie Hoxby untersuchte, so wertvoll.

13 Anm. d. Übers.: In Deutschland wünschen sich fast 70 Prozent aller Eltern kleinere Klassen.

14 Caroline Hoxby. »The Effects of Class Size on Student Achievement: New Evidence From Population Variation«. The Quarterly Journal of Economics. 115(4). (November 2000). S. 1239–1285.

15 Siehe Eric Hanushek. The Evidence on Class Size. University of Rochester, 1998. Siehe außerdem: Eric Hanushek und Alfred Lindseth, Schoolhouses, Courthouses and Statehouses: Solving the Funding-Achievement Puzzle in America's Public Schools. Princeton University Press, 2009. S. 272.

16 Siehe Ludger Wößmann und Martin R. West. »Class-Size Effects in School Systems Around the World: Evidence from Between-Grade Variation in TIMSS«. 26. März 2002.

17 Der Bildungsökonom Eric Hanushek hat die vielen Hundert Untersuchungen zur Auswirkung von Klassenstärken ausgewertet. (Mehr zu diesem Thema in den Anmerkungen.) Hanushek kommt zu dem Schluss: »Kein Aspekt des Bildungswesens hat so viel Aufmerksamkeit erfahren wie die Klassengrößen. Doch auch nach Jahren der Forschung gibt es keinen Grund zu der Annahme, dass ein Zusammenhang zwischen der Größe der Schulklassen und der schulischen Leistung der Kinder besteht.«

18 Um die Anonymität meines Gesprächspartners zu wahren, habe ich biografische Einzelheiten verändert, die zu seiner Identifizierung führen könnten. Zum Beispiel wurde er nicht in Minneapolis geboren. Es stimmt jedoch, dass er aus einer schneereichen Region stammt.

19 Daniel Kahneman und Angus Deaton, »High income improves evaluation of life but not emotional well-being.« Proceedings of the National Academy of Sciences 107.

20 In einem brillanten Aufsatz zeigen die Psychologen Barry Schwartz und Adam Grant, dass diese umgekehrten Parabel in vielen entscheidenden Bereichen wirkt: »In vielen Bereichen der Psychologie kann man beobachten, dass eine Zunahme von X bis zu einem gewissen Punkt eine Vergrößerung von Y bewirkt, und dass eine weitere Zunahme von X wieder zu einer Abnahme von Y führt. Es gibt nichts, was uns nur Gutes bringt. Alle positiven Eigenschaften, Zustände und Erfahrungen verursachen Kosten, die ab einem gewissen Punkt den Nutzen überwiegen können.« Barry Schwartz und Adam Grant, »Too Much of a Good Thing: The Challenge and Opportunity of the Inverted U«. Perspectives on Psychological Science, 6(1), Januar 2011. S. 61–76.

21 Mein Vater, seines Zeichens Mathematiker, nimmt es in diesen Fragen sehr genau und widerspricht mir hier, denn seiner Ansicht nach stelle ich die Sache zu einfach dar. In Wirklichkeit besteht die Kurve des Ertragsgesetzes nämlich aus vier Phasen. Zunächst steigt die Kurve mehr oder weniger linear an. In der zweiten Phase flacht der Anstieg ab – dies ist die Phase der »abnehmenden Grenzerträge«. In der dritten Phase haben zusätzliche Ressourcen keinerlei Auswirkungen mehr auf das Ergebnis. Und in der vierten wirken sich zusätzliche Ressourcen sogar negativ auf das Ergebnis aus.

22 Eine klassische umgekehrte Parabel ist das Verhältnis zwischen Alkoholkonsum

und Gesundheit. Wenn Sie erst gar nichts trinken und dann ein Gläschen Wein pro Woche, steigt Ihre Lebenserwartung geringfügig. Wenn Sie zwei Gläser Wein pro Woche trinken, steigt sie wieder ein wenig, und so weiter, bis Sie bei sieben Gläsern pro Woche angekommen sind (diese Zahlen beziehen sich auf Männer, nicht auf Frauen). Das ist die erste Phase: Je mehr, umso lustiger. Dann beginnt die zweite Phase, die von sieben bis etwa 14 Gläser Wein pro Woche reicht. In dieser Phase tragen Sie mit jedem weiteren Glas nicht mehr zu Ihrer Gesundheit bei, aber Sie richten auch keinen Schaden an. Und dann beginnt der Abschwung der Kurve. Wenn Sie mehr als 14 Gläser Wein pro Woche trinken, dann verkürzen Sie Ihr Leben. Alkohol ist also weder gesund noch schädlich noch neutral. Er beginnt gesund, wird neutral und schließlich schädlich. Siehe hierzu auch Augusto Di Castelnuovo, Simona Costanzo, Vincenzo Bagnardi, Maria Benedetta Donati, Licia Iacoviello und Giovanni de Gaetano. »Alcohol Dosing and Total Mortality in Men and Women: An Updated Meta-analysis of 34 Prospective Studies«. Archives of Internal Medicine: 166 (22). S. 2437–2445.

23 Joshua Angrist und Victor Lavy, »Using Maimonides› rule to estimate the effect of class size on scholastic achievement«. The Quarterly Journal of Economics. Mai 1999. Angrist und Lavy räumen ein, dass es sich bei dem Phänomen um die linke Seite der umgekehrten Parabel handeln könnte. »Es wäre interessant, der Frage nachzugehen, inwieweit die Ergebnisse aus Israel auch für die Vereinigten Staaten oder andere Industrienationen aussagekräftig sind. Neben kulturellen und politischen Unterschieden hat Israel einen niedrigeren Lebensstandard und gibt pro Schüler weniger für Bildung aus als die Vereinigten Staaten und andere OECD-Staaten. Außerdem sind die Klassen in Israel größer als in den Vereinigten Staaten, Großbritannien und Kanada. Die hier dargestellten Ergebnisse weisen zwar auf einen Zusammenhang zwischen der Reduzierung von Klassenstärken und der schulischen Leistung hin, doch die untersuchten Klassengrößen entsprechen nicht denen der meisten Schulen in den Vereinigten Staaten.«

24 Jesse Levin. «For Whom The Reductions Count: A Quantile Regression Analysis of Class Size and Peer Effects on Scholastic Achievement.« Empirical Economics. (2001). 26. S. 221. Diese regelrechte Fixierung auf kleine Klassen hat reale Auswirkungen. Bildungsforscher sind sich einig, dass die Qualität der Lehrkräfte eine bedeutend größere Rolle spielt als die Klassenstärke. Gute Lehrkräfte können innerhalb eines Schuljahrs das Material in anderthalb Schuljahren unterrichten, schlechte bringen dagegen in einem Schuljahr nur das Material von einem halben Schuljahr durch. Das ist ein Unterschied von einem ganzen Schuljahr innerhalb eines einzigen Jahres. Das heißt, es wäre sinnvoller, sich auf die Qualität der Lehrkräfte zu konzentrieren als auf die Klassenstärke. Leider sind gute Lehrer rar. Es gibt einfach nicht genug Leute mit der richtigen Mischung aus sachlichen und pädagogischen Qualifikationen.

Was sollten wir also tun? Zunächst sollten wir schlechte Lehrer entlassen oder sie coachen, um ihre Leistung zu steigern. Oder wir könnten besseren Lehrern mehr bezahlen, wenn sie mehr Kinder unterrichten. Oder wir könnten das Ansehen des Lehrerberufs verbessern, um mehr qualifizierte Kräfte für die Schule zu gewinnen.

Was wir aber auf keinen Fall tun sollten, um das Problem der Qualität der Lehrkräfte zu lösen, ist noch mehr Lehrer einzustellen. Doch genau das haben viele Industrienationen in ihrer Fixierung auf Klassenstärken in den vergangenen Jahren getan. An dieser Stelle sollte man darauf hinweisen, dass nichts teurer ist als die Verkleinerung der Klassen. Die zusätzlichen Lehrer kosten genauso Geld wie der Bau zusätzlicher Räume, weshalb für jede einzelne Lehrkraft immer weniger Geld übrig bleibt. Deshalb sind die Gehälter der Lehrer in den Vereinigten Staaten im Vergleich zu anderen Berufsgruppen in den vergangenen fünfzig Jahren stetig gesunken. In der zurückliegenden Generation ging es dem Bildungswesen der Vereinigten Staaten nicht mehr darum, die besten Lehrer zu finden, sie möglichst viele Kinder unterrichten zu lassen und sie gut dafür zu bezahlen – etwas, das im Interesse der Kinder gewesen wäre. Stattdessen haben die Schulen alle Lehrkräfte eingestellt, die sie bekommen konnten, und haben ihnen weniger gezahlt. (Die Ausgabenentwicklung im staatlichen Bildungswesen der Vereinigten Staaten ist atemberaubend: Zwischen 1890 und 1990 stiegen die Ausgaben inflationsbereinigt von 2 Milliarden auf 187 Milliarden, und gegen Ende des Jahrhunderts beschleunigte sich der Zuwachs sogar noch. Zuletzt wurde mit diesem Geld vor allem die Einstellung neuer Lehrkräfte und die Verkleinerung der Klassen finanziert. Zwischen 1970 und 1990 ging die Zahl der Schüler pro Lehrkraft von 20,5 auf 15,4 zurück, und die zig Milliarden Dollar, die der Bildungsetat über diesen Zeitraum wuchs, wurden vor allem für die Bezahlung der zusätzlichen Lehrkräfte ausgegeben.

Was ist der Grund für diese Entwicklung? Eine Antwort ist die Bildungspolitik – die Macht der Lehrer und ihrer Gewerkschaften. Doch diese Erklärung reicht nicht aus. Weder die Vereinigten Staaten noch Kanada, Großbritannien, Frankreich und so weiter waren gezwungen, dieses Geld zur Verringerung der Klassenstärken auszugeben. Die Öffentlichkeit verlangte nach kleineren Klassen. Warum? Weil wohlhabende Menschen und Länder, die genug Geld haben, um sich kleinere Klassen zu leisten, nicht wahrhaben wollen, dass nicht alles, was sie mit Geld kaufen können, auch gut ist.

25 Die Ausnahme sind Kinder mit schweren Verhaltensstörungen oder Lernbehinderungen. Kinder mit »besonderen Bedürfnissen« profitieren stärker von kleinen Gruppen, in ihrem Fall ist die Parabel weit nach rechts verschoben.

26 Auf der Website von Hotchkiss ist zwar nur von zwölf Steinways die Rede, doch der musikalische Leiter der Schule sagte bei einer Gelegenheit, in Wirklichkeit seien es zwanzig. Dazu kommt ein Fazioli, der Rolls Royce unter den Konzertflügeln. Die Klaviere allein stellen ein Millionenvermögen dar. Wenn Sie in einem Übungsraum von Hotchkiss den Entertainer klimpern, dann dürfen Sie sich fühlen wie Alfred Brendel.

27 Die Informationen zu den Impressionisten in diesem Kapitel basieren auf mehreren Büchern, vor allem: John Rewald. The History of Impressionism. MOMA, 1973, und Ross King. The Judgment of Paris. Walker Publishing, 2006.

28 Sue Roe. The Private Lives of the Impressionists. Harper Collins, 2006.

29 King, S. 152.

30 Um die Anonymität zu wahren, habe ich den Namen geändert.

31 Harrison White und Cynthia White. Canvases and Careers: Institutional Change in the French Painting World. University of Chicago Press, 1965. S. 150

32 Samuel A. Stouffer, Edward A. Suchman, Leland C. DeVinney, Shirley A. Star und Robin M. Williams, Jr., Studies in Social Psychology in World War II: The American Soldier. Vol. 1, Adjustment During Army Life. Princeton: Princeton University Press, 1949. S. 251

33 Diese Angaben stammen aus einem Buch der Wirtschaftswissenschaftlerin Mary Daly, die sich ausführlich mit diesem Phänomen beschäftigt hat. Siehe Mary Daly, Andrew Oswald, Daniel Wilson und Stephen Wu. »Dark Contrasts: The Paradox of High Rates of Suicide in Happy Places«. Journal of Economic Behavior and Organization. 80, Dezember 2011.

Hier ein weiteres Beispiel aus Carol Grahams Happiness Around the World. Wo glauben Sie, sind die Armen glücklicher: in Chile oder in Honduras? Wenn Sie rein logisch denken, würden Sie vermutlich auf Chile tippen. Chile ist ein modernes Land, in dem die Armen etwa doppelt so viel Geld zur Verfügung haben wie in Honduras, das heißt, sie leben in besseren Häusern, ernähren sich besser und können sich mehr materielle Annehmlichkeiten leisten. Aber bei einem Vergleich der Umfrageergebnisse stellt sich heraus, dass die Armen in Honduras mit großem Abstand glücklicher sind als die Armen in Chile. Warum? Weil die Honduraner sich nur mit anderen Honduranern vergleichen. Graham schreibt: »Da das Durchschnittseinkommen sich nicht auf das Glücksempfinden niederschlägt, wohl aber der relative Abstand von diesem Durchschnittseinkommen, sind die armen Menschen in Honduras glücklicher, da sie weniger weit vom mittleren Einkommen entfernt sind.« In Honduras sind die Armen deutlich näher an der Mittelschicht als in Chile, weshalb sie das subjektive Gefühl haben, dass es ihnen besser geht. Carol Graham, Happiness Around the World: The Paradox of Happy Peasants and Miserable Millionaires. Oxford, 2009.

34 Herbert Marsh unterrichtet Pädagogik in Oxford und ist ein ausgesprochen produktiver Wissenschaftler. Allein zum Thema große Fische und kleine Teiche hat er unzählige Aufsätze veröffentlicht, zum Beispiel H. Marsh, M. Seaton, U. Trautwein, O. Lüdtke, K. Hau, A. O'Mara und R. Craven. »The big-fish-little-pond-effect stands up to critical scrutiny: Implications for theory, methodology, and future research«. Educational Psychology Review 20 (2008), S. 319–350.

35 Elliott Rogers, Christopher Strenta, Russell Adair, Michael Matier und Jannah Scott. »The Role of Ethnicity in Choosing and Leaving Science in Highly Selective Institutions«. Research in Higher Education. 37(6) (1996).

Die SAT-Ergebnisse stammen aus den frühen 1990er Jahren und können sich von den heutigen geringfügig unterscheiden.

36 Mitchell Chang, Oscar Cerna, June Han und Victor Saenz. »The Contradictory Roles of Institutional Status in Retaining Underrepresented Minorities in Biomedical and Behavioral Science Majors«. The Review of Higher Education. 31 (4). Dieser Punkt ist so wichtig, dass er ein paar Worte mehr verdient. Chang und seine Mitautoren untersuchten Proben von mehreren Tausend Studierenden im ersten Studienjahr und ermittelten die für einen Studienabbruch entscheidenden Faktoren. Ganz oben stand die akademische Qualifikation der Studierenden der Uni-

versität. »Wenn der SAT-Durchschnitt der Erstsemester einer beliebigen Hochschule um 10 Punkte steigt, nimmt die Wahrscheinlichkeit eines erfolgreichen Studienabschlusses um 2 Prozent ab«, schreiben die Autoren. Im Falle von ethnischen Minderheiten ist der Zusammenhang noch deutlicher: Hier sinkt mit jedem 10 Punkte-Anstieg des SAT-Durchschnitts die Wahrscheinlichkeit des erfolgreichen Studienabschlusses sogar um 3 Prozent. »Studierende einer Universität, die sie für ihre erste Wahl halten, schließen ein Studium in Biomedizin oder Verhaltenswissenschaften mit geringerer Wahrscheinlichkeit erfolgreich ab.« Man sollte meinen, es wäre sinnvoll, sich für die Universität mit dem besten Ruf zu entscheiden. Offenbar ist das nicht der Fall.

Der erste wissenschaftliche Aufsatz, der das Phänomen des relativen Mangels im Zusammenhang mit der Wahl der Hochschule untersuchte war James Davis, »The Campus as Frog Pond: An Application of the Theory of Relative Deprivation to Career Decisions of College Men«. The American Journal of Sociology. 72(1). Davis kommt zu dem Schluss: »Meine Erkenntnisse ziehen die Vorstellung in Zweifel, dass die Wahl der ›besten Universität‹ für den Einzelnen auch der beste Weg zu beruflichem Erfolg ist. Eltern sollten nicht nur die Vor-, sondern auch die Nachteile eines ›guten College‹ erwägen, wenn zu erwarten ist, dass ihr Sohn oder ihre Tochter am unteren Ende seines Jahrgangs abschneidet. Der Aphorismus ›Besser ein großer Frosch in einem kleinen Teich als ein kleiner Frosch in einem großen Teich‹ ist zwar nicht unfehlbar, aber ein durchaus ernstzunehmender Rat.«

37 John Conley und Ali Sina Önder, »An Empirical Guide to Hiring Assistant Professors in Economics«. Vanderbilt University Department of Economics Working Papers. 28. Mai 2013.

38 Zur Klärung sollte ich hinzufügen, dass es sich bei den Publikationsziffern in den Tabellen nicht um die Gesamtzahl der Veröffentlichungen handelt. Es ist vielmehr eine gewichtete Zahl, das heißt, die Veröffentlichung in einer renommierten Fachzeitschrift wiegt schwerer als eine Veröffentlichung in einer weniger angesehenen Zeitschrift. Die Ziffer gibt also nicht die quantitative Produktion eines Wirtschaftswissenschaftlers wieder, sondern die Qualität der Veröffentlichungen.

39 Jerome Karabel, The Chosen: The Hidden History of Admission and Exclusion at Harvard, Yale and Princeton. Mariner Books, 2006, S. 291.
Karabel schreibt hier: »Wäre es nicht besser, so Glimp, wenn die Studierenden des untersten Viertels hier zufrieden wären? So wurde die berühmte (einige würden sagen, berüchtigte) Aufnahmepolitik des »zufriedenen letzten Viertels« geboren ... Glimp ging es darum, ›die richtigen Studierenden für dieses unterste Viertel zu finden – Männer mit Perspektive, Ego, oder außerschulischen Aktivitäten, mit denen sie ihr Selbstwertgefühl und ihre beruflichen Chancen bewahrten, auch wenn ihre akademischen Leistungen nicht über schlechtes Mittelmaß hinauskamen.«

40 Richard Sander und Stuart Taylor. Mismatch: How affirmative action hurts students it's intended to help, and why universities won't admit it. New York: Basic Books, 2012. Die Frage der positiven Diskriminierung, die in den Vereinigten Staaten als »affirmative action« bezeichnet wird, verdient eine ausführlichere Dar-

stellung. In den Vereinigten Staaten wird seit langem kontrovers diskutiert, ob Colleges und Universitäten benachteiligten Minderheiten den Zugang erleichtern sollen. Befürworter argumentieren, die Unterstützung für Minderheiten sei angesichts der langen Geschichte der Diskriminierung nur gerechtfertigt. Gegner erwidern, die Zulassung zu den führenden Hochschulen müsse aufgrund der wissenschaftlichen Bedeutung dieser Einrichtungen ausschließlich auf akademischen Kriterien beruhen. Eine weitere Gruppe ist der Ansicht, Hautfarbe sei kein Kriterium für die positive Diskriminierung; vielmehr sollten Kinder aus wirtschaftlich benachteiligten Familien gefördert werden. Alle drei Gruppen setzen jedoch stillschweigend voraus, dass ein Studienplatz an einer Universität der Ivy League einen derartigen Vorteil bedeutet, dass er die positive Diskriminierung rechtfertigt. Aber woher nehmen sie diese Überzeugung?

Sehen wir uns eine Tabelle aus dem Buch von Richard Sander an. Sie zeigt, wo Afroamerikaner im Vergleich mit ihren weißen Kommilitonen in juristischen Fakultäten stehen. Die Ränge verlaufen von 1 bis 10, Rang 1 steht für die schlechtesten 10 Prozent, Rang 10 für das beste Zehntel.

Rang	Schwarze	Weiße	Sonstige
1.	51,6	5,6	14,8
2.	19,8	7,2	20,0
3.	11,1	9,2	13,4
4.	4,0	10,2	11,5
5.	5,6	10,6	8,9
6.	1,6	11,0	8,2
7.	1,6	11,5	6,2
8.	2,4	11,2	6,9
9.	0,8	11,8	4,9
10.	1,6	11,7	5,2

Das sind eine Menge Zahlen, aber uns interessieren hier nur die ersten beiden Reihen – die beiden schlechtesten Zehntel.

Rang	Schwarze	Weiße	Sonstige
1.	51,6	5,6	14,8
2.	19,8	7,2	20,0

Mehr als die Hälfte alle schwarzen Studierenden befinden sich unter den allerschlechtesten Jurastudenten, und wenn man die schlechtesten 20 Prozent betrachtet, sind es fast drei Viertel.

Wie kommt das? Bringen Schwarze grundsätzlich schlechtere Leistungen? Ganz und gar nicht. Was wir hier sehen, ist die Logik der positiven Diskriminierung in Aktion. Die meisten juristischen Fakultäten behandeln schwarze Studierende bevorzugt und vergeben Studienplätze an schwarze Bewerber, die in Zugangstests deutlich schlechter abschneiden als ihre weißen und asiatischen Kommilitonen. Das hat seine Vorteile, denn es bedeutet, dass diese Studierenden an einer renommierteren Universität studieren können, als durch ihre Leistungen gerechtfertigt ist. Es hat aber auch seine Nachteile. Wer bevorzugt behandelt wird, kommt in einen größeren Teich von Studierenden, die in ihren Zugangstests deutlich besser abgeschnitten haben. Aber wo enden sie dann? Natürlich am unteren Ende ihres Jahrgangs. Und genau das zeigt Sanders Tabelle.

Nachdem Sie aus dem Kapitel wissen, wie schwer es für die schlechtesten Studierenden ist, einen naturwissenschaftlichen Abschluss zu erwerben, werden Sie mir zustimmen, dass Sanders Tabelle eine Katastrophe bedeutet. Erinnern Sie sich an das, was Caroline Sacks sagte? Wow, die anderen schaffen das, sogar Leute, die am Anfang genauso wenig Ahnung hatten wie ich, aber ich kapiere es einfach nicht. Sacks ist nicht dumm. Im Gegenteil, sie ist eine ausgezeichnete Studentin. Aber an Brown fühlte sie sich dumm. Um einen Abschluss in einem naturwissenschaftlichen Fach zu bekommen, wäre sie besser beraten gewesen, an einer weniger renommierten Universität zu studieren, zum Beispiel an der University of Maryland. Niemand käme auf den Gedanken, ihr zu raten, stattdessen an eine noch anspruchsvollere Universität wie Stanford oder das MIT zu wechseln. Doch genau das macht die positive Diskriminierung. Wir versprechen Studierenden wie Caroline Sacks (mit dem Unterschied, dass sie schwarz sind), sie auf eine noch anspruchsvollere Universität zu schicken. Aber warum? Weil wir meinen, dass wir ihnen damit einen Gefallen tun.

Sander hat durchgerechnet, was diese Strategie kostet. Stellen Sie sich zwei schwarze Jurastudenten mit identischen Noten vor. Beide erhalten im Rahmen der positiven Diskriminierung einen Studienplatz an einer Eliteuniversität. Einer nimmt den Studienplatz an, der andere entscheidet sich stattdessen aus welchen Gründen auch immer für eine weniger angesehene und anspruchsvolle Universität. Sanders sah sich eine statistisch signifikante Probe solcher Paare an und verglich sie in vier Aspekten: Anteil der Absolventen; Anteil der Studierenden, die ihre Zulassung im ersten Anlauf erhalten; Anteil der Studierenden, die ihre Zulassung überhaupt erhalten; und Anteil der Studierenden, die später ihren Beruf ausüben. Der Vergleich ist erstaunlich: Schwarze, die sich für die weniger renommierte Universität entscheiden, sind in jeder Hinsicht besser bedient.

Laufbahn	Weiß	Schwarz	Schwarz (AA)
% Abschluss	91,8	93,2	86,2
% Zulassung im 1. Anlauf	91,3	88,5	70,5
% Zulassung	96,4	90,4	82,8
% Juristentätigkeit	82,5	75,9	66,5

Wer tatsächlich Anwalt werden möchte, ist als großer Fisch im kleinen Teich immer besser bedient denn als kleiner Fisch im großen Teich.

Aber Moment mal. Vielleicht gibt es ja noch eine andere Erklärung. Es mag ja sein, dass es schwieriger ist, an einer besseren Universität die Zulassung als Anwalt zu bekommen, aber vielleicht ist dieser Abschluss ja mehr wert. Stimmt das? Sander sah sich auch diese Frage an und fand keinen Hinweis darauf, dass dies stimmen könnte. Wer sehr gute Noten an einer guten Universität bekommt, ist mindestens genauso gut dran wie jemand, der gute Noten an einer sehr guten Universität bekommt. Er schreibt: »Studierende, die an Fordham studierten und im obersten Fünftel ihres Jahrgangs abschnitten, hatten ähnliche Positionen und Einkommen wie Studierende, die an der deutlich angeseheneren Columbia University studierten und knapp über dem Durchschnitt abschnitten. In den meisten Fällen hatten die Absolventen von Fordham unter diesen Umständen einen Vorteil auf dem Arbeitsmarkt.«

Das ist nicht weiter verwunderlich. Warum sollte es schwarzen Studierenden anders ergehen als allen anderen, die von der unvorteilhaftesten Position des Jahrgangs aus antreten müssen? In seinem Buch *Mismatch* rät Sander Schwarzen daher, sich vom großen Teich fernzuhalten, wenn sie den Anwaltsberuf ergreifen wollen. Nehmen Sie keine Geschenke von Zulassungskomitees an. Besuchen Sie die Universität, die Sie ohne diesen Bonus besuchen würden. Oder wie Sander es unverblümt ausdrückt: »egal welche Universität es ist, das schlechteste Fünftel ist ein beschissener Ort«.

Als Sander sich mit dieser Argumentation gegen positive Diskriminierung auszusprechen begann, hörte ihm niemand zu. Ein Bildungsforscher nach dem anderen hat seine Zahlen überprüft, um ihn zu widerlegen, obwohl seine Erkenntnisse unter Psychologen seit Stauffers Arbeiten während des Zweiten Weltkriegs als Gemeinplatz gelten. Angehörige der oberen Mittelschicht glauben nun einmal an ihre Eliteuniversitäten und hören es nicht gern, dass gute Universitäten manchmal besser sind als sehr gute.

41 Juraprofessor Richard Sander von der UCLA ist einer der wenigen, der diese Position offen vertritt. In den Anmerkungen finden Sie eine Zusammenfassung der Thesen, die er und sein Co-Autor Stuart Taylor in ihrem Buch Mismatch vertreten. In den Anmerkungen finden Sie übrigens eine Menge guter Sachen.

42 Name geändert.

43 Eine allgemeine Einführung zum Thema Legasthenie finden Sie in: Maryanne Wolf, Das lesende Gehirn: Wie der Mensch zum Lesen kam – und was es in unseren Köpfen bewirkt. Heidelberg: Spektrum, 2010.

44 Elizabeth und Robert Bjork. »Making Things Hard on Yourself, But in a Good Way: Creating Desirable Difficulties to Enhance Learning«. Psychology and the Real World. In: Gernsbacher u.a. (Hrg). Worth Publishers, 2009.

45 Shane Frederick, »Cognitive Reflection and Decision Making«. Journal of Economic Perspectives, 19(4). Herbst 2005.

46 Genau genommen gibt es einen noch kürzeren Intelligenztest, der den Namen von Amos Tversky trägt. Tversky war einer der genialsten Psychologen der Gegenwart – so genial, dass seine Kollegen den »Tversky-Test« erfanden: Je schnel-

ler Sie erkennen, dass Tversky intelligenter ist als Sie, umso intelligenter sind Sie. Von diesem Test erzählte mir der Psychologe Adam Alter, der regelmäßig Bestwerte erzielte.

47 Um sicher zu gehen, dass er tatsächlich die Intelligenz seiner Versuchspersonen maß und nicht irgendeine andere Fähigkeit, untersuchte Frederick den Zusammenhang zwischen den Testergebnissen und anderen Faktoren. »Die Auswertung ergab, dass die CRT-Ergebnisse nicht im Zusammenhang mit einer Vorliebe für Äpfel oder Orangen, Pepsi oder Coke, Bier oder Wein, HipHop oder Ballett in Zusammenhang stehen«, schreibt er. »Die CRT-Ergebnisse stehen jedoch sehr wohl in Zusammenhang mit einer Vorliebe für die Magazine People beziehungsweise The New Yorker. Unter den Teilnehmern mit schlechteren CRT-Werten zogen 67 Prozent People vor. Unter den Teilnehmern mit höheren CRT-Ergebnissen bevorzugten 64 Prozent The New Yorker.« Als Autor des New Yorker konnte ich Ihnen das natürlich unmöglich vorenthalten.

48 Adam Alter, Daniel Oppenheimer, N. Epley und R. N. Eyre. »Overcoming Intuition: Metacognitive Difficulty Activates Analytic Reasoning«. Journal of Experimental Psychology: General, 136.

49 Über diese Forschung hat Alter ein wunderbares Buch mit dem Titel Drunk Tank Pink geschrieben, das 2013 bei Penguin erschienen ist.

50 Julie Logan. »Dyslexic Entrepreneurs: The Incidence; Their Coping Strategies and Their Business Skills«. Dyslexia, 15, S. 328.

51 Julian Logan, die eine Untersuchung mit legasthenischen Unternehmern durchführte, schreibt: »Legastheniker erzielen mit ihren Unternehmen schnelleres Wachstum als Nicht-Legastheniker, was damit zusammenhängen könnte, dass sie besser delegieren können. Bei dieser Fähigkeit handelt es sich möglicherweise um eine Kompensationsstrategie. Die Fähigkeit zu delegieren ist eine entscheidende Stärke für jeden Manager, und ein Mangel dieser Fähigkeit ein erhebliches Wachstumshindernis, weshalb Unternehmern und Manager mit dieser Fähigkeit im Vorteil sind. Die Legastheniker, die an dieser Untersuchung teilgenommen haben, waren besonders gute mündliche Kommunikatoren; diese Kompensationsstrategie ist entscheidend bei der Mobilisierung der Ressourcen hinter einer Vision und beim Aufbau eines erfolgreichen Unternehmens.« Siehe Julie Logan, »Dyslexic Entrepreneurs: The Incidence; Their Coping Strategies and Their Business Skills«. Dyslexia 15 (2009).

52 Grazer produzierte unter anderem Apollo 13, A Beautiful Mind, 8 Mile und J. Edgar. In meinem Buch Blink erwähne ich ihn im Zusammenhang mit der Auswahl von Schauspielern.

53 Das »Fünf-Faktoren-Modell« ist ein Standardmaß, mit dem Sozialpsychologen Persönlichkeitsprofile erstellen. Persönlichkeitstests wie zum Beispiel den Meyer-Briggs-Typenindikator beurteilen sie dagegen eher skeptisch, da diese »Laientests« ihrer Ansicht entscheidende Eigenschaften übersehen und andere falsch darstellen.

54 Die beste Geschichte von IKEA ist Bertil Torekulls Das Geheimnis von IKEA. Erstaunlicherweise weist nichts in Torekulls Interviews mit Kamprad darauf hin, dass der IKEA-Gründer auch nur einen Moment lang gezögert haben könnte, auf

dem Höhepunkt des Kalten Krieges mit einem kommunistischen Land Geschäfte zu machen. Im Gegenteil, seine Schilderungen klingen ein wenig selbstgefällig: »In den ersten Zeit betrieben wir gezielten Schmuggel ... Wir arbeiteten jenseits aller Bürokratie, getrieben von einer Mischung aus Profitgier, Mitgefühl und einer schnell entstandenen Sympathie für unsere polnischen Freunde.«

55 Legasthenie ist eine Leseschwäche, weshalb Cohn problemlos mit Zahlen umgehen kann. Der Einzige, der während seiner gesamten Kindheit an ihn glaubte, war sein Großvater. Dieser hatte bemerkt, dass Cohn das gesamte Inventar des Klempnerunternehmens der Familie auswendig kannte.

56 Das ist ungefähr so lang wie dieses Kapitel. Wenn Gary Cohn den Abschnitt über sich lesen wollte, müsste er in seinem Terminkalender ein paar Stunden freischaufeln. »Um es wirklich zu lesen und zu verstehen, alle unbekannten Wörter nachzuschlagen, das Wort zu suchen, zu sehen, nein, das ist das falsche Wort, ich suche nach dem falschen Wort – dazu brauche ich zwei Stunden an drei Tagen hintereinander.« Doch das wird kaum passieren, denn Cohn ist ein viel beschäftigter Mann. »Viel Glück mit Ihrem Buch, das ich nicht lesen werde«, sagt er lachend zum Schluss unseres Gesprächs.

57 Tom Harrisson. Living Through the Blitz. Cambridge University Press, 1976. S. 22.

58 Edgar Jones, Robin Woolven, Bill Durodie und Simon Wessely. »Civilian Morale During the Second World War: Responses to Air-Raids Reexamined«. Social History of Medicine. 17(3), 2004.

59 Siehe J.T. MacCurdy. The Structure of Morale. Cambridge University Press, 1943. S. 16.

60 Ebda, S. 13–16.

61 Ebda, S. 10.

62 Harrisson, S. 81.

63 Ebda, S. 128.

64 Das Leben als Arzt war dann etwas ganz anderes. Während seines Praktikums starb ein entfernter Verwandter und vermachte ihm 600 Dollar. »Einer meiner Patienten war Gebrauchtwagenhändler und der hat mir einen Wagen verkauft«, berichtet Freireich. »Es war ein Pontiac Baujahr ‹48. Einmal war ich nachts mit ein paar Mädchen auf Partys unterwegs. Ich war ziemlich betrunken und habe einen nagelneuen Lincoln gerammt. Dafür hätte ich ins Gefängnis gesteckt werden können. Aber die Polizisten haben mich sofort als Arzt erkannt und gesagt: ,Wir regeln das.‘« Das würde heute vermutlich nicht mehr passieren.

65 Felix Brown. »Bereavement and Lack of a Parent in Childhood«. In: Foundations of Child Psychiatry. Emmanuel Miller (Hrg.). Pergamon Press, 1968. S. 444.

66 J. Marvin Eisenstadt. »Parental Loss and Genius«. American Psychologist. März 1978. S. 211.

67 Lucille Iremonger, The Fiery Chariot: A Study of British Prime Ministers and the Search for Love. Secker and Warburg, 1970. S. 4. (Iremonger ermittelte eine falsche Zahl, die von Hugh Berrington im British Journal of Political Science. (4, S. 345.) korrigiert wurde. Inzwischen gibt es eine umfangreiche Fachliteratur über den Zusammenhang zwischen Verlust eines Elternteils und Größe, zum Beispiel S. M. Silverman, «Parental Loss and Scientists." Science Studies, 4. (1974), Robert S. Al-

bert. Genius and Eminence. Pergamon Press, 1992, sowie Colin Martindale. »Father's Absence, Psychopathology, and Poetic Eminence«. Psychological Reports, 31 (1972). S. 843.

68 George Washington, Thomas Jefferson, James Monroe, Andrew Jackson, Andrew Johnson, Rutherford Hayes, James Garfield, Grover Cleveland, Herbert Hoover, Gerald Ford, Bill Clinton und Barack Obama.

69 Dean Keith Simonton. »Genius and Giftedness: Parallels and Discrepancies«. In N. Colangelo, S. G. Assouline und D. L. Ambroson (Hrg.), Talent development: Band 2. Proceedings from the 1993 Henry B. and Jocelyn Wallace National Research Symposium on Talent Development (S. 39–82). Ohio Psychology Publishing. S. 54, 58.

70 Brown stellt seinem Aufsatz einen bedrückenden Vers von William Wordsworth voran, der im Alter von acht Jahren seine Mutter verlor:
... she who was the heart
And hinge of all our learnings and our loves:
She left us destitute, and, as we might,
Trooping together.

71 Brown, S. 444.
Oder um es mit den berühmten Worten des englischen Essayisten Thomas De Quincey zu sagen: »Nach der Art des Menschen kann es sich durchaus als Vorteil erweisen, in jungen Jahren zu verwaisen.«

72 Wenn Sie sich für den wissenschaftlichen Hintergrund des Kampfs gegen den Krebs interessieren, empfehle ich Ihnen Siddhartha Mukherjees Der König aller Krankheiten: Krebs – eine Biografie (2012 auf Deutsch bei Dumont erschienen), für das Autor der Pulitzer-Preis erhielt. Eine weitere ausgezeichnete Darstellung des Kampfes gegen die Kinderleukämie ist John Laszlo, The Cure of Childhood Leukemia: Into the Age of Miracles. Rutgers University Press, 1996.

73 In den 1960er Jahren starb die Tochter des Schriftstellers Peter de Vries an Leukämie. Er beschreibt seine Erfahrung in seinem herzzerreißenden Roman The Blood of the Lamb:
»Und so waren wir also wieder in der Kinderabteilung und der vertrauten Szenerie: Mütter mit halbtoten Kindern, das falsche Gesicht des Mitleids, die Schlachtung der Unschuldigen. Ein einbeiniges Mädchen kam unsicher auf Krücken den Gang herunter, routiniert begleitet von den Schwestern. Hinter einer Scheibe saß ein Junge aufrecht im Bett und blutete überall aus dem Kopf, während an der Wand wachsam ein Priester lehnte, bereit, jeden Moment zur Salbung zu schreiten. Ein Zimmer weiter wurde einem fünfjährigen Jungen Methotrexate in den Schädel gepumpt, oder genauer gesagt sah er einer Gruppe von Technikern zu, die den stotternden Apparat umstanden. Im nächsten saß ein Baby vor einem Fernseher, in dem eine Diskussionsrunde flimmerte.
Zwischen den Eltern und Kindern, die sich in der Hölle des unendlichen Abschieds aneinander krallten, wanderten die Vampire aus dem Labor umher und saugten Proben aus Knochen und Adern um zu sehen, was der Feind machte, der sie alle zeichnete. Und die Ärzte in ihren Metzgerkitteln, die Gliedmaßen abtrennten, Gehirne auspressten und auf Organe einstachen, in denen die Dämonen lauerten – was hielten sie davon, dass dies die einzigen Früchte ihrer millio-

nenstündigen Schinderei sein sollten? Sie jagten die Teufel von Organ zu Organ, von Gelenk zu Gelenk, bis nichts mehr übrig war, an dem sie ihre Kunst ausüben konnten: die Kunst, eine Krankheit zu verlängern.«

74 Diane McWhorter, Carry Me Home: The Climactic Battle of the Civil Rights Revolution. Touchstone, 2001. S. 97.

75 Ebda, S. 98.

76 Ebda, S. 109.

77 Ebda, S. 110.

78 Ebda, S. 215.

79 »Vor Jahren hatte ich einen ähnlichen Patienten«, erzählte mir der New Yorker Psychiater Peter Mezan. »Er hatte ein Imperium errichtet. Aber seine Kindheit war eine einzige Katastrophe. Als er sechs Jahre alt war, musste er zusehen, wie seine Mutter starb, während sein Vater über ihr stand und sie anbrüllte. Sie hatte einen epileptischen Anfall. Sein Vater war ein Gangster und wurde wenig später ermordet. Er und seine Schwester kamen ins Waisenhaus. Er wuchs an einem Ort auf, an dem es nichts als Hindernisse gab. Daher war er bereit, Risiken einzugehen, die andere nicht eingehen würden. Er hatte schließlich nichts zu verlieren.« Nach seiner langen Erfahrung wundert sich Mezan nicht mehr, dass einige der Kinder mit derart verheerenden Erfahrungen später ungewöhnlich erfolgreich sind. Ein solches Trauma erlebt und vor allem überlebt zu haben, kann Kräfte freisetzen. »Diese Menschen sind in der Lage, den Rahmen des Bekannten zu sprengen – die gängigen Überzeugungen und Vorurteile, den gesunden Menschenverstand, das Vertraute, das Selbstverständliche, egal ob es um Krebs geht oder um die Gesetze der Physik«, sagt Mezan. »Sie lassen sich nicht in einen Rahmen sperren. Sie haben die Fähigkeit, aus diesem Rahmen herauszutreten, weil der übliche Rahmen der Kindheit für sie nicht existiert. Er wurde zerstört.«

80 Siehe Laszlo, »The Cure of Childhood Leukemia,« S. 183.

81 Der Gedanke der wiederholten Chemotherapie stammte von M.C. Li und Roy Hertz, die ebenfalls am Nationalen Krebsforschungszentrum arbeiteten. Ende der 1950er Jahren behandelten sie ein Chorionepitheliom, einen seltenen Gebärmutterkrebs, mit wiederholten Gaben von Methotrexate, bis sie ihn schließlich aus dem Körper der Patientin vertrieben hatten. Damit gelang es ihnen erstmals, einen soliden Tumor mit Chemotherapie zu beseitigen. Als Li seine Behandlungsmethode vorschlug, geboten seine Vorgesetzten Einhalt. Sie hielten das Verfahren für barbarisch. Doch Li blieb hartnäckig. Er wurde entlassen, obwohl er seine Patienten erfolgreich vom Krebs befreit hatte. »Das war damals die Stimmung«, sagt DeVita. »Wir haben große Sitzungen abgehalten, um über die Behandlung von Chorionepitheliomen zu diskutieren. Es ging damals um die Frage, ob es sich um eine spontane Rückbildung handeln könnte. Niemand konnte sich vorstellen, dass die Patientin allein mit Methotrexate geheilt worden war.« Man muss nicht erwähnen, dass Freireich noch heute den Hut vor Li zieht. Als ein Wissenschaftler auf einer Konferenz Lis Leistung schmälerte, sprang Freireich auf und brüllte: »M.C. Li hat das Chorionepitheliom geheilt!«

82 Mit den Anekdoten über Freireich könnte man ganze Bücher füllen. Einmal ging er in die zwölfte Etage der Klinik des Krebsforschungszentrums, wo Erwachsene

mit chronischer myeloischer Leukämie (CML) behandelt wurden. CML ist eine Form der Leukämie, bei der der Körper zu viele weiße Blutkörperchen produziert. Bei Kinderleukämie, die korrekt als akute lymphatische Leukämie (ALL) bezeichnet wird, produziert der Körper nicht genug weiße Blutkörperchen und kann sich nicht mehr gegen Infektionen wehren. Also nahm Freireich den Erwachsenen mit CML Blut ab, um es den Kindern mit ALL zu spritzen. »Natürlich war es ungewöhnlich, weiße Blutkörperchen von CML-Patienten zu nehmen! Es war verrückt!« sagt Freireich im Rückblick auf das Experiment. »Alle haben mich für verrückt gehalten.« Was wäre, wenn die Kinder auch noch CML bekamen und noch kranker wurden? Freireich zuckt die Schultern. »In diesem Umfeld hatten die Kinder eine Lebenserwartung von wenigen Monaten. Wir hatten nichts zu verlieren.«

83 Ich habe die Geschichte des Kampfs gegen Leukämie vereinfacht dargestellt. Eine ausführlichere Darstellung finden Sie in Mukherjees *Der König aller Krankheiten*. Nachdem Freireich und Frei nachgewiesen hatten, dass sich der Krebs mit bis dahin unerhörten Medikamentendosierungen bekämpfen ließ, griff der Onkologe Donald Pinkel die Methode auf und trieb sie auf die Spitze. Am St. Jude's Hospital von Memphis entwickelte er die »totale Therapie«, die sich vielleicht am besten als VAMP hoch zehn beschreiben lässt. Die erfolgreiche Behandlungsmethode von heute basiert vor allem auf Pinkels beschleunigter Version von VAMP.

84 In seinen Memoiren *Ideologie und Praxis der Unmenschlichkeit* beschreibt Eugen Kogon, was passierte, wenn die Lageraufseher des Konzentrationslagers Buchenwald die sogenannten Funktionshäftlinge aufforderten, unter den Häftlingen diejenigen auszuwählen, die in der Gaskammer ermordet werden sollten. Wenn sie sich geweigert hätten, hätte die SS die Entscheidung den Kriminellen überlassen, die neben politischen Häftlingen und Juden interniert waren, und das hätte eine Katastrophe bedeutet. Trotzdem konnte man die Entscheidung nicht denjenigen überlassen, »die reinen Herzens sind«, wie Kogon schreibt. Manchmal hänge das Überleben davon ab, im Namen eines höheren Gutes Schaden anzurichten, und je reiner das Gewissen, umso schwerer seien diese Entscheidungen.

85 Martin Berger, Seeing Through Race: A Reinterpretation of Civil Rights Photography. University of California Press, 2011.
Bergers Buch ist die wichtigste Quelle meiner Beschreibung des Fotos. In seinem Buch, in dem er die Geschichte dieses und anderer Kultfotos beschreibt, geht es Berger darum zu zeigen, dass schwarze Bürgerrechtler passiv und »heilig« wirken mussten, damit ihr Anliegen dem weißen Mainstream schmackhaft gemacht werden konnte.

86 Diane McWhorter, Carry Me Home: The Climactic Battle of the Civil Rights Revolution. Touchstone, 2001, S. 340.
McWhorters Buch ist die beste Darstellung von Kings Bürgerrechtskampagne in Birmingham und vielleicht eine der besten historischen Darstellungen, die ich je gelesen habe. In diesem Kapitel stütze ich mich vor allem auf dieses Buch.

87 Ebda, S. 30.
Wie William Nunnelly in seiner Biografie von Connor schreibt, bezog sich der Polizeichef auf die städtische Verordnung Nummer 368, nach der es verboten

war, »Weiße und Farbige« in demselben Raum zu »bedienen«, es sei denn sie waren durch eine 2,50 Meter hohe Absperrung voneinander getrennt und betraten den Raum durch eigene Eingänge.

88 Ebda, S. 292.

89 Ebda, S. 30.

90 Taylor Branch, Parting the Waters. Simon and Schuster, 1988. S. 692.

91 Wyatt Walker Interview mit Andrew Manis. 20. April 1989. New York, S. 6.

92 Meine Mutter, die aus Jamaika stammt, hörte als Kind die Geschichten von Anansi und erzählte sie mir und meinen Geschwistern, als wir klein waren. Anansi ist ein Halunke, der sich nicht zu schade ist, seine zahlreichen Kinder zu opfern, wenn es ihm nutzt. Meine Mutter ist eine ehrenwerte Dame, doch wenn sie von Anansi erzählt, sprüht ihr der Schalk aus den Augen.

93 In *Black Culture and Black Consciousness: Afro-American Folk Thought from Slavery to Freedom* schreibt Lawrence Levine: »Genau wie die Menschen, die Geschichten über ihn erfanden, war der Hase gezwungen, mit dem Wenigen auszukommen, das er hatte. Er hatte nicht mehr als seinen Stoppelschwanz und seine Schläue, und um sich zu behaupten, griff er zu allen verfügbaren Mitteln, auch wenn diese moralisch nicht immer einwandfrei waren. Auf diese Weise überlebte er nicht nur, sondern ging oft als Sieger hervor.

94 Levine, S. 112–115.

95 Siehe Levine, S. 122.

96 Siehe Britton, S. 59.

97 Interview mit Wyatt Walker, Civil Rights Documentation Project, Mooreland-Spingarn Research Center. Howard University. S. 35.

98 Branch, S. 285. Branch schreibt weiter: »Walker war ein Heißsporn. Während seiner High School-Zeit in New Jersey der 1940er Jahre sagte er, wenn man ein Kommunist sein müsse, um für Freiheit und Gleichheit einzutreten, dann werde er eben ein Kommunist. Also schloss er sich dem kommunistischen Jugendverband an. In der High School schrieb er einen Aufsatz über die Einführung der sowjetischen Planwirtschaft in den Vereinigten Staaten und träumte von raffinierten Anschlägen gegen prominente Befürworter der Rassentrennung.«

99 Wyatt Walker Interview mit John Britton. Civil Rights Documentation Project. 11. Oktober 1967. S. 66.

100 Siehe McWhorter, S. 277.

101 Walker Interview mit Britton, S. 15.

102 Walker Interview mit Manis, S. 14.
    Walker erinnerte sich weiter: »Wir sollten uns einfach vor den Mob stellen, in der Hoffnung, dass sich die Leute schon irgendwie beruhigen würden. Die hätten uns wahrscheinlich totgeprügelt.«

103 Siehe Britton, S. 31.

104 Ebd., S. 63.

105 Siehe Robert Penn Warren, Interview mit Wyatt Walker. 18. März 1964. Robert Penn Warren Oral History Project. Band 1.
    Die Verbindung zwischen dem Trickster und der Bürgerrechtsbewegung wurde auch andernorts hergestellt, zum Beispiel:

Don McKinney, »Brer Rabbit and Brother Martin Luther King, Jr: The Folklore Background of the Birmingham Protest.« The Journal of Religious Thought. Dezember 1989. Band 46.

Trudier Harris, »Martin Luther King, Jr.«, Heroism and African American Literature. Juni, 2012.

106 Siehe Howell Raines, My Soul is Rested: Movement Days in the Deep South Remembered. Harmondsworth: Penguin, 1983. S. 363–365.

107 Pritchett reiste sogar nach Birmingham, um Bull Connor vor King und Walker zu warnen und ihm ein paar Tipps für den Umgang mit den Trickstern der Bürgerrechtsbewegung zu geben. Aber Connor war nicht der Mann, der sich Ratschläge erteilen ließ. »Als wir in sein Büro kamen, hatte er uns den Rücken zugewandt«, erinnerte sich Pritchett. »Wir haben nur die Lehne eines riesigen Ledersessels gesehen. Als er sich umgedreht hat, haben wir dieses Männchen gesehen, Sie wissen schon, von der Statur her. Aber er hatte eine dröhnende Stimme, und er hat mir erzählt, wie sie den Golfplatz zugemacht haben. Er hat gesagt, ‹Die können ruhig Golf spielen, aber wir haben die Löcher zubetoniert. Sie können die Bälle nicht mehr einlochen.› Da konnte ich mir denken, mit welcher Sorte Mensch ich es zu tun hatte.«

108 Siehe Britton, S. 61.

109 Levine, S. 115.

110 Siehe Manis, S. 22.

Das war eines von Walkers Lieblingsthemen. Einmal reichte die Stadt Birmingham Klage gegen Martin Luther King ein und Walker wurde vorgeladen. Doch wer sollte die Kampagne organisieren, während Walker seine Zeit vor Gericht verplemperte? Also registrierte sich Walker einfach am Gericht und schickte danach jeden Tag einen Stellvertreter in den Prozess. Warum auch nicht? Wie er sagte: »Sie wissen schon, die Nigger sehen doch sowieso alle gleich aus.«

111 Siehe Michael Cooper Nichols. »Cities are What Men Make Them: Birmingham Alabama Faces the Civil Rights Movement 1963«. Senior Thesis, Brown University, 1974. S. 286.

112 Stewart war eine Berühmtheit in Birmingham. Jeder afroamerikanische Teenager hörte seine Sendung. Der zweite Teil seiner Botschaft lautete, »bringt Zahnbürsten mit, es gibt Mittagessen im Park.« Diese Codewort sollte die Kinder darauf vorbereiten, dass sie die Nacht im Gefängnis verbringen würden.

113 Siehe Britton, S. 62.

114 Siehe McWhorter, S. 372.

115 Siehe James Forman. The Making of Black Revolutionaries: A Personal Account. McMillian, 1972.

116 Forman schreibt: »Es schien mit kalt, grausam und berechnend, sich über die Brutalität zu freuen, mit der die Polizei über unschuldige Menschen herfiel ... egal welchem Zweck es diente.«

117 Berger, Seeing Through Race. S. 82–86.

118 King dachte lange darüber nach, ehe er dem Einsatz der Kinder zustimmte. Erst James Bevel gelang es, ihn zu überzeugen. Sie kamen zu dem Schluss, wenn jemand alt genug sei, einer Kirchengemeinde anzugehören und damit eine Ent-

scheidung zu treffen, die sein Leben und sein Seelenheil betrafen, dann war er auch alt genug, für eine Sache einzutreten, die für sein Leben und sein Seelenheil von großer Bedeutung war. In der Tradition der Baptisten konnten Kinder der Kirche beitreten, sobald sie in die Schule gingen. Das heißt, King konnte sechs- und siebenjährige Kinder gegen Bull Connor auf die Straße schicken.

119 Siehe Branch, S. 762–764.

120 Lawrence Levine, Black Culture and Black Consciousness: Afro-American Folk Thought from Slavery to Freedom. Oxford University Press, 2007, S. 107.

121 Siehe Siehe McWhorter, S. 363. Außerdem hierzu Gene Roberts und Hank Kilbanoff, The Race Beat: The Press, The Civil Rights Struggle and the Awakening of a Nation, Random House, 2006.

122 Siehe Berger. S. 37.

123 Siehe McWhorter, S. 375.

Auch die berühmten Fotos von Demonstranten, die von Connors Wasserwerfern getroffen werden, zeigen nicht das, was sie zu zeigen scheinen, behauptete Walker. Die Menschen seien wie Gadsden nur Zuschauer gewesen, die den ganzen Nachmittag vor der Kirche ausgeharrt hatten. Es war ein typischer feuchtheißer Frühlingstag in Birmingham, und die Menschen schwitzten. »Sie hatten sich im Park versammelt, weil es da schattig war. Die Feuerwehr hatte ihre Spritzenwagen an zwei Ecken des Parks aufgestellt, einen an der 5th Street und den anderen an der 6th Street. Es war ein bisschen wie Ferienstimmung. Unter den Zuschauern waren keine wütenden Demonstranten, sie hatten einfach nur lange gewartet und es wurde allmählich dunkel. Also hat jemand einen Stein geworfen, weil sie wussten, dass Connor den Befehl zum Spritzen geben würde. Sie hatten sogar schon die ganze Zeit gerufen, »Wasser marsch! Wasser marsch!« Und als dann jemand einen Stein geworfen hat, hat Connors tatsächlich das Wasser angestellt. Also haben die Leute im Wasser getanzt. Das berühmte Bild, auf dem sich die Leute bei den Händen nehmen, das war nur ein Spiel, bei dem sie sich gegen das Wasser gestemmt haben. Der Strahl hat sie umgehauen, aber sie sind aufgestanden und wieder zurückgelaufen und haben sich vom Wasser den Gehsteig entlang drücken lassen. Sie haben den Schlauch von der anderen Seite des Parks geholt und sind nicht weg-, sondern hingelaufen. Es war ein Ferienspaß. Das ging ein paar Stunden lang so. Es war ein Witz. Alle waren gut drauf. Die schwarzen Zuschauer waren nicht wütend und nichts, und für mich war das ein Zeichen für eine neue Stimmung. Früher hatten die Neger Angst vor der Polizei, und jetzt hatten sie nur noch Verachtung für sie übrig. Sie haben sich einen Spaß daraus gemacht.«

124 Siehe Peter Taylor, Brits. Bloomsbury, 2002. S. 48.

125 Siehe Nathan Leites and Charles Wolf. Rebellion and Authority: An Analytical Essay on Insurgent Conflicts. Markham Publishing Company, 1970. S. 30.

126 Siehe James Callaghan, A House Divided: The Dilemma of Northern Ireland. Harper Collins, 1973. S. 50.

127 Siehe Peter Taylor, Provos: The IRA and Sinn Fein. Bloomsbury, 1998. S. 83.

128 Siehe Peter English, Armed Struggle: The History of the IRA. Oxford University Press, 2003. S. 134.

129 Das Legitimitätsprinzip wurde von zahlreichen Autoren formuliert, allen voran vom deutschen Soziologen Max Weber. Siehe auch Tom Tyler, Why People Obey the Law; David Kennedy, Deterrence and Crime Prevention; und Lawrence Sherman, Evidence-Based Crime Prevention.

Hier ist ein weiteres Beispiel für dieses Prinzip, eine Liste des Anteils der Schattenwirtschaft in verschiedenen Ländern. Ein gutes Maß für die Ehrlichkeit der Steuerzahler in diesen Ländern.

Vereinigten Staaten	7,8 Prozent
Schweiz	8,34 Prozent
Österreich	8,67 Prozent
Japan	9,7 Prozent
Neuseeland	9,9 Prozent
Niederlande	10,3 Prozent
Großbritannien	11,1 Prozent
Australien	11,1 Prozent
Frankreich	11,7 Prozent
Kanada	12,7 Prozent
Irland	13,2 Prozent
Finland	14,3 Prozent
Dänemark	14,4 Prozent
Deutschland	14,7 Prozent
Norwegen	15,4 Prozent
Schweden	15,6 Prozent
Belgien	17,9 Prozent
Portugal	19,7 Prozent
Spanien	19,8 Prozent
Italien	22,2 Prozent
Griechenland	25,2 Prozent

(Friedrich Schneider, The Influence of the economic crisis on the underground economy in Germany and other OECD-countries in 2010.)

Die Liste bietet kaum Überraschungen. In den Vereinigten Staaten, der Schweiz und Japan sind die Steuerzahler relativ ehrlich, genau wie in den meisten anderen OECD-Staaten. Griechenland, Spanien und Italien sind die Ausnahme. In Griechenland nimmt die Steuerhinterziehung derartige Ausmaße an, dass das Haushaltsdefizit, das Griechenland mehrfach an den Rand des Staatsbankrotts gebracht hat, gegen Null ginge, wenn die Griechen ihren gesetzlichen Pflichten nachkommen und ihre Steuern zahlen würden. Aber warum sind die Amerikaner so viel gesetzestreuer als die Griechen?

Leites und Wolf würden argumentieren, dass die Kosten der Steuerhinterziehung in den Vereinigten Staaten deutlich größer sind als der Nutzen: Wer in den Vereinigten Staaten Steuern hinterzieht, wird mit relativ großer Wahrscheinlichkeit erwischt. Doch das ist falsch. In den Vereinigten Staaten werden pro Jahr weniger als 1 Prozent aller Steuererklärungen geprüft. Das ist sehr wenig. Und wer erwischt wird, zahlt in der Regel einfach die fehlende Summe plus eine Strafe. Gefängnisstrafen sind selten. Wenn sich die amerikanischen Steuerzahler rational verhalten würden, wie Leites und Wolf es definieren, dann wäre Steuerhinterziehung die Regel. Steuerökonom James Alm schreibt:

In Ländern mit einer Prüfquote von unter 1 Prozent sollte man einen Steuerbetrug von 90 Prozent und mehr erwarten. Für jeden Dollar Einkommen zahlt man etwa 30 oder 40 Cent an Steuern. Wenn man diesen Dollar nicht versteuert, besteht eine gewisse Wahrscheinlichkeit, dass man erwischt wird, doch diese Wahrscheinlichkeit liegt bei unter 1 Prozent. Und wenn man erwischt wird, muss das Finanzamt beweisen, dass es sich um eine vorsätzliche Steuerhinterziehung handelt. Nur in diesem Fall zahlt man die Steuern nach, plus etwa 75 Prozent Strafe. Die Kosten sind also vergleichsweise gering. So gesehen spricht alles für eine Steuerhinterziehung.

Warum tun es die Amerikaner dann trotzdem nicht? Weil sie die Legitimität ihres Systems anerkennen. Wir akzeptieren eine Autorität, wenn wir erkennen, dass sie alle gleich behandelt, dass wir gehört werden und dass die Regeln von heute auch noch morgen gelten. So sehr die Amerikaner über ihre Regierung meckern, in diesen drei Punkten ist sie recht verlässlich.

In Griechenland ist der Anteil der Schattenwirtschaft dreimal so hoch wie in den Vereinigten Staaten. Das liegt nicht daran, dass die Griechen weniger ehrlich wären, sondern daran, dass ihr System weniger legitim ist. Griechenland ist eines der korruptesten Länder in ganz Europa. Das Steuerrecht ist chaotisch. Reiche genießen Privilegien. Wenn Sie in einem Land mit einem derart offensichtlich illegitimen Steuersystem leben würden – einem Land, in dem nichts gerecht erscheint, Ihre Stimme nicht gehört wird und sich die Spielregeln von heute auf morgen ändern können –, würden Sie auch keine Steuern zahlen.

130 Brownsville hat eine beeindruckende Zahl von Prominenten hervorgebracht: zwei Schwergewichtsweltmeister (Mike Tyson und Riddick Bowe), den Komponisten Aaron Copland, die drei Stooges (Moe, Curly und Shemp Howard), den Fernsehjournalisten Larry King, nicht zu vergessen eine lange Liste von Basketball-, Football- und Baseballprofis. Dass entscheidende Wort ist jedoch »hervorgebracht« – dort wohnen will von diesen Stars nämlich niemand mehr.

131 Anteil der Amerikaner, die Haftstrafen verbüßt haben, aufgeschlüsselt nach Hautfarbe und Bildung.

Weiße Männer	1945–49	1960–64	1975–79
ohne Schulabschluss	4,2	8,0	15,3
mit Schulabschluss	0,7	2,5	4,1
einige Semester Studium	0,7	0,8	1,2

Schwarze Männer	1945–49	1960–64	1975–79
ohne Schulabschluss	14,7	41,6	69,0
mit Schulabschluss	10,2	12,4	18,0
einige Semester Studium	4,9	5,5	7,6

Die entscheidenden Zahlen sind hervorgehoben. 69 Prozent aller schwarzen männlichen Schulabbrecher, die zwischen 1975 und 1979 geboren wurden, haben eine gewisse Zeit hinter Gittern verbracht. Das ist Brownsville in einer Nussschale.

132 Zu den Umzügen siehe Dominic Bryan, Orange Parades: The Politics of Ritual, Tradition and Control. Pluto Press, 2000.

133 In Belfast zieht sich der Umzug des 12. Juli durch die gesamte Stadt und endet mit einer großen Abschlusskundgebung auf dem »Field«. Hier ein Beispiel für eine Rede aus dem Jahr 1995; beachten Sie, dass diese Rede nach dem Friedensschluss gehalten wurde, mit dem sich Katholiken und Protestanten angeblich versöhnt hatten: »Wir haben die 200 Jahre alten Geschichtsbücher gelesen. Damals haben sich die Katholiken zusammengeschlossen, um die ketzerischen Hunde zu ermorden, die Sie und ich als Protestanten kennen. Heute ist die Situation dieselbe wie 1795. Heute sitzt ein Papst auf dem Thron, ein polnischer Papst, der schon in den Tagen von Hitler und Auschwitz lebte, als die Polen tatenlos zusahen, wie Tausende ermordet wurden, ohne dies auch nur mit einem Wort zu verurteilen.«

134 Dieses Lied wird in zahlreiche Abwandlungen gesungen. Die Fans von Manchester United grölen zum Beispiel eine Version, in der die Fans des Erzfeindes Liverpool verbrannt werden. Auf Youtube finden Sie eine ganze Reihe mit großer Begeisterung vorgetragener Varianten.

135 Am folgenden Tag brannten Loyalisten das katholische Viertel an der Bombay Street nieder. Die Loyalisten singen gern und dichteten auch auf dieses Ereignis ein Liedchen:
On the 15th of August, we took a little trip
Up along Bombay Street and burned out all the shit
We took a little petrol, and we took a little gun
And we fought the bloody Fenians till we had them on the run
Desmond Hamill, Pig in the Middle: The Army in Northern Ireland 1969–1984. Methuen, 1985. S. 18.

136 IRA-Führer Gerry Adams sagte Jahre später, die Ausgangssperre habe nur dazu geführt, »dass Tausende Menschen, die nie an Gewalt gedacht hatten, sie nun als praktische Notwendigkeit akzeptierten«.

137 John Soule. «Problems in Applying Counterterrorism to Prevent Terrorism: Two Decades of Violence in Northern Ireland Reconsidered." Terrorism. 12 (1989), S. 33.

138 Siehe Hamill, S. 32.

139 Auch 1973 verbesserte sich die Lage nicht. Die Briten griffen noch härter durch, und die Folge waren 5.018 Schießereien, 1.007 Bombenanschläge, 1.317 bewaffnete Überfälle und 171 getötete Zivilisten. Außerdem stellte die Armee 17,2 Tonnen Sprengstoff sicher.

140 Sean O'Fearghail. Law and Orders: The Story of the Belfast Curfew. Central Citizen's Defense Committee, 1970. Eine gute Darstellung des Ausnahmezustands finden Sie auch in Taylor, Provos.

141 Siehe O'Fearghail, S. 14.

142 Sechs Jahre später wurde Drumm von protestantischen Extremisten erschossen, während sie in einem Krankenbett des Mater Hospital in Belfast lag.

143 Eine der vielen Legenden über die Ausgangssperre in Lower Falls berichtet, dass die Frauen nicht nur Brot und Milch in ihren Kinderwagen hatten. Angeblich sollen sie die Kinderwagen auch benutzt haben, um Waffen und Sprengstoff an den ahnungslosen Briten vorbei zu schmuggeln.

144 In der Praxis bedeutete »Three Strikes« etwa dies: Erste Straftat: Einbruchdiebstahl. Vorher: 2 Jahre. Nachher: 2 Jahre. Zweite Straftat: Einbruchdiebstahl. Vorher: 4,5 Jahre. Nachher: 10,4 Jahre. Dritte Straftat: Annahme von Diebesgut. Vorher: 2 Jahre. Nachher: 25 Jahre bis lebenslänglich. Andere Bundesstaaten und Länder in aller Welt verabschiedeten daraufhin ähnliche Gesetze, doch keines geht so weit wie die kalifornische Version.
Zum Three Strikes Law siehe unter anderem: Dan Evans, Mike Reynolds und Bill Jones: Three Strikes and You're Out! The Chronicle of America's Toughest Anti-Crime Law. The Write-Thought, 1996; Joe Domanick, Cruel Justice: Three Strikes and the Politics of Crime in America's Golden State. University of California Press, 2004; Franklin Zimring, Gordon Hawkins und Sam Kamin, Punishment and Democracy: Three Strikes and You're Out in California. Oxford, 2001; George Skelton, »A Father's Crusade Born from Pain«. Los Angeles Times. 9. Dezember 1993.

145 Richard Wright und Scott Decker. Armed Robbers in Action: Stickups and Street Culture. Northeastern University Press, 1997. S. 120.
Das Buch von Wright und Deckers ist faszinierend. Hier ein weiterer Auszug zur kriminellen Psyche:
»Einige Kriminelle versuchten nicht daran zu denken, dass sie erwischt werden könnten, da allein der Gedanke ein hohes Maß an Stress verursachte. Sie waren der Ansicht, sie könnten dem am ehesten entgehen, wenn sie die Risiken vergessen und die Sache dem Schicksal überlassen. Einer sagte: ›Du machst dich nicht verrückt, weil du erwischt werden kannst, da macht man sich nur unnötige Sorgen.‹ Da die meisten Täter ihrer Ansicht nach dringend an Geld kommen

mussten und keine legale Möglichkeiten dazu sahen, ist dies nur folgerichtig. Wenn es keine Alternative zum Verbrechen gibt, hat es wenig Sinn, über die möglichen negativen Folgen einer Tat nachzudenken. Es ist daher nicht verwunderlich, dass es die Täter vorzogen, die Gefahren zu ignorieren und sich auf die erwartete Belohnung zu konzentrieren: ›Ich gehe lieber das Risiko ein, erwischt und eingesperrt zu werden, als pleite da draußen rumzurennen, ohne an Geld kommen zu können.‹«

146 Kennedy schreibt weiter, bei der Untersuchung krimineller Motive erweise sich die Kosten-Nutzen-Rechnung als »radikal subjektiv«: »Bei der Abschreckung kommt es darauf an, was auf Straftäter und potenzielle Straftäter abschreckend wirkt, also auf die Kosten und Nutzen, wie sie selbst diese definieren.«
Nach der Auswertung der wichtigsten aktuellen Studien über den Erfolg von Bestrafungen kamen die Kriminologen Anthony Doob und Cheryl Marie Webster unlängst zu folgendem Schluss: »Das Strafmaß hat keinerlei Auswirkungen auf die Verbrechensrate... Es gibt keinen Hinweis darauf, dass schwere Strafen abschreckend wirken.« Das heißt mit anderen Worten, dass sich die meisten Industrienationen im mittleren Bereich der umgekehrten Parabel befinden. Wenn man ältere Kriminelle wegsperrt und jüngeren mit etwas droht, das sie nicht interessiert, ist wenig gewonnen.
Anthony Doob und Cheryl Webster. »Sentence Severity and Crime: Accepting the Null Hypothesis«. Crime and Justice. 30 (2003), S. 143.

147 Die Tabellen stammen aus Alfred Blumstein, »Prisons: A Policy Challenge« in Crime: Public Policies for Crime Control, James Q. Wilson und Joan Petersilia (Hrg.). ICS Press, 2002. S. 451–482.

148 Clear formulierte seine Ideen erstmals in einem Aufsatz mit dem Titel »Backfire: When Incarceration Increases Crime«. Hier listete er zehn Gründe auf, warum die massive Inhaftierung das Gegenteil des beabsichtigten Effekts bewirken könnte. Clear fand keinen Verleger, sämtliche Fachzeitschriften lehnten den Artikel ab. Niemand wollte ihm glauben, mit Ausnahme der Strafvollzugsexperten. Clear sagt, »Was wenige wissen: Gefängnisleiter glauben nicht, dass sie die Welt verbessern. Sie tun ihr Bestes, den Vollzug so menschlich wie möglich zu gestalten. Doch sie sehen natürlich, was los ist. Sie sehen, dass ihr Wachpersonal die Leute misshandelt, und dass es ihnen nicht besser geht, wenn sie das Gefängnis verlassen. Wir geben ihnen nichts, was sie brauchen. Gefängnis verbittert. Mein Artikel hat die Runde gemacht, die Leute haben ihn weitergegeben, und schließlich hat mich einer, der eine Zeitschrift herausgibt – das Oklahoma Department of Corrections Research Bulletin – gefragt, ob er den Artikel veröffentlichen kann.«

149 Auf den einfachsten Nenner gebracht, lautet Clears Hypothese: »Wird eine große Zahl junger Männer aus einem bestimmten Ort durch das Gefängnis geschleust und in diesen Ort zurück gebracht, dann ist das nicht gut für die Menschen in diesem Ort.«

150 Zum Beispiel können Staatsanwälte entscheiden, ob sie eine Bestrafung nach Three Strikes fordern oder nicht. In einigen Städten wie San Francisco machten Staatsanwälte kaum Gebrauch davon. In anderen Bezirken im Central Valley

von Kalifornien (in der weiteren Umgebung von Mike Reyonlds› Heimatstadt Fresno) machten Staatsanwälte dagegen 25-mal so häufig davon Gebrauch. Wenn Three Strikes tatsächlich Verbrechen verhindert hätte, dann müsste ein Zusammenhang zwischen der Anwendung des Gesetzes und dem Rückgang der Kriminalitätsrate bestehen. Diesen Zusammenhang gab es nicht. Und wenn Three Strikes tatsächlich abschreckend wirken würde, dann müsste die Zahl der Straftaten, die unter das Gesetz fielen, schneller zurückgegangen sein als die Zahl aller anderen Straftaten. Auch das war nicht der Fall.

151 In den 1980er Jahren machten Bildungsausgaben 10 Prozent des Haushalts von Kalifornien aus, und Haftanstalten 3 Prozent. Nach zwei Jahrzehnten Three Strikes war der Anteil der Haftanstalten auf 10 Prozent gestiegen (jeder Häftling kostet pro Jahr 50.000 Dollar), während der Anteil des Bildungsetats unter 8 Prozent gesunken war.

152 Im November stimmten 68,8 Prozent aller kalifornischen Wähler dafür, die Höchststrafe beim dritten Delikt nur dann zu verhängen, wenn es sich um ein Gewaltverbrechen handelte. Außerdem sieht der Entwurf die Möglichkeit vor, dass zu lebenslanger Haft Verurteilte Berufung gegen ihre Haftstrafe einlegen können, wenn es sich bei ihrem dritten Vergehen um ein weniger schweres Delikt handelte.

153 Es gibt zwei hervorragende Darstellungen des Falls Candace Derksen:
Wilma Derksen, Have You Seen Candace? Tyndale House Publishers, 1992.
Mike McIntyre, Journey for Justice: How Project Angel Cracked the Candace Derksen Case. Great Plains Publications, 2011.

154 Das Buch Amish Grace erzählt die Geschichte einer jungen Mutter, deren fünfjähriger Sohn von einem Raser erfasst und schwer verletzt wurde. Die Amischen gehen wie die Mennoniten auf die Wiedertäuferbewegung zurück, der Dirk Willems angehörte, und auch sie wurden in ihrer Anfangszeit verfolgt. In beiden Traditionen gibt es viele ähnliche Geschichten: Als die Polizeibeamten den Raser in den Streifenwagen setzten, um ihn zu einer Alkoholprobe auf die Wache zu bringen, ging die Mutter des verletzten Jungen zu den Beamten und sagte: »Bitte passen Sie mir auf den Jungen auf.« Der Beamte nahm an, sie meinte ihren Sohn und sagte: »Der Notarzt wird tun, was er kann. Der Rest ist in Gottes Hand.« Die Mutter zeigte auf den Raser im Polizeiauto: »Ich meine den Fahrer. Wir vergeben ihm.«
Donald B. Kraybill, Steven Nolt und David Weaver-Zercher, Amish Grace: How Forgiveness Transcended Tragedy. Jossey-Bass, 2010. S. 71.

155 Williams wurde einige Jahre später entlassen, nachdem er erfolgreich Berufung eingelegt hatte. Sein Fall wurde zu einem entscheidenden Argument für die Gegner des Three-Strikes-Gesetzes.

156 Paul Dixon, »Hearts and Minds: British Counter-Insurgency Strategy in Northern Ireland«, Journal of Strategic Studies. Juni 2009.
Da einige katholische Haushalte nicht verdächtigt wurden, bedeutet dies, dass andere sogar zehnmal und öfter durchsucht wurden. Dixon schreibt weiter »In bestimmten Regionen und Häusern führte die Armee angeblich alle vier Monate Routinedurchsuchungen durch. Nach Schätzungen hatte die Armee Mitte

1974 Akten über 34 bis 40 Prozent der jugendlichen und erwachsenen Bevölkerung Nordirlands angelegt. Zwischen dem 1. April 1973 und dem 1. April 1974 wurden vier Millionen Fahrzeuge angehalten und durchsucht." S. 456.

157 Haftstrafen sind nur dann wirksam, wenn sie einen Menschen brandmarken. Aber wie soll eine Strafe brandmarken, wenn praktisch alle davon betroffen sind? Mitte der 1990er Jahre organisierte die IRA täglich Busfahrten zum Gefängnis am Stadtrand von Belfast, als sei es ein Freizeitpark. »Fast jeder in den katholischen Ghettos hat im Gefängnis einen Vater, Bruder, Onkel oder Cousin«, schrieb der Politikwissenschaftler John Soule auf dem Höhepunkt des Nordirlandkonflikts. »In diesem Umfeld lernen junge Menschen, dass das Gefängnis keine Schande ist, sondern eine Auszeichnung.«

158 Domanick, S. 167.

159 Eine ausgezeichnete Darstellung der Kultur von Le Chambon finden Sie in: Christine E. van der Zanden. The plateau of hospitality: Life on the plateau Vivarais-Lignon. Clark University, 2003.

160 Krishana Oxenford Suckau. Christian Witness on the Plateau Vivarais-Lignon: Narrative, Non-Violence and the Formation of Character. Boston University School of Theology, 2011. S. 6.

161 Mit Ausnahme der Zitate von Magda Trocmé stammen sämtliche Zitate aus Philip Hallie, Dass nicht unschuldig Blut vergossen werde. Die Geschichte des Dorfes Le Chambon und wie dort Gutes geschah. Neukirchner, 1990.

162 Magda Trocme in: The Courage to Care: Rescuers of Jews During the Holocaust. Carol Rittner und Sondra Myers (Hrg.). NYU Press, 2012, S. 101.

163 Die Historikerin Christine van der Zanden bezeichnet die Region deshalb auch als »Plateau der Gastlichkeit«. Im Jahr 1790, ein Jahr nach der Revolution, unterstellte die französische Nationalversammlung die katholische Kirche der Regierung und verlangte von allen katholischen Priestern, einen Eid auf den Staat abzulegen. Wer sich weigerte, floh um sein Leben. Viele flüchteten sich auf das Vivarais-Plateau in eine Gemeinschaft, die in der Kunst des Widerstands geübt war. Die Zahl der Dissidenten wuchs. Während des Ersten Weltkriegs nahmen die Bewohner des Plateaus Flüchtlinge auf. Im Spanischen Bürgerkrieg boten sie Menschen Zuflucht, die vor der faschistischen Armee von General Franco flohen. In den ersten Jahren der nationalsozialistischen Schreckensherrschaft beherbergten sie Sozialisten und Kommunisten aus Deutschland und Österreich.

164 Rittner und Myers, S. 101.

165 Garret Keizer, Help: The Original Human Dilemma. HarperOne, 2005. S. 151.